U0749392

抗日战争档案汇编

辽宁省档案馆藏满铁与九一八事变档案汇编

3

辽宁省档案馆 编

清華大學出版社

本册目录

一、在华搜集情报

二、扶植侵华势力

一、在华搜集情报

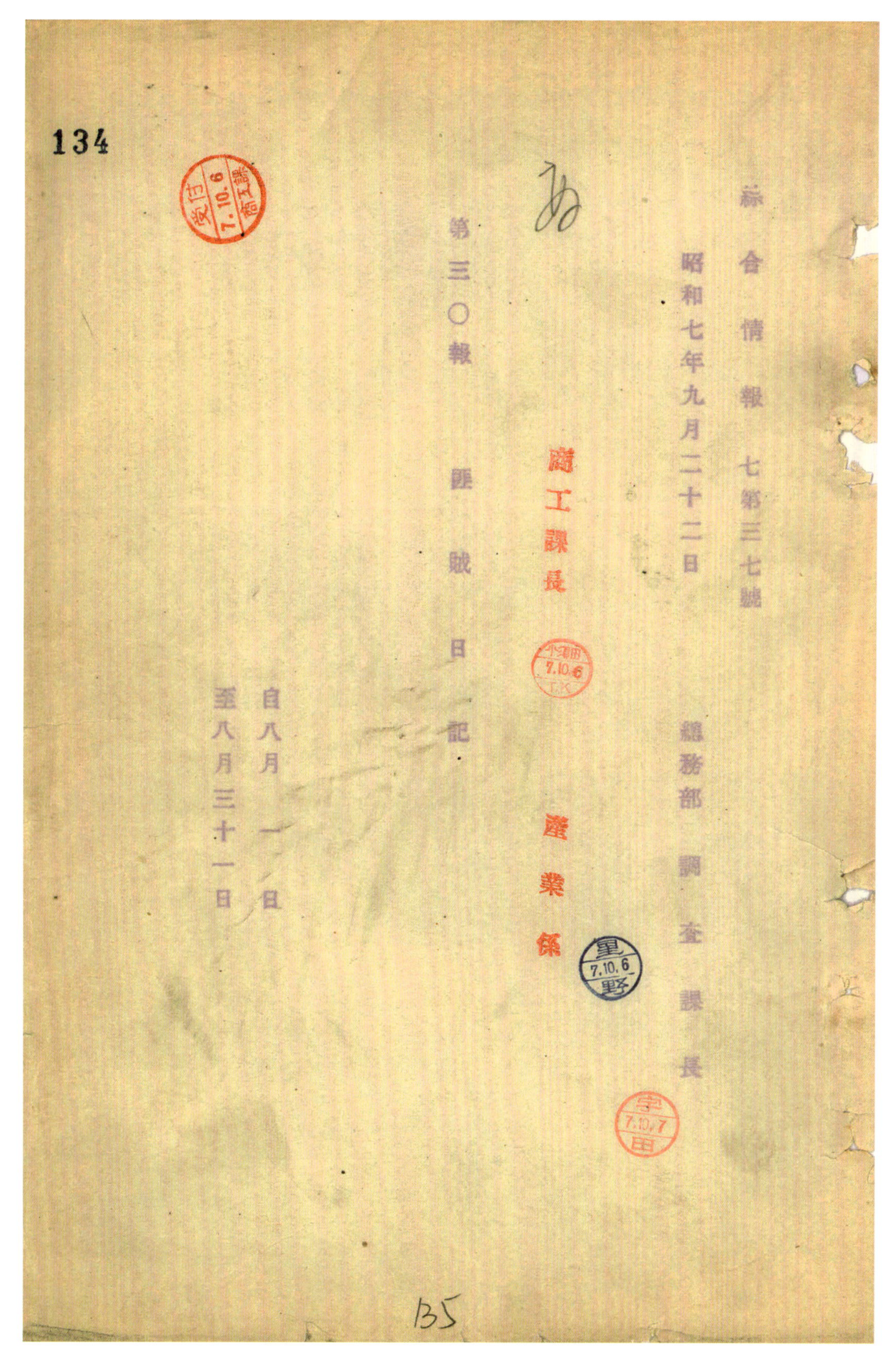

134

綜合情報　七第三七號

昭和七年九月二十二日

總務部調查課長

商工課長

產業係

第三〇報

匪賊日記

自八月一日

至八月三十一日

135

135

目次

136

136

137

137

一、奉天省内ノ匪賊狀況

八、二	不明	二〇	張臺子縣附近	張臺子縣東方七支里ナル土崗子村村長王乏鎬方ヲ襲ヒ同村警備用露式歩兵銃一、挺實包三二發ヲ强奪
〃	〃	二五	煙臺縣附近	煙臺縣東方八支里忙牛屯ノ富豪楊家脊方ヲ襲ヒ子供（八才）ヲ人質トシテ拉去ス
〃	不詳	八〇	鳳凰城	鳳凰城前夜半約八〇名ノ匪賊ハ二團トナリ滿洲國街ニ近接シ守備隊西北側地區ヨリ守備隊ニ向ケ一齊射撃ヲ爲シ約四〇分ニシテ我軍ノ爲ニ撃退サル、滿洲人一名負傷、其ノ他ニ被害ナシ
〃	占東	七〇	撫順縣	撫順縣第四區塔子溝ヲ襲ヒ部落民六名ヲ拉去ス
八、二	不明	不詳	南臺縣	南臺縣午前二時、南臺縣ヲ襲撃シ軍警ト交戦四時之ヲ撃退ス、巡査一、巡補一、輕傷ス

138

〃	愛國虎子	三〇	張臺子縣附近	東方五料尖山子村公所ヲ襲撃、同村警備用歩兵銃二、彈丸二八ヲ強奪シ村長牛玉鳳ヲ拉去ス
〃	李順義（義勇軍）	約五〇〇	海城縣	午前一時東西兩方一面ヨリ縣ヲ襲撃、軍警自警團協力應戰一時撃退ス、敵密偵一名ヲ射殺ス、賊ハ東北民衆聯合自衞義勇軍第一大隊ノ腕章ヲ附ス
〃	不詳	十數名	蘇家屯	午前二時蘇家屯機關區ニ於テ現場監督ノ爲來蘇中ノ満鐵奉天事務所員日本人湯川茂方及安藝俊一ノ兩名ハ匪賊ノ爲拉致サル
〃	打天下	不詳	開原縣	第四區小高力屯ニ於テ徴税中ノ中国駅警察分駐所員二名ヲ拉致ス

139

〃	龍山 九勝	一、〇〇〇	營口	營口襲擊ノ賊團ハ我軍警、王殿忠軍公安隊等ノ協力防禦ニ依リ目的ヲ達セス敗走ス 匪賊ノ遺棄死體七〇、負傷者多數 我警官一名、巡捕三名戰死、負傷一、王殿忠軍死者二、負傷四、公安隊員死者一
八、三	報字	二〇	昌圖縣	第一區聚賢村十里臺ヲ襲ヒ同地張某方ヨリ長銃一ヲ強奪ノ上同人三男張才卿ヲ拉去ス
八、四	不詳	五〇	鞍山附近	鞍山西方十二支里小揚氣堡部落ヲ襲ヒ金品ヲ強奪、人質二名ヲ拉去ス
〃	〃	二〇〇	海城	海城野砲隊馬糧納入大矢組保管野積藁五箇所ニ放火、一部ハ同店ニ侵入セントシ家人ニ發見サレ家人ハ野砲隊ニ電話急報セル為逃走ス、賊二名逮捕ス

140

〃	不詳	一〇	鞍山製鐵所	夜八時苦力宿舍ニ匪賊潜入滿洲備員一名狙撃サレ重傷、炊事夫外一拉致サル
八、五〃		九	郷家屯	百姓妻ヲ装ヒ市内石炭商松昌公司ニ侵入主人河野金次及同弟梯三ヲ拉致ス、途中町外レニテ河野金次極力抵抗セル爲射殺サル、同人射殺ノ銃聲ニ依リ附近ノ巡警發砲セル爲匪賊ハ西北方ニ逃走シ、弟梯三ハ歸還ス
〃	王全一	二〇〇	首山附近	首山西北方十二支里ノ兵馬屯ヲ襲ヒ人質一〇名ヲ拉去ス
八、六	趙榮才	一〇〇	溪城鐵道	崔家、臥龍間ニ於テ牛心臺發六列車ハ匪賊ノ襲撃ヲ受ケ、同列車乗車中ノ警官一八名之ニ應戰撃退ス、被害巡捕一、溪城鐵助役新井清吉重傷

141

	不詳	五〇〇	鞍山附近	鞍山西方劉二堡ニ於テ今朝來同地自警團ト交戰シ西北門ノ賊團ハ新タニ交替シ對抗中南門ノ賊團ハソノ儘頑強ニ抵抗交戰ス劉二堡南方三、〇〇〇米高家屯自動車ニテ通過中高粱畑中ヨリ匪賊ニ襲擊ヲ受ケ我軍七名負傷ス
	劉喜亭 天下好 慶字	一、〇〇〇	通遼附近	我飛行機餘糧堡附近ノ賊團ヲ爆擊シ死傷一〇〇ノ損害ヲ與ヘタ 七日朝ノ爆擊ニテ茂林庙ノ一部ヲ破壞シ人畜ニモ死傷アリタリ
	從來	六〇	開原縣	第七區南嘎堡ニ於テ警察第二中隊關分隊長ノ率ユル四〇餘名ト交戰、屍體二ヲ遺棄逃走ス

142

月日	匪首	人員	場所	状況
〃	不詳	二〇	首山附近	首山西方二支里大趙臺ヲ襲ヒ村民四名ヲ拉去ス
〃	〃	二	海城	海城野砲隊東南方ヨリ營内ニ潜入セル賊ノ密偵ラシキ者二名發見、一名射殺ス
〃	三勝	七〇〇	鞍山附近	鞍山西方劉二堡附近匪賊討伐ニ鞍山守備兵四〇名（山砲一、機關銃二）出動匪賊ト交戰之ヲ撃退ス 我軍ノ損害、戰死三、負傷四、鞍山警察署巡捕一、製鐵所運轉手一名負傷ス 匪賊不明
八、七	不明	五〇	西豐縣	西豐縣下平崗ヲ襲ヒ商家ニ放火シ同地公安隊官自警團ト交戰撃退サル、商家十九戶燒却、人質三名拉致ス

〃	不明	七〇	遼陽	午后一時遼陽附屬地南方文双樹子ヲ襲ヒ民家ニ放火掠奪シ人質二〇餘名ヲ拉致、午后九時遼陽機關區及驛北信號所ヘ發砲シタルヲ以テ軍隊警官隊、在郷軍人協力之ヲ撃退ス
〃	羅雅東	四〇	遼陽附近	遼陽西一里半喇嘛園ヲ襲ヒ人質一名ヲ拉去ス
八、八	不明	四〇	鞍山附近	鞍山驛西南方二キロ東開屯ヲ襲撃十數名ノ人質ヲ拉致西方ニ逃走ス
〃	紅山	三〇	鄭家屯附近	鄭家屯東方一五支里大白廟子附近ニテ荷馬車五臺ヲ襲ヒ馬夫五名ヲ拉去ス 右ハ鄭家屯邦人川野氏ヲ射殺シタル一味ラシイトテ公安隊四〇名討伐中

144

〃	寬民	二〇〇	鞍山附近	鞍山西方六支里永三臺子ヲ襲ヒ同村自衛團ト交戰シ小銃一四、自動拳銃一挺、車輛一臺、馬匹六頭ヲ強奪、練長一名、團員十四名ヲ拉去ス、練長ヲ除ク團丁十四名ハ途中ニテ放還サル
〃	壓東洋	二〇	海城縣	縣下公什屯（千山西方二邦里）ヲ襲ヒ同部落民八名ヲ人質トシテ拉去シタルカ内無産者四名ハ同日夕放還セリ
〃	不明	三〇〇	新賓縣	第三區和睦北溝ニアル滿鐵經營興林公司ノ植林地帶ハ匪賊ノ巢窟ト化シ農家ノ家族糧食ハ勿論家畜モ其ノ影ヲ沒シ居ル狀態テアル該地一帶ニハ三百數十名ノ賊團潜在シ十餘名ノ人質ヲ拘置シ、其ノ内和睦村長干某モ含メリ

〃	不明	二	奉天公所附近	朝九時頃満鐵公所正門骨董店崇古齋ヲ襲ヒ店員四名殺害、一名重傷ヲ負フ、現大洋一萬元ヲ強奪逃走ス
〃	王全一系	一	遼陽満洲紡績工場	満洲紡績工場内ニ於テ満洲人職工倫某ハ勤務中ノ邦人社員加藤、池谷両名ヲ銃ヲ以テ傷ケ更ニ綿花ニ放火セントシテ邦人社員油井某ニ射殺サレタ匪賊ト連絡アルモノノ如シ
八、九	田恩	一〇〇	張臺子驛附近	張臺子驛西北方馬蜂臺ヲ襲ヒ同村ノ豪農黄某ヲ人質トシテ拉去ス
〃	殘勝	七〇	煙臺附近	煙臺西方尖臺子ヲ襲ヒ村民十數名ヲ人質トシテ拉去ス
〃	三勝	二〇〇	南臺附近	南臺西南十八支里ダイモントヲ襲ヒ人質四〇ヲ拉去シ更ニ南臺西方二〇支里サンスイ

				トウニ向ケ移動シ同部落ニテ人質二〇名ヲ放還ス
〃	順天龍	六〇	鞍山附近	鞍山西南方一〇支里寧遠屯ヲ襲撃シ同地自衛團ト交戰撃退サル、部落民五名ヲ人質トシテ拉去ス
〃	東順	一一〇	田庄臺附近	拉々房部落ニ於テ夕食ヲ爲シタル後劉家堡子ニ至リ此處ニテ掠奪シ田庄臺方面ニ移動ス
〃	三勝系	五〇	鞍山	鞍山附屬地南方接壤地部落陶官屯ヲ襲ヒ村長韓春一外八名ヲ拉致、馬匹十數頭ヲ强奪逃走ス
八、一〇	天地容	三〇	煙臺驛附近	煙臺驛西方二臺子ヲ襲ヒ婦女二名ヲ拉去ス

146

〃	撒北 兎局勝	三〇〇	通遼附近	通遼東南二五支里旬力營子ニ來リ小部隊ニ別レテ通遼附近ニ出沒横行シツツアリ
〃	然定宜 殘賓儀	三〇	鞍山附近	鞍山西北方一邦里大營盤ヲ襲撃シ同部落民二名ヲ人質トシテ西方ニ移動ス
〃	小紅龍	三〇	營口縣	縣下北大房身ヲ襲ヒ同村各戸ヲ掠奪シ同村自警團十數名ヲ人質トシ長銃一〇〇餘挺、彈丸八千餘發ヲ强奪逃亡ス
〃	不詳	三〇〇	田庄臺附近	田庄臺西北方三道溝附近ニテ溝營線工人二名外農夫數名ヲ拉去セリ

148

八、一一	亞東邊	二〇	十里河附近	十里河東南五里台子ヲ襲ヒ村長及自警團員一名ヲ射殺逃走ス
〃	不詳	二〇〇	打通線	我裝甲列車鄭通支隊ハ打通線木里圖驛附近ノ線路破壊箇所修理ノ援護ニ出動シ附近ヲ横行中ノ匪賊ヲ掃蕩ス
〃	義勇軍 劉嬉亭	一、〇〇〇	三江口附近	三江口張學良ノ派遣セル連絡員高專員、高陰周ト共ニ四平街襲撃ノ目的ヲ以テ通遼、鄭家屯ノ北方ヲ通過三江口北方ニ進出滯在ス
〃	不詳	三〇	立山	立山水源池ヲ襲撃シ、我分遣隊ノ猛射ニ依リ撃退セラル
〃	不詳	二〇〇	清源縣	清源縣非石木ヲ襲撃同地自警團ト交戰、自警團ハ戰死二〇名ヲ出シ敗退セルヲ以テ匪賊ハ同地ヲ占領放火掠奪ス

日時	匪名	人員	場所	狀況
〃	不詳	五〇〇	海城附近	海城西八支里[illegible]堡子ニ襲來シ同地方農十一名ヲ人質トシテ拉去ス
八、二	不詳	八〇	營口縣	營口東北方四邦里連山屯ヲ襲ヒ金品掠奪ノ上農民一〇名ヲ拉致セリ
〃	西北軍	六〇	營口縣	營口東北五邦里黃家甸ヲ襲ヒ人質二名ヲ拉去ス
〃	不詳	四〇	鞍山製鐵所	午後十時頃製鐵所ノ泥捨場ヲ襲ヒ同地看守小屋ニ發砲、軍警出動擊退ス、製鐵所從事員滿洲人四名拉致サル
〃	大刀會	二〇〇	瀋海線	黑山縣ヲ襲擊、縣長以下縣員全部ヲ射殺シ金品強奪逃走ス
〃	富海	八〇	遼陽縣	縣下後立山ヲ襲擊シ人質六名ヲ拉致、馬五頭ヲ強奪逃走セリ

150

八、一二	不詳	八〇	鞍山附近	鞍山西部八家子ヲ襲撃、鞍山軍警出動西方ニ賊ヲ撃退ス、即死滿洲人一、人質二〇、馬二頭ヲ拉去ス
〃	勝江 北長江	二〇〇	通遼附近	通遼西三〇支里哈吐滿汗西方ニテ第二區警務分局及自衛團ノ聯合セル七〇名ト交戰、匪賊ハ相當ノ死傷者ヲ出シ敗走ス、警務局側輕傷三名
〃	海林覺 東好 長久	八〇	遼陽縣	縣下八家子ヲ襲ヒ馬騾一一ヲ強奪ノ上何某ヲ射殺シ人質二〇名ヲ拉去セリ
〃	占江省 獨雷	三〇〇	蓋平縣	縣下石峯村ニ於テ同村自警團二〇〇名ト交戰、賊十二名ヲ斃シ長銃四挺ヲ捕獲セリ

151

150

八、一三	鄧鐵梅	不詳	岫巖城	岫巖城ヲ襲擊シ、縣副參事白井太郎、吉見秘書外居住邦人等十一名ヲ拉致ス 十四日鳳凰城第四區炎山溶ニ宿營中、鄧鐵梅ノ歸順意志明瞭トナレルヲ以テ前記白井副參事等軍部並警察當局ニ斡旋中
〃	張國	一〇〇	張台子附近	張台子東南小屯子ヲ襲ヒ同地自警團ト約一時間交戰自警團ノ武裝解除ス
〃	三勝	三〇〇	首山附近	首山西南城島堡ニ侵入掠奪、放火、人質拉去等悪虐ノ限リヲ盡ス
〃	不明	一、〇〇〇	鐵嶺縣	縣下白旗塞ヲ襲擊放火シ我警官隊必死防戰中ナリトノ報ニ接シ、鐵嶺警察署ヨリ十五名、大甸子ヨリ十七名出動シタルモ匪勢侮リ難ク危險迫リ本署ヨリ更ニ二五名、保安隊六〇名、軍用飛機五機出動ス

152

八、一三	不詳	二五	營口縣	縣下三家子ニ於テ石橋子方面ヨリ避難シ來レル船四隻ヨリ衣類其ノ他ヲ掠奪ノ上男一四名ヲ人質トシテ拉去セリ
〃	不詳	一五	撫順附近	撫順民家屯北方渾河畔ニテ邦人二名ヲ襲ヒ所持金八〇圓ヲ强奪、一名ニ重傷ヲ負セテ逃走ス
〃	不詳	一五〇 九〇〇 一五〇	蓋平縣	第四區ニ一五〇名ノ匪賊横行、六區五區ニ九〇〇名、七區ニ一五〇名アリ掠奪横行甚シク匪首老北風ノ一味ト聯絡アリ、張學良ノ指揮下ニ在ルモノト見ラル
〃	不詳	一〇	鞍山	鞍山附屬地南方陶官屯ヲ襲ヒ人質男五、女一ヲ拉致セルカ、男二名、女一名ハ途中ヨリ放還歸來ス

152

八、一三	双山	五〇	營口縣	縣下連山屯ヲ襲ヒ金品強奪、五名ノ人質ヲ拉去ス
〃	不詳	四〇	鞍山附近	鞍山北方八封溝ヲ襲ヒ男一名、女二名ヲ拉致ス
〃	忠義	七〇	昌圖縣	第二區管内楡樹城子ヲ襲ヒ金品強要中、八面城遊擊隊丁司令竝同地警察田中隊長ノ率ユル三〇〇名出動擊退ス、
				賊側戰死七、捕虜三
〃	三勝	五〇〇	遼陽縣	第七區城鳥堡ヲ襲ヒ同地自警團ト交戰、自警團敗戰シ賊團ハ部落ニ放火シテ金品ヲ強奪逃走ス

154

八、一四	不詳	六〇	熊岳城	熊岳城午後十時頃熊岳城溫泉ホテルヲ襲撃シ表玄關ヨリ約一〇名、裏玄關ヨリ約六名闖入シ宿泊客森喜代一（四二）狙撃サレ重傷ス其ノ他損害ナシ、匪賊一名戰死
〃	王全一	三〇	遼陽附近	遼陽西一邦里石橋子ヲ襲ヒ村民六名ヲ拉去ス
〃	不詳	七〇	遼陽縣	遼陽縣筆管堡ヲ襲ヒ、村公所備付ノ長銃十部落砲臺ノ長銃十五、民家ヨリ拳銃一、牛馬二頭ヲ強奪、村長蘇某ヲ拉去セリ
〃	天地榮	二〇〇	遼陽附近	遼陽西方約八支里景璽屯ヲ襲撃シ人質二名ヲ拉致逃走ス、部落民二〇〇遼陽城内ニ避難ス
	不詳	三〇	遼陽縣	縣下三家峪ヲ襲ヒ豪農周某ヲ人質トシテ拉去ス

155

八、一四	不明	六	遼陽縣	縣下八家子ヲ襲ヒ人質三名ヲ拉去セリ
〃	不明	一六	營口縣	縣下前石橋子ヲ襲ヒ同村農夫十一名ヲ人質トシテ拉致逃走セリ
八、一五	通累海達	三〇〇	鐵嶺縣	白旗寨ニ於テ開原第八區耿莊會二五〇ト交戰、賊勢優勢ニテ耿莊會苦戰ノ後賊團ヲ撃退セリ、彼方ノ被害不詳
〃	不詳	不詳	安奉線	午後四時雞冠山發橋頭向輕油動車雞冠山：秋木莊間ニ於テ匪賊ノ襲撃ヲ受ケ乗客滿洲人一名負傷ス、雞冠山守備隊出動之ヲ撃退ス
〃	打一面	四〇	四平街附近	四平街東南七杆[illegible]子勾ニ於テ四平街憲兵隊公安隊、自警團ト交戰匪首打一面以下六名戰死、人質十一名ヲ奪戻ス

156

八、一五	靠天 林中好 山里堡 大寛子 三江好	七〇〇	海城縣	縣下感王寨東方南占樹子ニ於テ三家子ノ自警團ト交戰屍體一六ヲ遺棄逃走ス
	不詳	三〇〇	鳳凰城附近	鳳凰城東北六邦里大堡ヲ襲ヒ同地駐在ノ警官三〇名ト交戰、山崎巡査殉職、安東ヨリ應援隊四〇名出動賊團ヲ擊退ス
	不明	三〇	營口縣	縣下王家堡子、孫家樹子附近村落ヲ橫行、民家ヲ掠奪シ男子ハ拉致シテ賊團ニ引入レ婦女子ニ暴行ヲ加ヘル等暴逆ヲ極メ居レリ農民ハ食料缺乏ノ爲其ノ生命ヲ維持スル爲餘儀ナク匪賊團ニ加ハリ農民一般ノ思想惡化セリ

八、一五	孫雨山	三〇	鞍山附近	鞍山西方宋三台子ヲ襲撃シ人質十五名、長銃一ヲ强奪逃走ス
八、一六	不詳	一〇	鞍山附近	鞍山附屬地接續地西方部落リウセイトンヲ襲ヒ人質滿人三名（内製鐵所從事員）ヲ拉致セリ
〃	不詳	二〇	立山驛附近	立山驛北方三吉米（齊山信號所北方）ノ地點ニテ進行中ノ一六列車目蒐ケテ射撃シ、彈丸ハ機關車ニ一發、客車ニ二發命中ス
〃	大一面	四〇	四平街附近	牛拉山門（四平街東南一五キロ）ノ附近部落塔子溝ニテ憲兵隊、公安隊、自警團聯合討伐隊ト交戰シ賊團ヲ擊退セリ賊團ハ匪首大一面以下六名ノ屍體ト人質十一名ヲ放棄セリ

158

八、一六	不明	一〇	鞍山附近	鞍山西北方柳西屯ヲ襲ヒ同村長趙某長男及村民三名ヲ拉去セリ
〃	金山好	八〇〇	西安縣	西安縣縣城東方五支里ノ部落ヲ襲撃シ同地駐在公安隊ノ武裝解除ヲ爲シ長銃六〇餘挺ヲ奪掠逃走ス
〃	不詳	數名	本溪湖附近	太子河上流約一哩ノ地點ニ於テ釣魚中ノ邦人一名ヲ射殺ス
〃	不詳	不詳	立山驛首山驛	九時頃第一六列車首山、立山驛間ニ於テ線路西方ヨリ狙撃サレ機關車ニ一個、三等客車ニ二個彈痕ヲ受ク、乘客及乘務員異狀ナシ

158

八、一六	不明	一二	本溪湖煤鉱公司	鉄滓捨場行軽便軌道第六號ポイント小屋ヲ襲ヒ電話機ヲ破壊シ満人三名ヲ拉致、更ニ小修繕爐ニテ満人電工夫一名ヲ拉致、第七號ポイント小屋附近ニテ満人職工一名、同夜警一名其ノ他四名ヲ拉去ス
〃	不詳	一〇	鞍山製鉄所	午後八時製鉄所構内ヲ襲ヒ守衛ト交戦日本人三名重傷ス
八、一七	邊防 中山好 山林好	一〇〇	牛荘城	一般居住民ニハ何等危害ヲ加ヘ居ラサルモ城内ノ富裕者十一名ヲ人質トシテ拉去ス
〃	海交	六〇	洮索線	平安鎮驛西北方山地ニ於テ洮遼第三支隊第九團ト賊團交戦、匪賊一名、馬七頭ヲ射殺北方ニ撃退ス第九團兵一名負傷

160

八、一七三	省	五〇	洮南附近	洮南西方第五區翟家ヲ襲撃シ同村ヨリ馬四〇餘頭ヲ強奪逃走ス
〃	不明	三〇	白市附近	白市夜半牧場ヲ襲撃、牧夫ト交戰、賊ハ銃器ヲ掠奪、人質一名拉去ス
〃	不詳	五	臥龍泉	臥龍泉信號所ヲ襲ヒ助役平松賴、驛手中島正雄及滿人一名ヲ拉致ス、滿人驛手ハ途中ヨリ放還セリ
〃	不詳	一〇〇	遼西方面	北鎭南方約四吉附近ニテ北鎭守備隊ト交戰匪賊ノ遺棄屍體二〇
〃	不詳	一〇〇	遼西唐家泡附近	唐家屯南方地區ニ於テ新立屯守備隊ト交戰匪賊ノ遺棄屍體二、負傷者一四（捕虜）我ニ損害ナシ

八、一七	抗日義勇軍	二〇	撫順縣	第四區營盤ニ於テ同地公安隊ト交戰、賊一名ヲ射殺、洋砲一ヲ鹵獲、公安隊側負傷者六名
〃	不詳	一〇〇	千山附近	千山東南方リウショウシウ居住鮮人十名ハ匪賊ニ襲ハレ六名銃殺サレ二名不明、二名脱出ス
八、一八	老實人 九江 播北	三〇〇	南台	附屬地ヲ襲撃シ、鐵道線路ヲ破壞逃走セリ
〃	不詳	二〇	鄭家屯附近	鄭家屯南五支里爾泌村ヲ襲撃シ農夫羅某方ヨリ衣類貴金屬ヲ掠奪シ主人ヲ拉去ス
〃	華九江	一、〇〇〇	撫順縣	第四區高力營力ヲ襲撃シ濱海線木橋ヲ燒却シ、營盤方面ニ移動シ同地東方ニ於テ我軍飛行機ノ爆撃ニ遭ヒ潰走ス

162

八月中旬	土匪	二、〇〇〇	洮南附近	洮南東方大賚附近ノ土民結束シテ蒙古人ヲ虐殺掠奪シアリ、之等土賊ハ墨良善勇軍ト連絡シ日蒙人ヲ敵ト看做シ暴行シツツアリ
八、一八	不詳	不明	營口線	營口支線胡家窩舖驛北方四吉附近ノ線路、通信線破壞サル
〃	大刀會匪	數百名	濱海線	南雜木、蒼石間ヲ襲ヒ電信電話線ヲ切斷、列車運行不能トナル 十九日同線護路軍出動、同地方ニ赴キタルニ賊團ヨリ猛射ヲ受ケ戰死者四名ヲ出セリ
〃	天下好	一、五〇〇	昌圖城附近	昌圖西北十邦里民治村ヲ襲ヒ同地自警團百名ト交戰、自警團員三名戰死、四〇名捕虜トナル

162

八、一八	不股勁	七〇	清源縣	縣下南山城子ヲ襲撃、同地耿莊會ノ武装解除ヲ爲シ長銃五〇挺強奪ノ上部落ヲ焼拂ヘリ
八、一九	義勇軍 彭振國 劉香閣	一、六〇〇	昌圖附近	昌圖縣第四區金家屯ヲ襲撃掠奪シ、同地郵便所ヲ占領シ電話ニテ縣長ヲ強迫シ、邦人岩田某拉去サル
〃	不明	六〇	鄭家屯附近	沙里種養場ヲ襲ヒ牛一〇〇餘頭ヲ強奪ス
〃	不詳	三〇	營口附近	營口西北二邦里黑煙臺ヲ襲撃シ人質六名ヲ拉去セリ
〃	不詳	一五〇	奉山線	午前八時半奉天發急行列車カ同十一時五十分頃白旗堡ー柳家溝間ニ於テ匪賊ノ爲運行ヲ妨害サレ乗務員之ト交戰撃退ス旅客一名死亡、負傷者三名警乘員一名負傷

164

日時	首領	人數	場所	概要
八、二〇	不詳	二〇〇	北票線	在朝陽寺我守備隊ヲ襲撃シ交戰二時間ノ後撃退ス　敵匪ノ損害莫大、我損害輕傷二、同時刻朝陽寺西方約十六吉余嶺寺附近及朝陽寺東方四吉五合東側ノ鐵道橋ヲ破壊セリ
〃	天勝	一八	鞍山附近	鞍山西方六支里ノ地點ニ於テ鞍山南九番町油坊業王鳳堂外店員二名ヲ拉致ス
〃	高陰周 劉喜亭 解國臣 四合 六合 天下好 慶字	一、〇〇〇	通遼	拂曉四時通遼ヲ襲撃シ自衛團及我軍ニ討タレ約五〇ノ屍體ヲ遺棄シテ敗走ス 我軍戰死二、負傷者二名
〃	不詳	六〇	四洮線、	白溝驛ヲ襲ヒ驛駐在ノ巡警ト交戰巡長一名負傷ス

164

八、二〇	不明	二〇〇	西豐縣	縣内平崗附近小河村ニテ縣公安隊ト交戰シ伊通縣ニ逃走セリ 公安隊戰死一、負傷三 賊團ハ伊通縣ニテ人質一四名ヲ拉去ス
〃	三勝	六〇	鞍山附近	鞍山西南方一八支里新堡ヲ襲ヒ銃器ノ提供ヲ迫リタルモ村公所ハ之ニ應セサリシ爲賊團ハ民家數戸ニ放火逃走ス

166

八、二一	順天龍	二〇〇	海城縣	第八區周正堂ヲ襲ヒ金品強奪ノ上全村放火セリ
〃	不詳	一〇〇	湯崗子附近	湯崗子北方四支里中所屯ニテ部落民二名ヲ拉致、馬一四頭ヲ強奪ス
〃	三勝	二〇〇	鞍山附近	鞍山西方一〇支里白旗堡ニ移動シ来リ晝食ノ後部落民五名ヲ人質トシテ拉去ス
八、二二	不詳	二〇〇	奉山線	柳家溝、白旗堡ノ軍用電線ヲ切断シ、又白旗堡繞陽河間ノ東南方部落ニ匪賊蠢動何事カ企畫セルヲ以テ我軍出動之ヲ掃蕩ス 敵匪ノ死体九、斃馬四其他不明
〃	青山	二〇〇	南台附近	南台西北二十支里ミコウホヲ襲ヒ長銃十挺ヲ強奪、人質二〇ヲ拉去セリ
〃	報字 天昭應	二〇	通遼附近	通遼東方一五支里五道木部落ヲ襲ヒ人質（數名）ヲ拉去ス

167

八、二二	不詳	五〇	鄭家屯附近	鄭家屯西北三支里吉興窩棚ヲ襲ヒ農家ヲ掠奪シ、人質五名（男女）ヲ拉致セリ
〃	不明	三〇	湯崗子附近	湯崗子北方接壌地湯崗子村ヲ襲ヒ人質三名拉致、馬匹六頭ヲ強奪シ去ル
〃	青山	二五	海城附近	海城西方十五支里大楡樹堡子ヲ襲ヒ人質二〇名ヲ拉致ス
〃	双龍	一五	海城附近	海城西北方十五支里哈喇碑ヲ襲ヒ人質二名ヲ拉致ス
八、二三	不詳	三〇〇	錦州附近	錦州大凌河左岸地區ヨリ西進シ錦州東方二〇吉楊家屯附近ニテ錦縣自衛團ト攻擊中ヲ我飛行隊及裝甲列車出動之ヲ擊破セリ敵匪ノ損害不明、我ニ損害ナシ

八、二三	義勇軍	三〇〇〇	平頂堡附近	平頂堡縣西北方慶雲堡ニ侵入シ公安隊約八〇〇名ノ武装解除シ武器其他ヲ強奪ス
〃	打天下	三〇	平頂堡附近	平頂堡縣西方九支里歪石磁子村ヲ襲ヒ人質ヲ拉去西方ニ逃走ノ際同村自警團ノ襲撃ヲ受ケ賊二名射殺サル
〃	庄東邊	六〇	十里河附近	十里河縣西北二邦里東山堡部落ヲ襲ヒ全地自衛團長譚海山以下四〇名ヲ武装解除シ長銃及拳銃四〇挺、彈丸九、五〇〇發ヲ强奪ス
〃	北吉星 明久 興字	八〇	開原縣	開原縣第五區興隆台ニ侵入全部落民二名ヲ拉去ス
〃	紅標	七〇	南台附近	南台西北方約二〇支里海城縣泥沟鋪ニ於テ全地自警團ト交戰、匪首紅標及配下一名ヲ逮捕ス

169

八、二三	洪　福	三〇	鄭家屯	市内北街顔家大坑王小雜貨舗ヲ襲撃金品掠奪、主人ヲ人質ニ拉致ス
八、二四	不詳	七〇	鞍山附近	鞍山西方九支里宋字三台子ヲ襲ヒ人質十數名ヲ拉去ス、部落民ハ附屬地ニ避難中
〃	大純子	七〇	鞍山附近	鞍山北方九支里城昂堡ノ富豪魏某方ヲ襲ヒ大洋五、〇〇〇元、衣類二〇餘點、長銃二〇、拳銃五〇、實包三〇箱ヲ強奪セリ
〃	兵匪	不詳	奉海線	午前二時朝陽鎭ヲ襲撃シ我軍之ト交戰撃退ス　我軍戰死一、負傷九名
〃	李芳亭	一、〇〇〇	鄭洮線	開通南方約十六吉邊昭附近ノ鐵道ヲ長サ約四吉ニ亘リ破壊シ、在開通洮遼軍第七支隊ト交戰ス

八、二五	不明	一〇〇	通遼	通遼ヲ襲撃シ、我軍ト交戰撃退サル、我兵一名負傷ス
〃	不詳	三、〇〇〇	札賚特旗門	日蒙人虐殺、掠奪ヲ目的トシ大賚所屬河北一帶ノ五棵樹、愛林安挪、大賚方面ヲ掠奪ス
〃	(義勇軍)廣字 償還 三岑	一、〇〇〇	通江口	午後五時頃ヨリ通江口ヲ完全ニ包圍シ四圍ノ電話線ヲ切斷シ、同地商務會長ニ對シ我領事館員七名ノ引渡ヲ要求セリ我官憲善後處置講究中
〃	高振堯	一〇〇	煙台附近	本月二十一日安奉線石橋子附近ノ鐵道ヲ破壞シ機關車ヲ脫線セシメ乘務員ヲ殺害シタル一團ハ目下煙台炭坑東方梨樹溝ニ蟠居中高振堯ハ元張學良ノ部下（軍人）ニシテ本年二月頃北京ヨリ歸來シ抗日派ノ頭目トナリ常ニ鐵道破壞ヲ目的トシ居レリ

170

八、二五	不詳	數百	營口	營口ヲ圍繞セル賊團ハ愈多キヲ加ヘ、新市街西方、南方ニ賊團出沒シ、營口縣警手高永富、國際華工頭高某ヲ始メ多數人質ニ拉去サル
〃	不詳	二〇	孟家屯驛附近	驛南方三支里二道崗子ヲ襲ヒ人質二名ヲ拉致ス
〃	不詳	二八	孟家屯驛附近	驛南方六支里小三家子部落ヲ掠奪後人質五名ヲ拉致セリ
八、二六	不詳	一〇〇	海城驛附近	驛北方一キロ五〇〇三里橋附近ヲ襲撃大掠奪シ人質一名ヲ拉致逃走ス
〃	劉香閣	八〇〇	通江口附近	孤榆樹附近ニ於テ昌圖縣討伐隊ト交戰シ、賊二四名戰死、一四名捕虜、馬匹十頭ヲ奪還ス 討伐隊側負傷二名、滿人一名殺害サル

172

八、二六	義勇軍	一、六〇〇	鄭家屯附近	鄭家屯南六〇支里孤楡樹ニアリテ鐵道線路ヲ破壞シ鄭家屯方面ニ移動中
〃	不詳	不詳	四洮線	洮遼第七支隊ノ一部大平川ニ向ハントシテ途中其ノ列車匪賊ノ襲撃ヲ受ケ三名ノ死傷者ヲ生シテ開通ニ引返セリ
〃	不明	數名	昌圖附近	昌圖東方一邦里石山附近ニテ昌圖附屬地地方委員清瀧梅三郎及矢野某匪賊ニ襲ハレ矢野某ハ脱出シタルモ清瀧ハ拉致サル
八、二七	不明	一一	鞍山附屬地	鞍山附屬地內火葬場ヲ襲ヒ全所番人（滿人）ヲ拉去ス
八、二八	不詳	三〇	陳相屯附近	二〇三列車陳相屯、吳家屯間ヲ通過中、高粱中ヨリ匪賊ノ襲撃ヲ受ク、銃彈五發命中滿人（乘客）一名負傷

173

~~87~~ 172

八、二八	土匪	二	鄭家屯	市内西街市場附近ノ醫師頓某宅ニ良民ヲ裝ヒ重病患者アル故至急往診ヲ乞フトテ該醫師ヲ欺キ馬車ニ同乘拉致セリ
〃	大英字	四〇	他山附近	他山西北一〇支里西扇山子ヲ襲ヒ人質二〇名ヲ拉致セリ
八、二九	不詳	不詳	大石橋	大石橋滿洲國苗圃ヲ襲ヒ技術員二名、苦力五名ヲ拉致ス
〃	不詳	二〇〇	姚千戸屯驛	夜半姚千戸屯驛ヲ襲撃シタルヲ以テ警官一三名、驛長以下五名、我兵六名應戰、苦戰ノ後之ヲ撃退ス 賊ノ負傷四、五名
〃	不詳	十數名	陳相屯	陳相屯、姚千戸屯間作業中ノ陳相屯丁場線路方小川某外滿人線路方二一名ハ匪賊ノ襲撃ヲ受ケ拉致サレントシ内四名ハ姚千戸屯

174

				歸ニ避難急ヲ報ス 小川某ハ無事歸還ス、他ノ滿人線路方ハ一旦捕ハレタルモ放免サル
八、二九	報字	四〇	通遼附近	大廍棚ヲ襲ヒ人質六名ヲ拉去ス
〃	不明	一〇〇	海城縣	縣下老古林子ヲ襲ヒ全村馬匹十數頭ヲ掠奪シ、更ニ大石橋接壤地岳州ヲ襲ヒ人質一七名ヲ拉致ス
八、三〇	貴臣	不詳	通遼	通遼附近部落ニテ牛馬家畜類五〇〇頭ヲ强奪シ餘糧堡ヲ經由開魯ヘ賣却ノ爲赴ケリ
八、三一	公安隊匪化	六〇	撫順附近	東社附近ニ滯在中ノ匪賊約一、〇〇〇名撫順襲擊ノ報ニ接シ憲兵隊本田憲兵ハ公安隊六〇名ヲ率ヒ滿洲國側指導官鳥飼氏ト共ニ出動警備配置了シタ後突如公安隊豹變シテ前

~~39~~ 174

記二氏捕虜サル、本田憲兵ハ辛シテ脱出、
島飼氏ハ拉去サル

八、三一	頭目 數名	八〇〇	本溪湖	午前四時東、南、北ノ三方面ヨリ本溪湖ヲ襲撃シ内一隊ハ支那街ニ入リテ市街戰ヲ演シ市場ニ放火燒拂ヘリ 我負傷者ー憲兵隊サイドカー運轉手、煤鑛公司員、巡査、自衛團員ノ四名 公安隊員戰死一名、負傷一名

176

175

○牛莊城附近ノ匪賊團（八月下旬）

頭目名	配下數	備考
天日好	七〇	大惡王棠ニ在リ
三江	不詳	人質二名帶同
逸防	不詳	牛莊城王家大院ニ司令部ヲ置キ、遼河船舶運送ノ保護及海城縣第五區ノ治安維持ヲ條件ニ海城縣王縣長ト協議中
靠天	不詳	邱鐵梅ト連絡シ湯地ニ在リテ地方維持ノ為八萬元要求中
獨・雷子	八〇	南關張保村方院子ニ在リ
明山	六〇	北關郷會事務ニ在リ
雙龍	一〇〇	東北關海興湧內ニ在リ
大英字	六五	前胥壘子ニ在リ
九占	八二	小李家窩堡ニ在リ

177

176

		既ニ[illegible]ヒ、騎馬二〇
天好	不詳	蛇[illegible]門ニアリ、孤獨、遼防ト共ニアリ
生才好	八	遼防ト合躰シ砲手トナル
盧土[illegible]	三〇〇	遼防ノ司令部ニ在リ
北省、勝山	三〇	大平莊ニアリ、人質四名
占勝	八〇	東高坎東方劉家堡ニアリ分水縣長及ヒ戸田トヲ有シ五萬圓要求シ、戸田ハ衰弱シ、且戸田ノ長男ハ金策出來サル爲長男ト人質トヲ取リ更ント企圖シツツアリ
黑龍	六八	統帥先傷ス、連三屯ニ在リ 人質十六名アリ
東省年	三〇	[illegible]子池、史市附近ニアリ
東來好	四〇	亮子海ニアリ、人質八名
大伍字	四五	北海、西老、增顯村ニ分宿 人質三名

178

得勝甲	二〇	黒於溝ニアリ 人質一名
東邊	六〇	人質七、馬匹二六、飛機ノ爆撃ヲ恐レ遼河西ニ移動セリ

○臺安縣下ノ匪賊團（八月中旬）

首領名	匪下数	潜在地
南仁義	五〇〇	縣城内
紫山	三〇〇	第一區縣城附近
連山	二〇〇	第二區縣城北方十二吉附近
南青山	五〇〇	第三區縣城東北方八吉附近
老北風	五〇〇	第四區縣城東南八吉附近
海寬	七〇	第五區縣城棗林子附近
靠山	二〇〇	第六區縣城西南高家屯附近

178

勝好	二八〇	第七區縣城東南十六吉小高力房
老來好	二七〇	第八區縣城東南二〇吉黃沙陀

○池家屯附近ノ匪賊團　（八月五日現在）

頭目名	匪賊數	頭目名	匪賊數
林中好	二〇〇	全勝	二〇〇
南正河	二〇〇	老頭好	七〇
大河交	六〇	小海交	九〇
金山好	一〇〇	青山	二〇

○鳳城附近ノ匪賊團　（八月中旬）

頭目名	配下數	蟠居地
不詳	二〇	湯池子

180

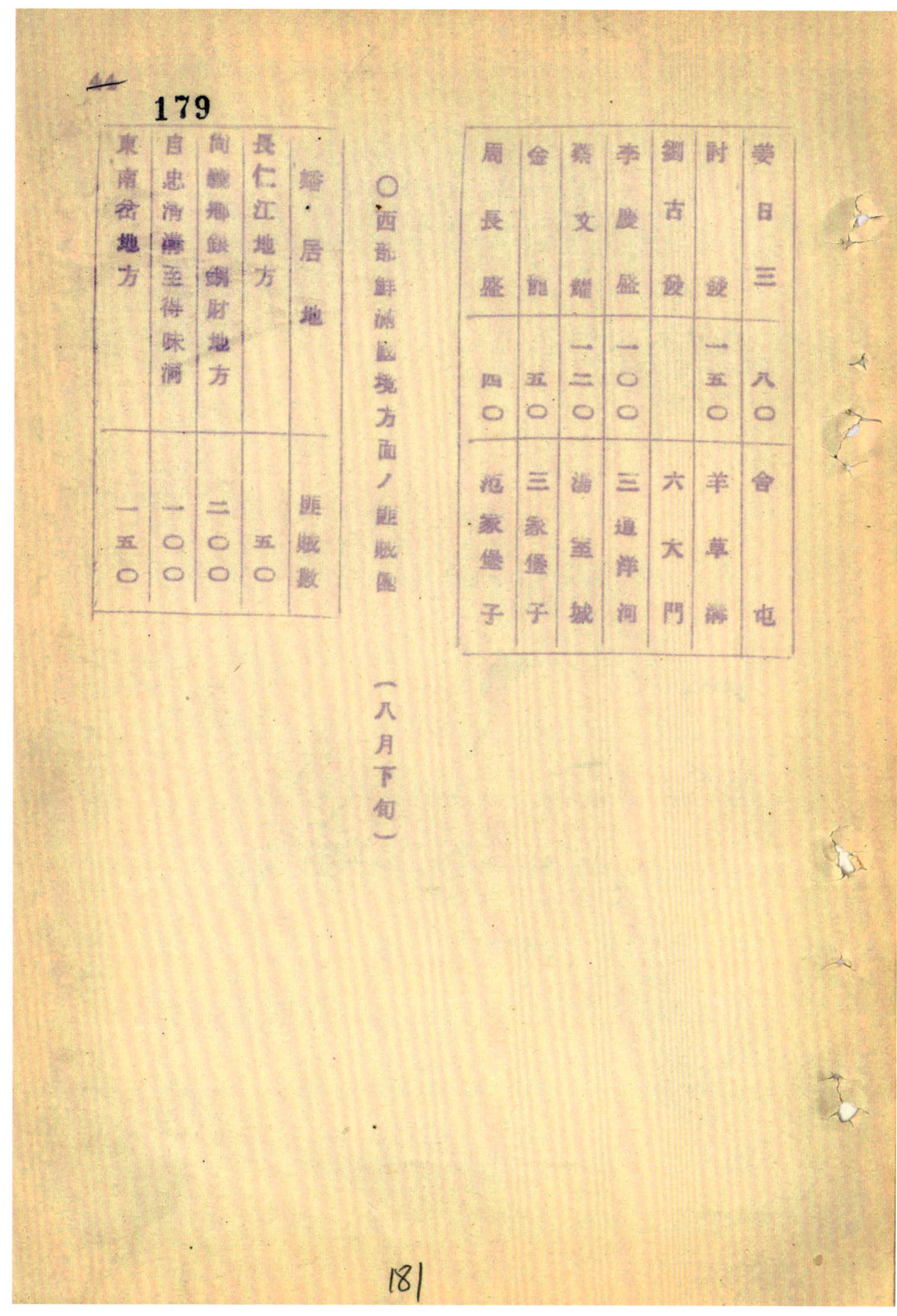

姜日三	八〇	會屯
討發	一五〇	羊草溝
劉古發		六大門
李慶盛	一〇〇	三道洋河
蔡文耀	一二〇	滿至城
金龍	五〇	三家堡子
周長盛	四〇	范家堡子

○西部鮮滿國境方面ノ匪賊團　（八月下旬）

蟠・居地	匪賊數
長仁江地方	五〇
向撫鳥鉄嶺附地方	二〇〇
自忠溝溝至得味洞	一〇〇
東南岔地方	一五〇

181

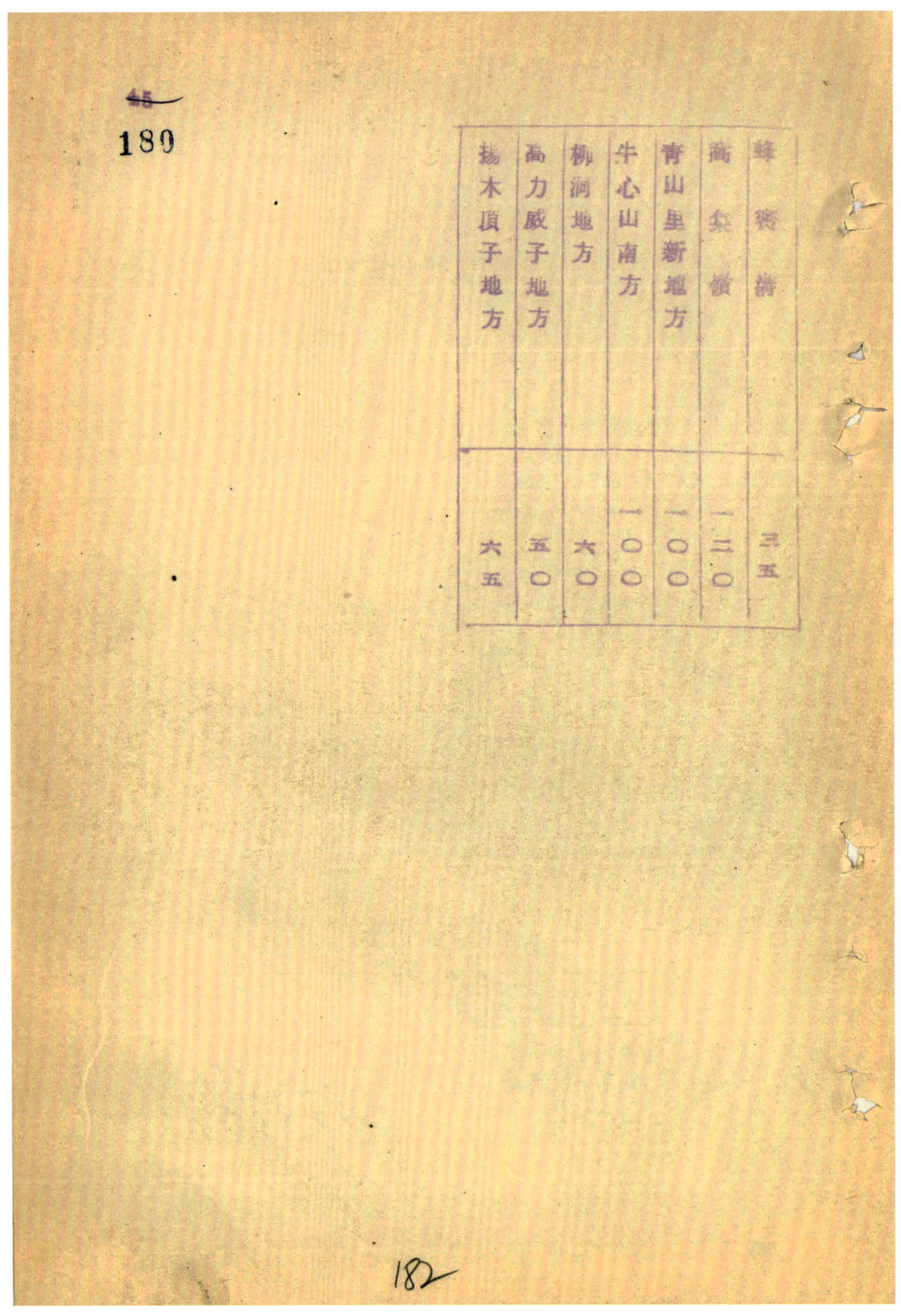

~~45~~
180

蜂密溝	三五
高[illegible]嶺	一二〇
青山里新地方	一〇〇
牛心山南方	一〇〇
柳洞地方	六〇
高力威子地方	五〇
楊木頂子地方	六五

182

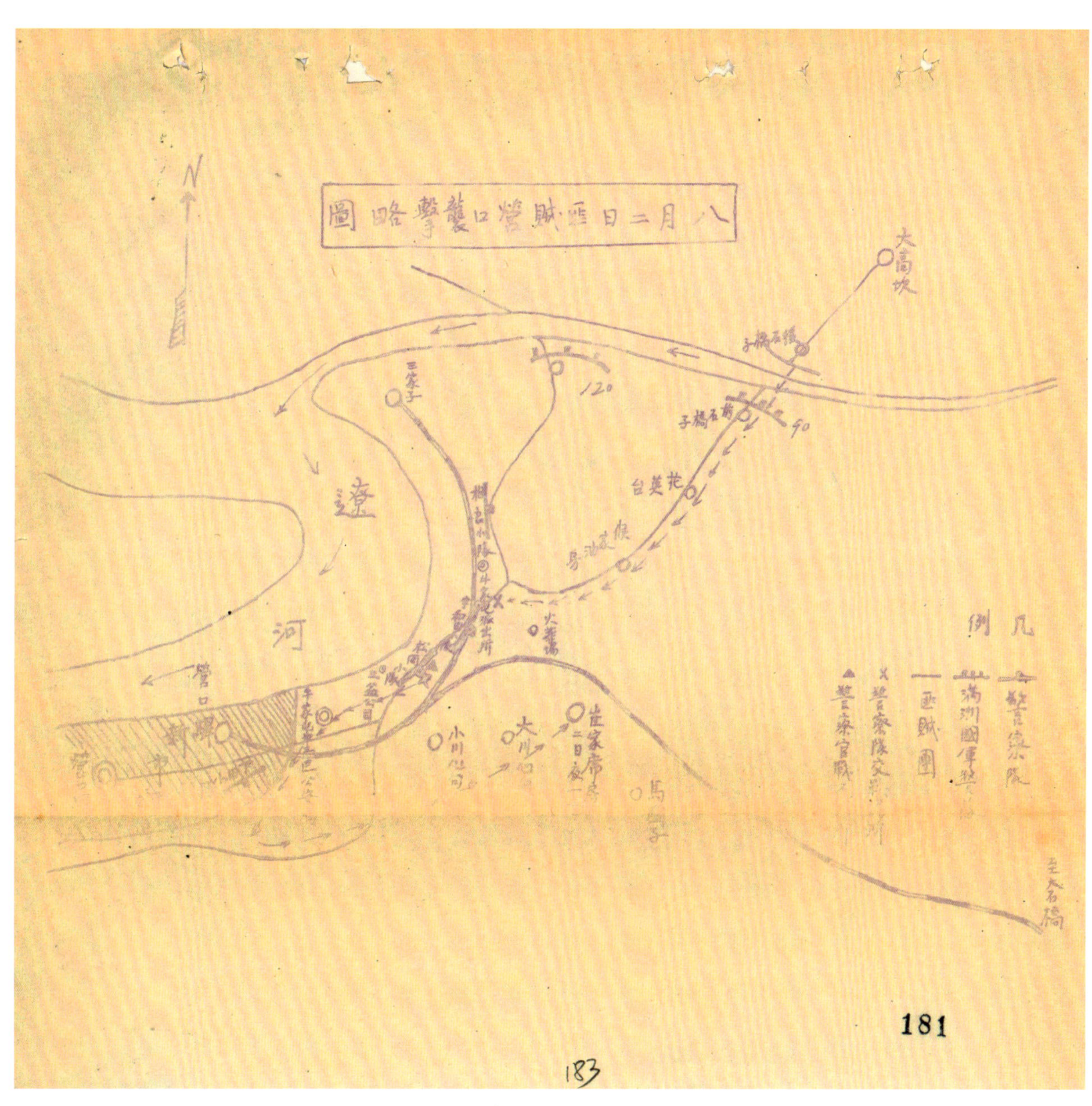
八月二日匪賊營口襲擊略圖
N
大高坎
120
90
遼
河
凡例
181
183

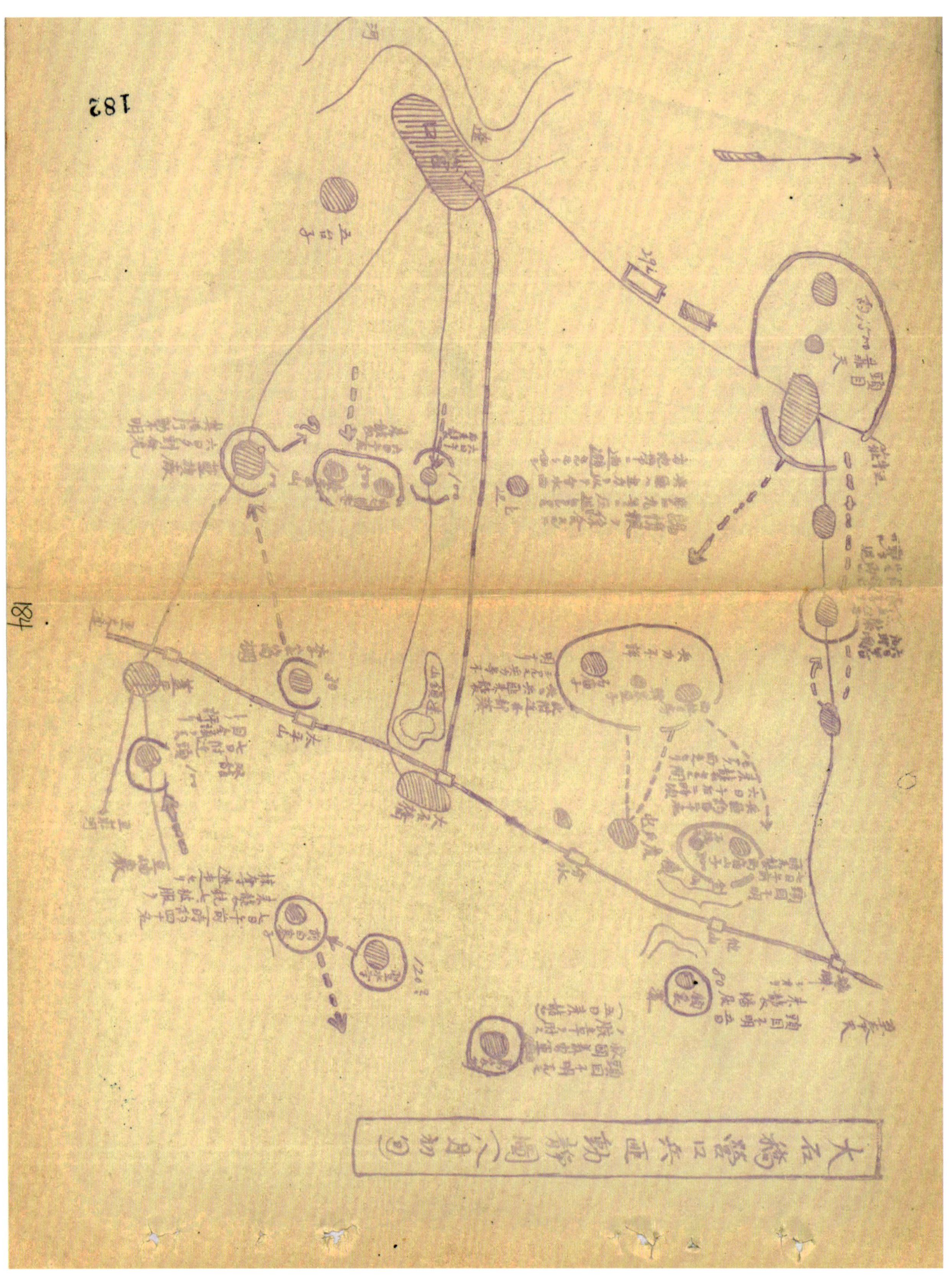

大石橋營口兵匪動靜圖（八月初旬）
182
184

二、吉林省内ノ匪賊狀況

日附	匪名	人數	場所	狀況
八、七	不明	六	吉海線	吉海線双河驛ヲ襲撃シ驛收一三六元餘ヲ奪掠ス、人命ニ異狀ナシ
〃	不詳	不詳	海龍領事館	午前二時海龍領事分館警察宿舍ヲ襲ヒ睡眠中ノ巡査四名ヲ負傷セシメタ
八、八	平東洋 中山 三江好	二〇〇 五〇〇	吉長線 下九臺	下九臺北方約十二支里瓦唐溝附近一帶ヲ横行猛威ヲ振ヘリ、該賊ハ各自長銃モーゼル拳銃ヲ所持シ軍服及支那短兵ヲ着セリ同地住民ノ吉林、長春ニ避難スルモノ多シ
八、一六	反吉林軍 楊文彬	二、〇〇〇	東支東部線	威園河城ヲ襲撃シ全地吉林軍奮戰シ之ヲ撃退セリ、十七日再ヒ來襲セルモ完全ニ撃退ス、損害不明
八、一七	共匪	一五	延吉縣	縣下尚[illegible]鄉太平溝泰興村ヲ襲ヒ全地鮮人農民三名ヲ拉致シ人質料九百圓ヲ要求ス

184

八、一七	共匪	二〇	百草溝附近	百草溝西方約四里永昌洞ヲ襲ヒ同地ノ民會參議員徐麟律及徐時洗ヲ惨殺逃走ス
八、一八	〃	三〇	延吉縣	縣下尚義郷太平溝東溝ニ襲ヒ屯長李某ヲ拉致部落民ニ對シ人質料一、五〇〇圓ヲ要求ス
〃	不詳	不詳	吉敦線	拉法、蛟河間二一〇キロノ地點ニ於テ八〇一列車匪賊ニ襲撃サレ同列車ニ便乘セル工務員六名負傷ス
八、一九	鮮支人混合共匪	一〇	和龍縣	縣下勇新社樺田洞ニ侵入シ同地居住鮮人二名ヲ拉去ス
八、一九	共匪	五〇	横道子附近	横道子上村南谷李玉山地方ニテ鮮人二名ヲ撲殺、二名ニ重傷ヲ負ハセリ

186

九	兵匪	五	二道溝	二道溝南方一里半ノ救世洞ヲ襲ヒ鮮人五名ヲ拉去セリ
八、二〇	〃	七〇	大肚川	百草溝守備隊及警察官ハ大肚川ニ於テ兵匪ト交戦之ヲ撃退ス 賊ノ屍体十二我兵一名輕傷
八、二〇	共匪	二五	延吉縣	勇智郷樺甸子吉城村ニ侵入同地居住鮮人李某ヲ日本人ノ走狗ナリト稱シ殺害シタル後村民ヲ集合セシメ共産主義宣傳講演ヲ爲シテ立去レリ
〃	〃	不詳	〃	縣下志任郷石人溝ニテ小作料取立中ノ鮮人三名ヲ小作料ノ取立ヲ爲スハ、不都合ナリ

				リト称シ一名ヲ撲殺、二名ニ重傷ヲ負ハシメ取立ノ小作料ヲ強奪黨員ニ分配セリ
八、二一	共匪	五	依蘭溝	依蘭溝、王開溝ニ於テ麦刈入レ中ノ鮮人二名ヲ惨殺シタル上所持金二六圓及牛一頭ヲ強奪ス
八二二	兵匪	一、六〇〇	東支東部線	午前十一時頃葦沙河ノ匪賊ヲ我小川支隊攻撃シ正午葦沙河驛ヲ占領シ引續キ民團ト協力部落内ノ残匪ヲ掃蕩セリ匪賊ノ屍体一〇〇我ニ損害ナシ

187

八、二二	不詳	二五	延吉縣	縣下縣守信郷下北大地ニ侵入同地居住鮮人三名ヲ拉致、牛馬一三頭ヲ強奪逃走ス
〃	兵匪 共匪	四〇	依蘭溝附近	滄龍洞奥地ニ於テ依蘭溝駐在守備隊及同警察分署員ト交戰、賊ハ屍体一八、ヲ遺棄シテ敗走
八、二三	不詳	一〇〇	吉敦沿線	拉法驛ヲ襲撃驛員一名負傷衣類ヲ強奪ス
八、二七	〃	不詳	吉敦線	蛟河拉法間鐵道橋梁ノ一部ヲ燒却セリ
〃	〃	二〇〇	奉海線	章黨驛ヲ襲ヒ同驛ヲ燒却シ村落ニ放火ス
八、二九	兵匪 紅槍會匪	七〇〇	吉敦線	夜半蛟河驛ヲ襲撃シ同地守備隊ト交戰二時間ノ後敗走ス 我軍負傷二、匪賊ノ損害不明

189

51

188

八、三〇 紅槍會 二〇〇 吉敦線拉法縣守備隊ヲ攻撃シ交戰四〇分ノ後賊團
匪 敗走ス
損害不明

190

189

○延吉、樺甸縣界地方ノ匪賊團（八月初旬）

系統首領名	配下數	蟠居地區
義順	二〇〇	樺甸縣碁葱溝
義順配下別動隊	一五〇	〃 九頭河
周東華	八〇	延吉縣倒木溝神仙洞
〃	六〇	〃 龍林洞
〃	一〇〇	樺甸延吉縣界大北溝
姚占山	一二〇	延吉縣長仁江十里坪孟山村地方

191

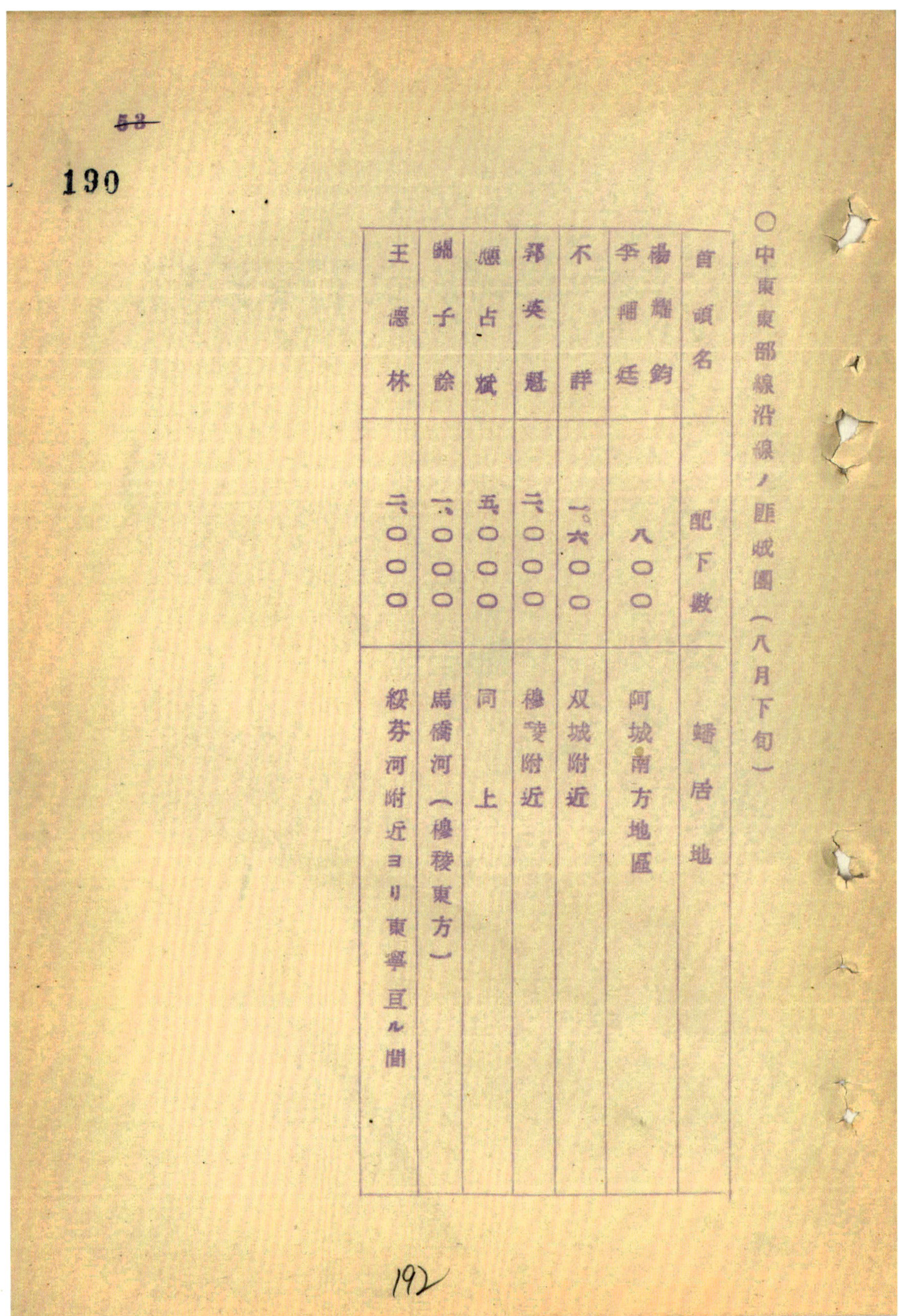

~~53~~

190

○中東東部線沿線ノ匪賊團（八月下旬）

首領名	配下數	蟠居地
楊耀鈞 李爾廷	八〇〇	阿城南方地區
不詳	一、六〇〇	双城附近
郭英魁	二、〇〇〇	穆陵附近
顧占斌	五、〇〇〇	同上
關子餘	一、〇〇〇	馬橋河（穆稜東方）
王德林	二、〇〇〇	綏芬河附近ヨリ東寧ニ亘ル間

192

〇反吉林軍系兵匪團（八月中旬）

首領名	匪數	根據地區
孔憲榮	六〇〇	額穆東北地區
劉長成	二、五〇〇	石頭河子、橫道河子
王玉振	一、〇〇〇	琿春縣北部
王勇	一、〇〇〇	勃利西方地區
袁海龍	五、〇〇〇	五常東方地區
張太川 李某	一、〇〇〇	阿城西方地區
耀子号	一、〇〇〇	阿城徽街中間
馮鳳武	四〇〇	長春嶺附近
大刀會 紅槍會	二、七〇〇	同賓、賓縣 帽兒山附近一帶

192

~~55~~

○吉林省内ニ於ケル東北民衆抗日軍ノ首領並部下數

總指揮及首領名	部下匪數
總指揮 王作華（王司令又ハ單ニ司令ト稱ス）	
參謀 陳培元	
海龍、青山、占東原	五〇〇
五運、八運、占東海、西來順	一四〇
渠子、金龍、峪林紅、德山好	二〇〇
双全、占海、草上飛、占中海	一五〇
飛虎、老頭兒好、金錢	一五〇
全勝、双勝、大順	一五〇
占北京、林中好、三合	一二〇
靠山好、靠大、東洋樂	一二〇
金山、中湯、東洋	一九〇
悦子、小青山、占北	一二〇

194

193

~~50~~

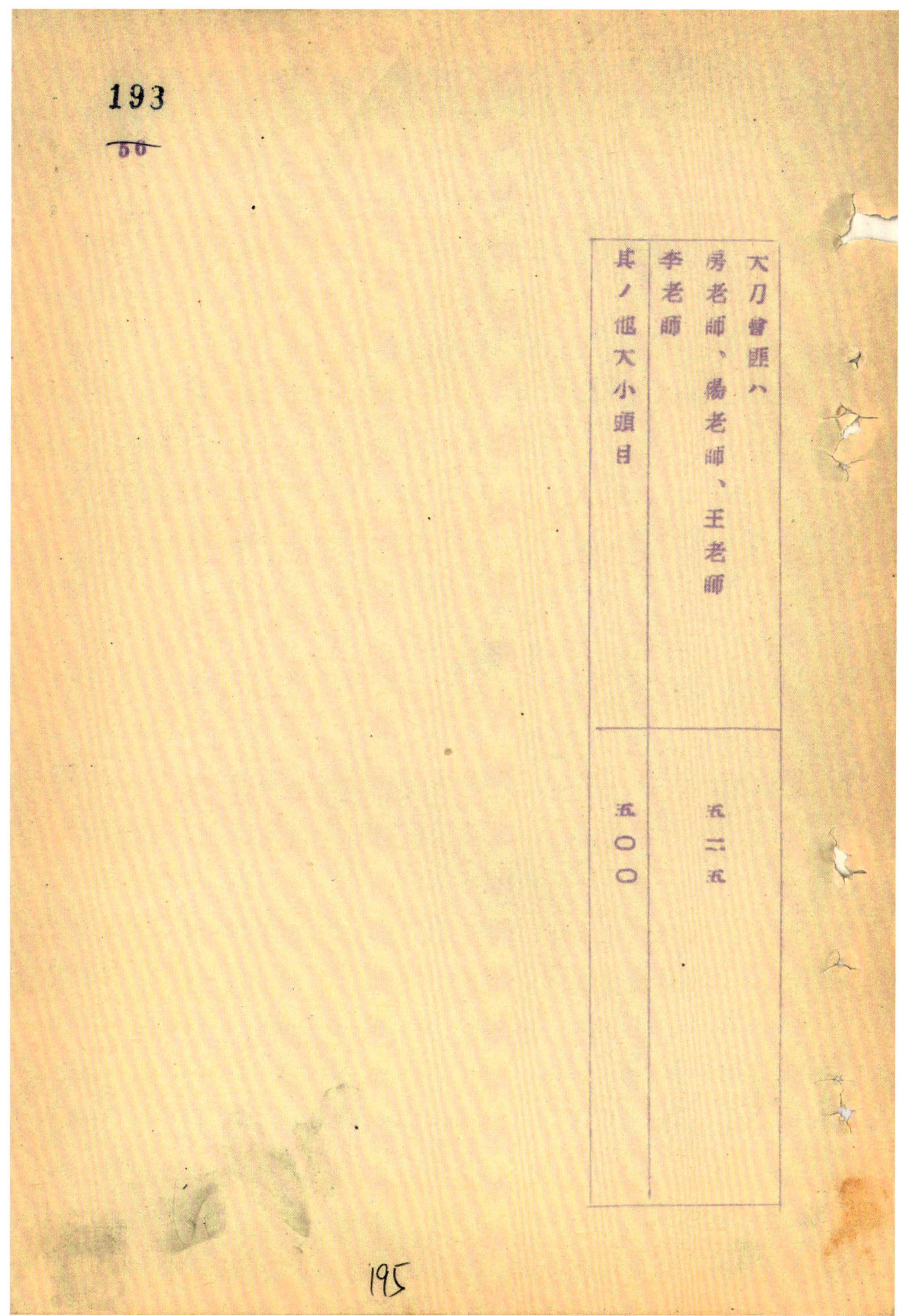

大刀會匪ハ 房老師、楊老師、王老師 李老師	五二五
其ノ他大小頭目	五〇〇

195

194

67

○吉林省東部地方ニ於ケル救國軍並匪賊團

首領名並部隊名	配下數	蟠居地
救國軍第一路軍第一旅本部 王悪林、于興振、劉貫業	一、〇〇〇	額穆縣黄家屯
救國軍第一路第一營本部 劉萬魁、張共營長	七〇〇	新安鎮
救國軍第一路第二營本部 張貫留營長	三五〇（内鮮人五三）	大山咀子
救國軍南部委員會 振鵬	三〇〇	安圖縣小沙河地方
救國軍延吉討伐隊長 姚振山	七〇〇	延吉縣
丁超部下、李青大	七〇〇（内鮮人一三〇）	寳清縣
丁超、李杜	四〇〇〇	三姓、富錦、饒河 東安鎮

196

人名	人數	地點
郭團長	一、〇〇〇	密山、虎林、東寧
李司令	三〇〇（內鮮人七〇）	穆稜縣
救國軍第一路安國司令 孔憲永	七、〇〇〇	敦化縣南方 頭道荒溝
救國軍第一路 吳義成	七〇〇	二道荒溝 三道荒溝
馬海山	七〇〇	南老爺嶺 二道河子
吳司令	二〇〇	寧安縣 柳樹河子 趙芷香
無龍首領 楊珍	二、〇〇〇	一面坡附近 小山子 大清川
西城派 劉某	八〇〇	烏吉密
東山派 首領不詳	五〇〇	

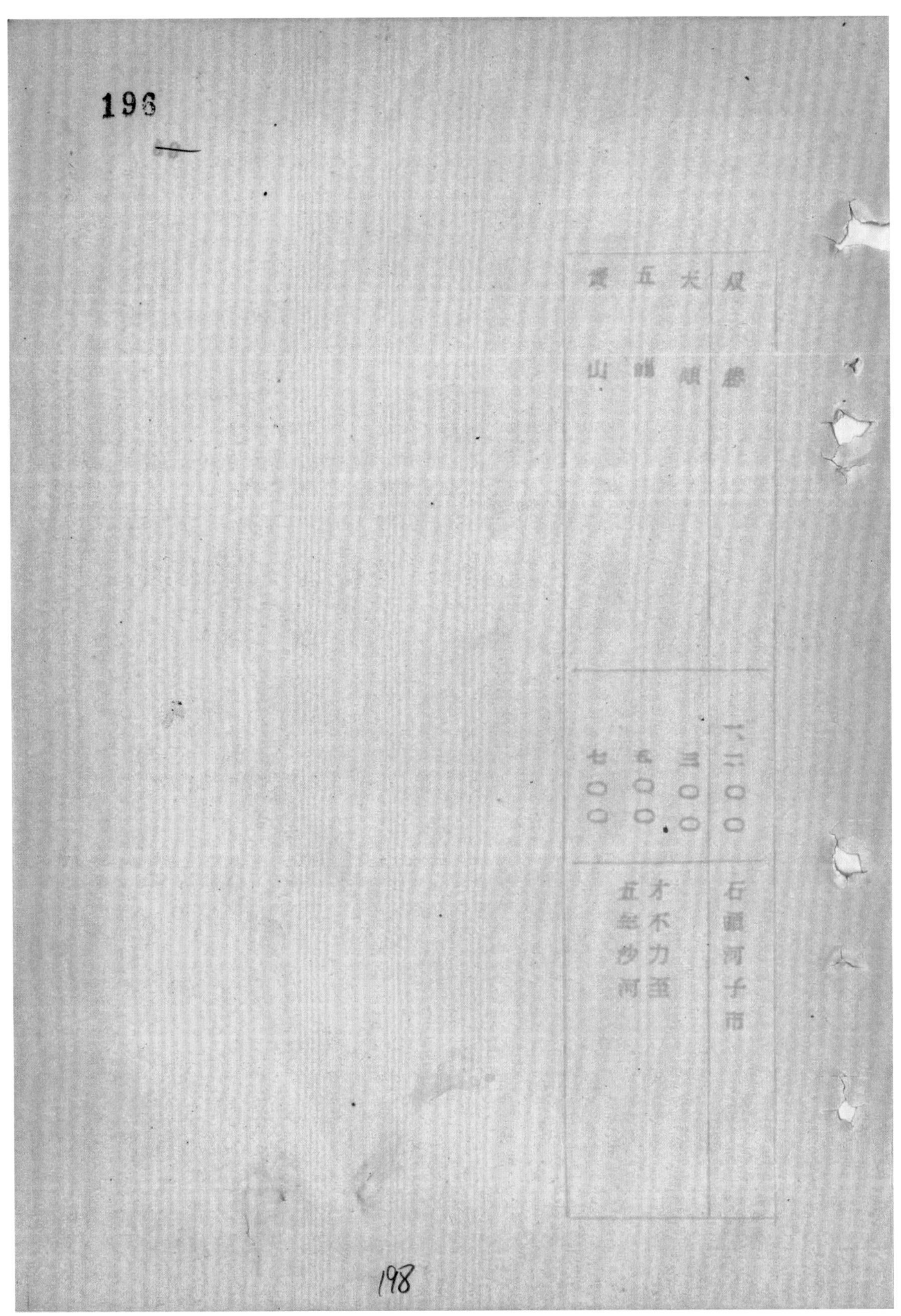

196

双[illegible]	一、二〇〇	石頭河子市
大頂	三〇〇	才不力至
五[illegible]	[illegible]〇〇	五台沙河
黄山	七〇〇	

198

197

三、黒龍江省内ノ匪賊状況

八、五	馬占山敗残兵	二〇〇	十三戸	十三戸東方十吉二道溝附近ニ於テ我軍ニ遭遇撃退サル、匪賊ノ屍體三〇、馬一五、小銃二二、弾丸六〇〇ヲ我軍鹵獲ス、我軍死傷ナシ
八、九	不詳	一〇〇	呼海線	四方臺我守備隊ハ午前一時来襲ヲ受ケ之ヲ撃退セリ、匪賊ノ死體二、小銃一、小銃弾四〇〇ヲ遺棄、我ニ損害ナシ
〃	兵匪	三〇〇	興農鎮附近	興農鎮東南方二〇吉泥々河右岸ニ在ル兵匪ト興農鎮守備隊交戦、敵匪ヲ殲滅ス、小銃数十、弾薬一萬二千發、拳銃五、馬六二、其ノ他多数ヲ鹵獲ス 我損害負傷五
八、一六	李海青	九〇〇〇	克東	午前二時賊團克東ヲ襲撃シ同地駐屯ノ横硎旅ノ白團長ハ部下五〇〇ヲ以テ之ト交戦

199

198

				セシモ遂ニ克東ヲ占領セラル 我飛行隊出動爆撃ス
八、一九	不詳	三〇	齊克線	午前八時五家驛ヨリ搭哈驛ニ向ヒモーターカーニテ歸還中ノ滿鐵修理班員二名ヲ拉致ス
〃	皇平	不詳	齊克線	搭哈爾、五家子間ニ於テ匪首皇平ニ拉致サレシ邦人二名ノ身代金トシテ金十萬元、拳銃彈丸五、〇〇〇其ノ他ヲ要求シタルニ對シ齊齊哈爾當局ハ要求全部ヲ入レルコトトシテ交渉ヲ開始スルニ決定ス
八、二二	馬占山系 鄧文	四、〇〇〇	拜泉附近	在拜泉揆旅ハ拜泉西北方二〇吉紅馬廟ニテ賊團ト交戰多大ノ損害ヲ與ヘタ 鄧匪ハ迫撃砲一、機關銃二、多數ノ車輛ヲ遺棄シ、鄧文ハ手兵五、六百人ヲ率ヒ依安方面ニ逃走ス

200

~~02~~

199

八、二六

李海青四〇〇〇

中東西部線安達鎮ヲ襲フ安達驛ヨリ黒龍江軍騎兵約四〇〇討伐ニ出動シタルモ敗退ス
二十七日、匪軍ハ安達驛附近ノ線路並通信線ヲ數箇所破壞ス

201

200
~~83~~

〇黒龍江省自衛救國軍

總司令　李海青

首領名	匪數
李海青直轄部隊	三、五〇〇
李天德殘黨	一、〇〇〇
天照應	二、〇〇〇
王子波	三〇〇
六國、地雷	八五〇
助國	一、〇〇〇
天下好、訪友	一、〇〇〇

〇黒龍江省鐵血自衛救國軍

總司令　徐子鶴（？）

首領名	匪數
徐子鶴直轄部隊	二、〇〇〇

202

系統頭目名	配下數
盧香閣	七〇〇
老二哥	一、〇〇〇
愛國	四〇〇
打東洋、掃東洋救國	二、〇〇〇

○黒龍江省内ノ匪賊團（八月初旬）

系統頭目名	配下數	蟠居地
吳松林	一、〇〇〇	北界劉家店莊家店方面
才鴻猷	三〇〇	海倫東北方地區
李雲集	二〇〇	
鄧文	二、〇〇〇	德都縣一帶
李海青	六、〇〇〇	通北縣一帶
徐子鶴	三、〇〇〇	訥河、拉哈站
盧香閣	二、〇〇〇	布西縣東陽鎮

202

~~85~~

天下紅	二、〇〇〇	訥河、大賚、研窩堡一帶
愛國	一、〇〇〇	克山、北興鎮一帶
横東洋	七〇〇	訥河、通南鎮一帶
天照應 占西川 馮繩武	二、〇〇〇	青崗、二龍山ヨリ安達站一帶地區
東覇天	三〇〇	青崗縣一帶
金甲龍	三〇〇	〃
北國	三〇〇	〃
九省	三〇〇	〃
小海青	三〇〇	〃
六國	六〇〇	〃
滾地雲	七〇〇	〃
保龍	二〇〇	〃
八爪龍	三〇〇	〃

204

柱國	七〇	青崗縣一帶
東風	一〇〇	
逼累 劉鴻賓 升字 訪友 天下紅	五、〇〇〇	依安縣一帶 依安林甸界
訪賢 助國	四、〇〇〇	林甸一帶
老二哥 打一面 打東洋 獨立 海龍 三省 天下好	四、〇〇〇	泰安鎮附近
北俠 廉中俠 修旅長	一、〇〇〇	拜泉縣東南一帶

204

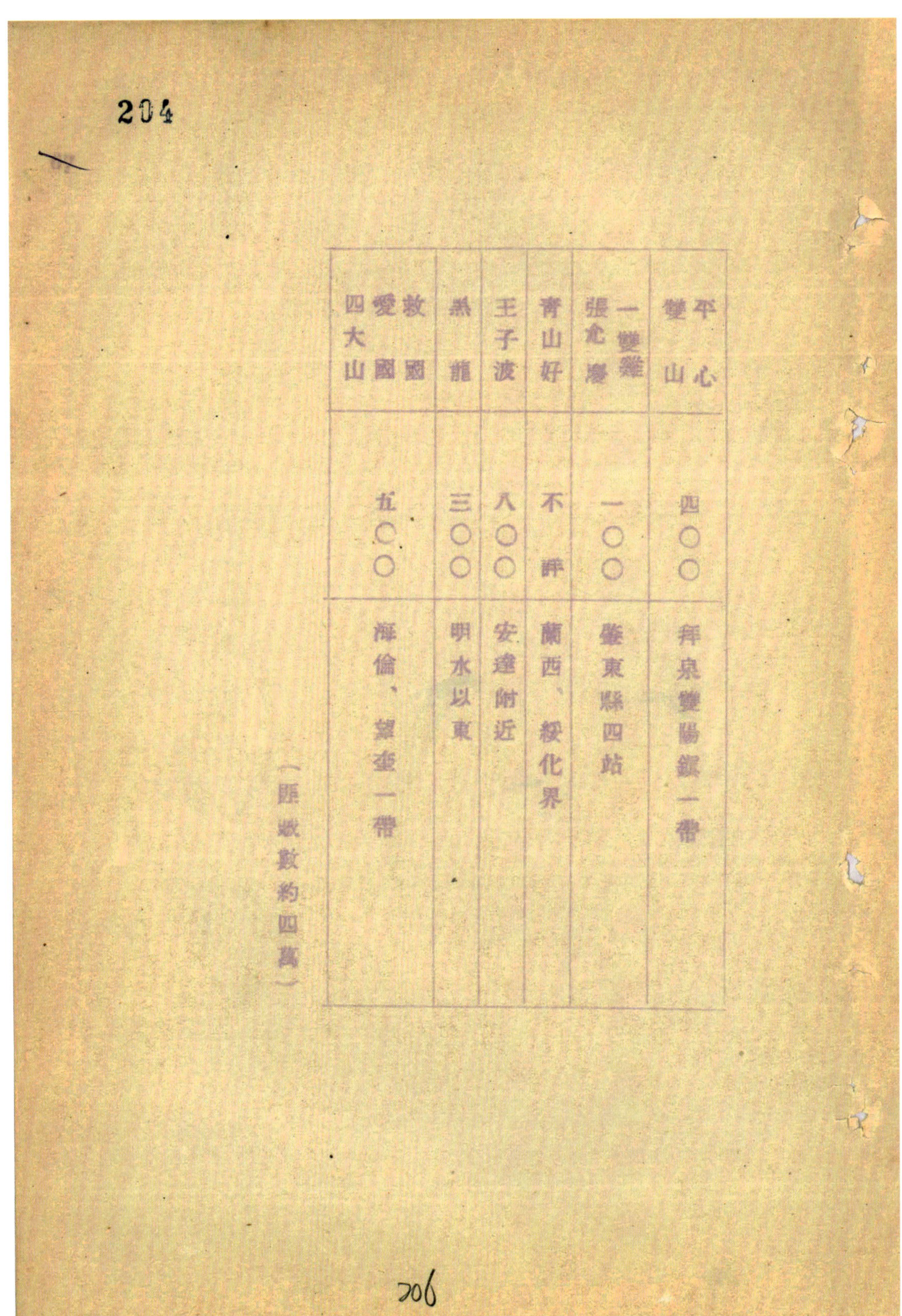

平心 雙山	四〇〇	拜泉雙陽鎮一帶
一雙雞 張金彪	一〇〇	肇東縣四站
青山好	不詳	蘭西、綏化界
王子波	八〇〇	安達附近
烝龍	三〇〇	明水以東
救國 愛國 四大山	五〇〇	海倫、望奎一帶

（匪數約四萬）

206

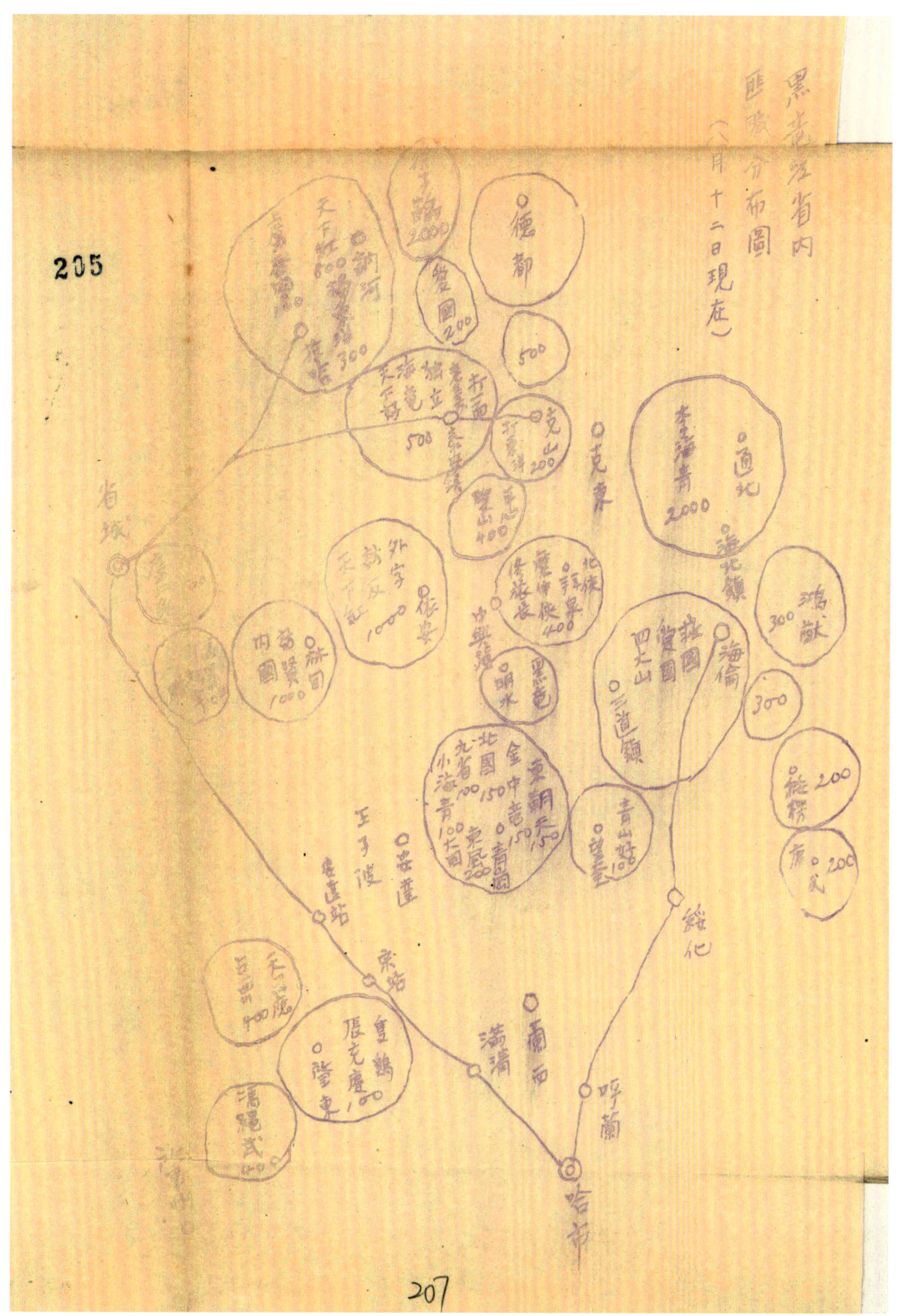

黑龍江省內
匪賊分布圖
（八月十二日現在）
205
德都
訥河
克山
克東
通北
海北鎮
海倫
三道鎮
綏化
依安
省城
安達
安達站
宋站
滿溝
蘭西
呼蘭
肇東
哈市
207

208

○熱河省境義勇軍頭目並配下數（八月二十日）

頭目名	部下數	潜在地	前身
馬子丹	一〇〇	劉龍臺西邊條	朝陽第四區分所長
李海峰	三〇〇	三貫營子	同 第三區分所長
楊綠	二〇〇	前燕子勾	北票縣路隊長
梁雲臣	七〇	同	陸軍騎兵連長
蔡玉	五〇	同	二十餘年間馬賊現在ニ及フ
錢發	四〇	三貫營子	矢山子騎兵三旅ノ兵ヲ二ケ月勤メ後官吏
馬長春		同	馬賊
馬發春		同	官吏
馬長强		同	同
馬香甫		同	同
馬長明		同	朝陽第四區官吏

208

馬春彬	三營營子	
張玉明	同	公安隊員
張國香	同	
張國棟	同	
張虎子	同	
孫文	同	
郭老東	同	
熊云香	同	

○東北民衆抗日救國義勇軍編成及勢力（七月末日）

總司令　朱慶瀾

總指揮　朱霽青

總參議　劉振東

(一)第一軍區（遼西軍區）（約四萬）

208

總指揮 彭振國

路名	司令	根據地	匪數
第一路	王浩一	黑山縣一帶	二、〇〇〇
二	李賜如	朝陽寺縣一帶	三、〇〇〇
三	秦百川	乾溝鎮	二、〇〇〇
四	劉道生	新民附近	二、〇〇〇
五	袁向	黑山縣	八〇〇
六	吳文中	佘嶺口	一、〇〇〇
七	蜜毅沈		一、〇〇〇
八	宋九齡	朝陽東方一帶	二、〇〇〇
一〇	王良	興城北方一帶	二、〇〇〇
一一	石友良	朝陽東部	一、〇〇〇
一二	李鐵鋒	凌源縣	三、〇〇〇
一三	石盤	石門寨附近	二、〇〇〇

210

一五	韓大鈞	撫寧縣	三,〇〇〇
一六	孫兆印	義縣西北一帶	二,〇〇〇
二二	耿繼周	新民縣	二,〇〇〇
二五	姜明武	錦縣大凌河	一,五〇〇
二六	高大正	錦西附近	一,〇〇〇
三二	高大中	錦西附近	一,〇〇〇
三三	陳殿新	綏中一帶	三,〇〇〇
四五	謝子臣	義縣北方一帶	一,〇〇〇
四八	鄭桂林	錦西，興城	四,〇〇〇

(二)第二軍區（遼北蒙邊軍區）（約一萬）

總指揮　成長奎

路名	司令	根據地	路數
第一路	李芳亭（李佩璧）	瞻榆、突泉 開通、洮北	三,〇〇〇

241

210

二	劉振玉（劉喜亭）	通遼南方 三江口	三、〇〇〇
三	蔣迪瑞	開魯附近	三、〇〇〇
四	熊國臣	通遼西方	一、五〇〇
一七	馬東伯	通遼	一、〇〇〇
一九	熊安	開魯附近	不詳
二〇	天下好	餘糧堡	五〇〇

(三)第三軍區（遼南）（約一、三〇〇〇）

總指揮　李純華

路名	司令	根據地	匪數
第一路	大青山	盤山縣	一、〇〇〇
二	老北風	海城縣	三、〇〇〇
三	蓋天	營口縣及蓋平縣	一、〇〇〇
四	南仁義	臺安縣	二、〇〇〇

212

路名	司令	根據地	匪數
五	三勝	遼中	一、五〇〇
六	王金一	遼陽縣	一、〇〇〇
七	張海山	新民縣	一、〇〇〇
八	劉海泉	瀋陽縣	二、〇〇〇

(四)第四軍區（東邊）（約二萬）

總指揮　唐聚五

路名	司令	根據地	匪數
第一路	唐聚五	寬甸縣北方地區	二、〇〇〇
二	常永和		殆ト瓦解セルカ如シ
三	萬達科	寬甸縣	
四	張達波	鳳城縣	一、〇〇〇
五	張忠圖	輝南縣	二、〇〇〇
六	李春潤	新賓	二、〇〇〇

七	鄒奎珊	金川、海龍両縣	一、〇〇〇
八	徐運三	臨江縣	三、〇〇〇
九	盧永香		瓦解セルカ如シ
一〇	孫公丽	山城鎮	一、〇〇〇
一一	李忠珍	東豐	一、五〇〇
一二	文殿中	清源縣	一、〇〇〇
一三	鄧鐵梅	鳳城莊河両縣	二、〇〇〇
一四	譚慶海	桓仁輯安両縣	一、〇〇〇
一五	呂遠軸		
一六	孫秀岩	柳河一縣	二、〇〇〇
一七			歸順
一八	林振青		
二一	石服勤	南山城子	一、〇〇〇

214

唐聚五直轄部隊	唐聚五	通化	一、〇〇〇
王鳳閣直轄部隊	王鳳閣	金川	一、〇〇〇
三八（自稱）	吳闓亭	莊河	六〇〇 歸順セリ
二一（自稱）	婁海山	遼陽縣東部地區	一、〇〇〇
別働隊	李魁武	長白	六〇〇

(五)第五軍區（長春、吉林）（約七千）

總指揮　高麟閣（高文彬）

路名	司令	根據地	匪數
直轄部隊	高麟閣	通遼西南側	八〇〇
第三八路	張重餘	双陽附近	二、〇〇〇

214

三七	李少白	伊通附近	
熱河軍第一路（自稱）	姚振山	敦化、安圖兩縣	二、〇〇〇
救國軍（自稱）	吳義成（吳俊子）	敦化、額穆	一、〇〇〇
雜色軍	田霖 陳德勝 平東洋	舒蘭、永吉兩縣	二、五〇〇

○老北風編成ノ義勇軍（八月初）

總司令 老北風
- 第一旅長 馮永祥
  - 第一團長 王殿林
  - 第二團長 張奉山
- 參謀長 沈耕廷

（人員約三、〇〇〇）

216

215

77

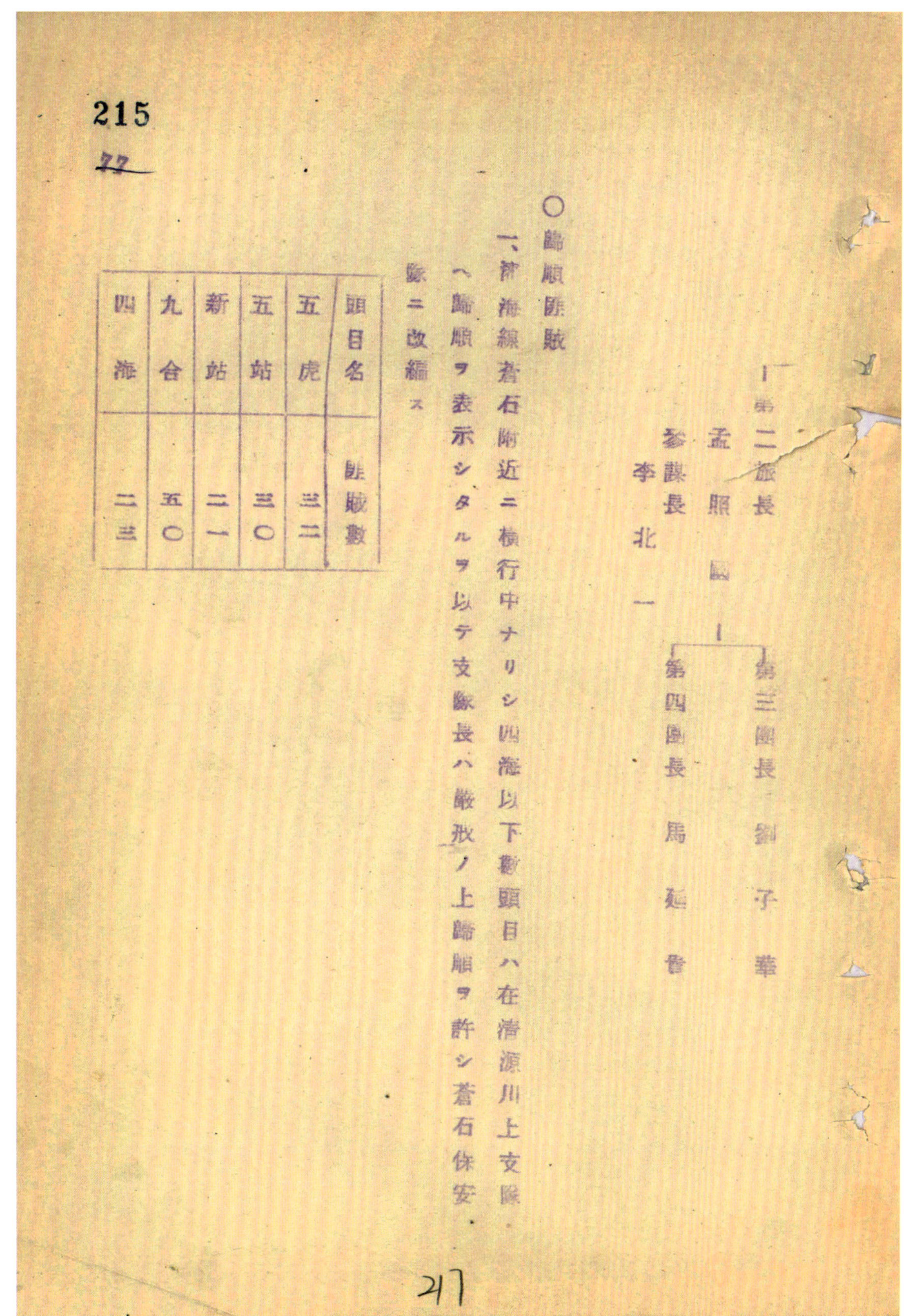

第二旅長 孟照國
參謀長 李北一
第三團長 劉子華
第四團長 馬延晉

○歸順匪賊

一、瀋海線蒼石附近ニ横行中ナリシ四海以下數頭目ハ在清源川上支隊ヘ歸順ヲ表示シタルヲ以テ支隊長ハ嚴戒ノ上歸順ヲ許シ蒼石保安隊ニ改編ス

頭目名	匪賊數
五虎	三二
五站	三〇
新站	二一
九合	五〇
四海	二三

217

216

二、馬占山ノ衛隊新兵團長張純一ハ在綏化第十四師團司令部ニ出頭シ師團參謀長ニ會見シ歸順ヲ申出テタルヲ以テ所要ノ訓示ヲ與ヘ滿洲國ニ忠勤ヲ拔ムスヘキコトヲ指示ス彼ノ部下約八〇〇名ナリ

其ノ他馬占山系地方匪賊ノ歸順申出テ相次ク狀態ナリ

（山　本）

218

满铁产业部交通课植村静荣关于九一八事变期间接收社外铁路情况概要（一九三一年至一九三二年）

092

満洲事変ニ於ケル社外線接收概要

ヨ-0022　B列5　28字×10　南滿洲鐵道株式會社　(12, 2, 3,000册 光瀬納)

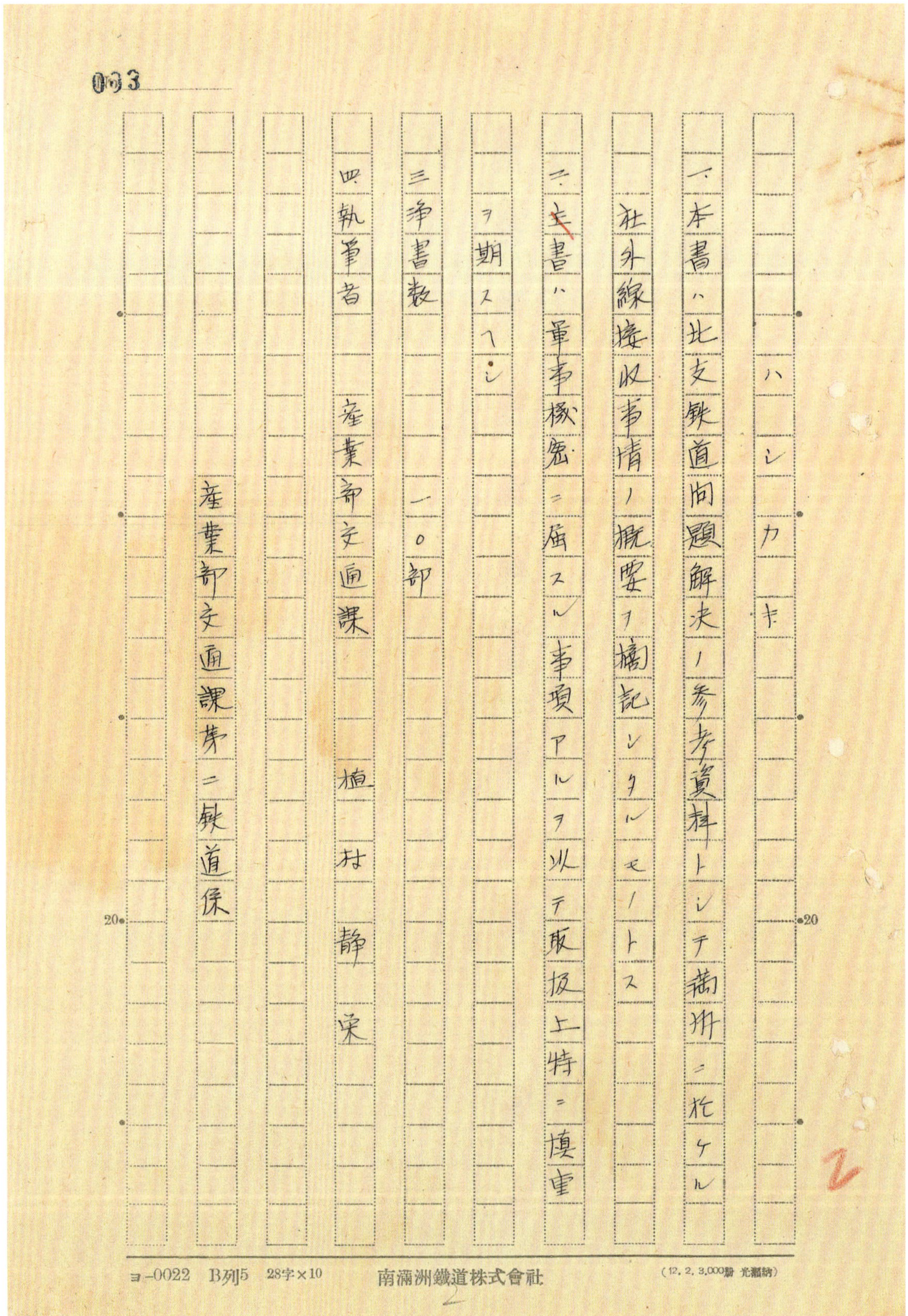

003

ハシカキ

一、本書ハ北支鉄道問題解決ノ参考資料トシテ満州ニ於ケル社外線接收事情ノ概要ヲ摘記シタルモノトス

二、本書ハ軍事機密ニ属スル事項アルヲ以テ取扱上特ニ慎重ヲ期スヘシ

三、浄書数　一〇部

四、執筆者　産業部交通課　植村静栄

産業部交通課第二鉄道係

ヨ-0022　B列5　28字×10　南滿洲鐵道株式會社　(12.2.3,000冊 光瀬納)

2

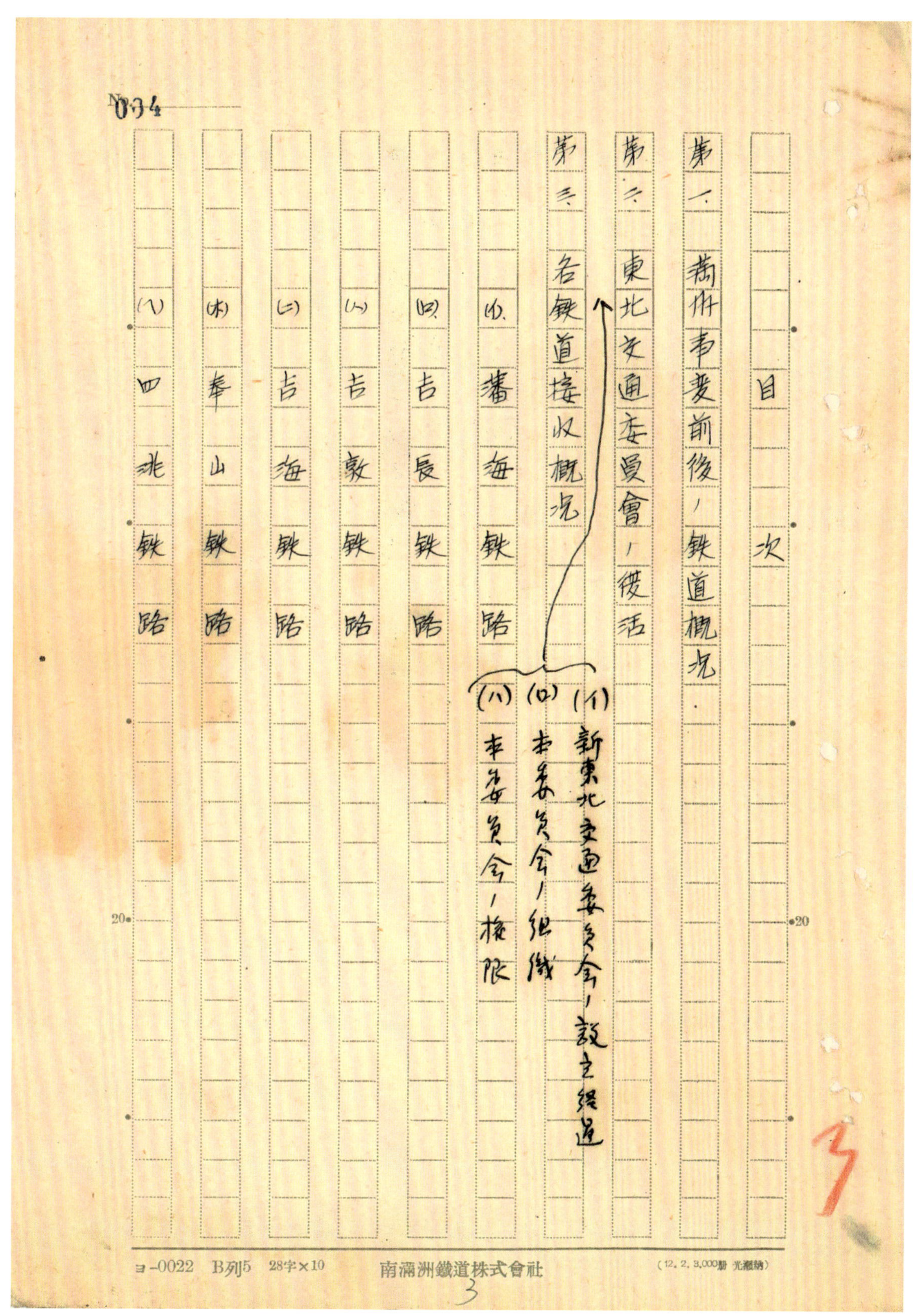

No. 034

目次

3

ヨ-0022 B列5 28字×10 南滿洲鐵道株式會社 (12. 2. 3,000册 光瀬納)

3

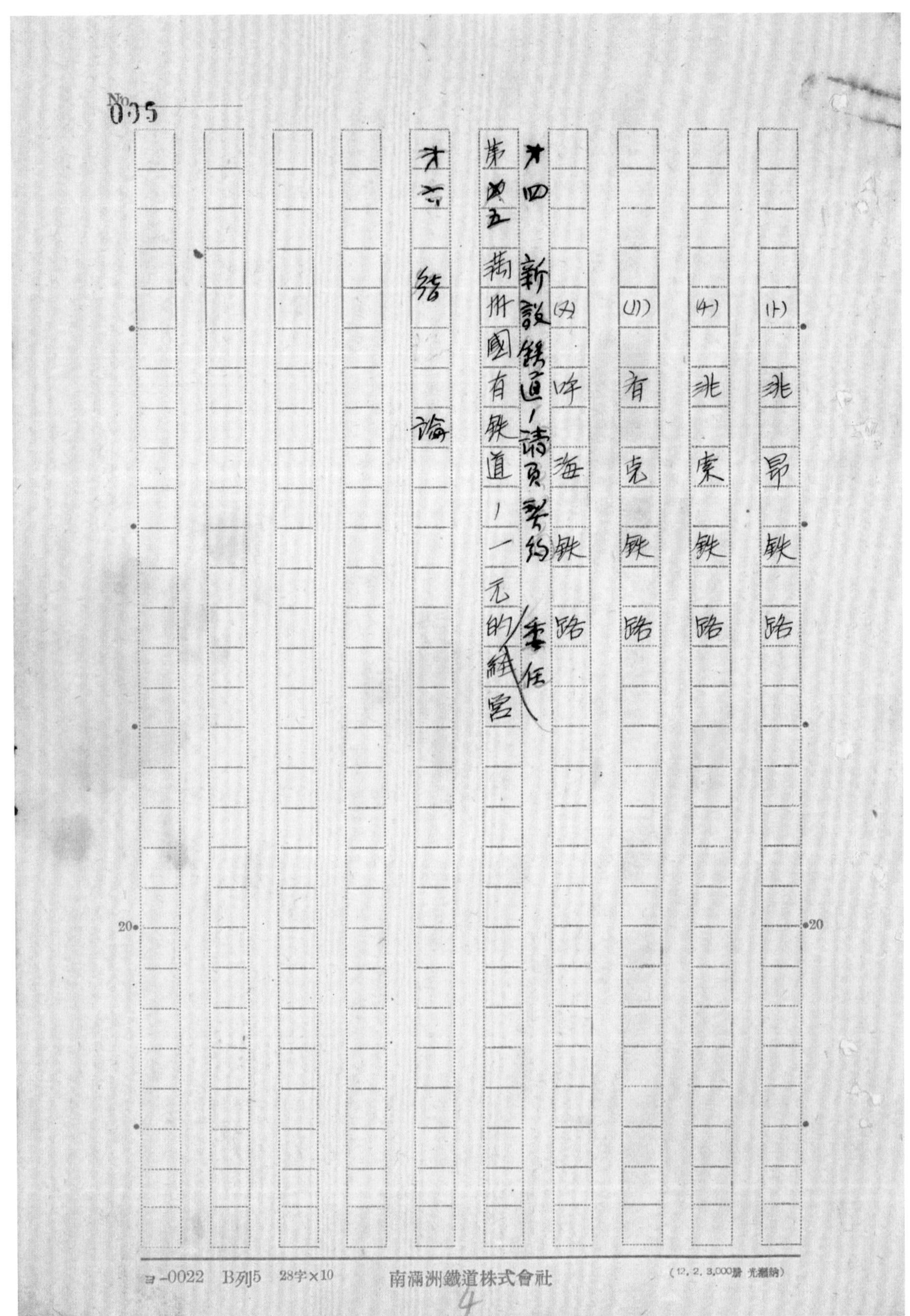

No. 035

(ト) 兆昂鉄路

(チ) 兆索鉄路

(リ) 有克鉄路

(ヌ) 呼海鉄路

第四 新設鉄道ノ請負契約ノ委任

第五 満州国有鉄道ノ一元的経営

第六 結論

ヨ-0022 B列5 28字×10 南滿洲鐵道株式會社 (12. 2. 3,000冊 光潮納)

4

第一　満州事変前後ノ鉄道概況

満州事変勃発ノ際満州ニ於ケル支那側ノ鉄道ハ瀋海、吉長、吉敦、吉海、四洮、洮昂、洮索、斉克、呼海及北寧鉄道ノ山海関以東ノ本支線即奉山鉄路ニシテ其ノ中吉長、吉敦、四洮及北寧ノ四鉄道ハ国有、吉海、洮昂及洮索ノ三鉄道ハ省有トシ瀋海、斉克及呼海ノ三鉄道ハ官民合辦ノ会社ニ依リテ経営サレタルモノナリ

而シテ東三省政権ハ南京政府ニ対シテ殆ント独立ノ姿態ニ在リシヲ以テ鉄道其ノ他ノ交通機関ノ監督機関トシテ東三省政権下ニ直属スル東北交通委員会ヲ設ケテ国、省及民有鉄道ノ如何ニ拘ラス一定範囲ノ交通行政ヲ施シタリ而シテ支那側ニ於テハ

東北交通委員会ノコト

0097

面鉄道自奉熱ニ制戦サレテ瀋海、吉海、斉克、呼海ノ諸鉄道ノ新設ヲ促カシタルノミナラス他面支那側既設鉄道ノ繁栄策ヲ極力企圖シタリ従来支那側各鉄道ハ相互ニ殆ント連絡ナク各々独立ノ情態ニ在リシカ其ノ不利ヲ悟リ之ヲ排除シテ連絡運送ヲ開始セシトシ東ニ北寧、瀋海、吉海及吉敦ノ四鉄道ヲ包含シタル所謂東四路聯運ヲ又西ニ北寧、四洮、洮昂及斉克ノ四鉄道ヲ以テ西四路聯運ノ制度ヲ設定シ以上諸鉄道ノ呑吐港トシテ葫蘆島ノ築港ヲ計劃シ既竟其ノ工事中ナリシナリ

此ノ東西両四路聯運ハ満州ニ於ケル日本ノ勢力ヲ排除セントトスル旧東三省政権殊ニ東北交通委員會ノ劃策スル所ニシテ完全ニ

満鉄ヲ包囲シテ之ヲ枯涸セシメントスル態勢ヲ採リタルヲ以テ早晩何等カノ形ニ於テ、抗争ハ避ケ難キ状態ニテ事変トナリタリ
事変ノ勃発スルヤ東北交通委員会ハ幹部逃亡シテ殆ト其ノ機能ヲ停止シタルヲ以テ之ニ代ル可キ交通行政ノ中枢機関ハ不可欠ノモノトシ昭和六年一一月一日丁鑑修ヲ委員長トスル新タナル東北交通委員会ヲ設置シテ事態ヲ拾収ニ当ラシメタリ而シテ九・一八ヨリ本委員会設立迄ノ間ハ所謂無政府状態ニシテ各鉄道ハ各省政府トノ間ニ適宜臨機ノ処置ヲ採リタルモノナリ
事変後新形態ヲ整ヘテ最初ニ立上リタルモノハ瀋海ニシテ逃亡幹部ノ代行機関トシテ瀋海鉄路保安維持会ヲ組織シ同鉄路ヲ

完全ニ経営シ吉敦ハ吉長ト合併シテ委任経営ト為シ後之ニ吉海ヲ附加シ四洮モ亦委任経営タラシメ洮昂洮索齊克ハ之ヲ打フテ、一丸トシテ経営シ満洲国ノ成立後ハ主要鉄道国有政策ニ依リ瀋海齊克及呼海ニ鉄道ノ民株ヲ買収シテ国有ト為シタル挙目コグルレキ変転ノ一ケ年半後遂ニ鉄路総局ノ設立トナリ国有鉄道ノ一元的委任経営トナリテ結末ヲ告ケタク次ニ交通委員会各鉄道ノ接収及総局成立迄ノ経過概要ヲ述ヘシ

第二 東北交通委員會ノ復活

(イ) 新東北交通委員會ノ設立経過

暴威ヲ逞シタル旧東北交通委員會ハ事変勃発ト共ニ首脳者逃亡シ若干ノ従事員ヲ残スノミニテ其ノ機能ヲ全然停止シタルヲ以テ各省政府ニ於テ各鉄道ニ対シ臨機ノ処置ヲ採リテ時局ノ収拾ニ対処セリ

然ルニ運輸休止ノ瀋海鉄路ノ整理中他諸鉄道ニ対スル交通行政ヲ如何ニ統一スヘキヤノ議起リ交通部門本来ノ性質上他ノ一般行政トハ別個ニ諸鉄道ヲ統括スル中枢機関トシテ東北交通委員會ヲ復活（但シ実質上ハ全然別個ノモノナリ）セシメ将来全

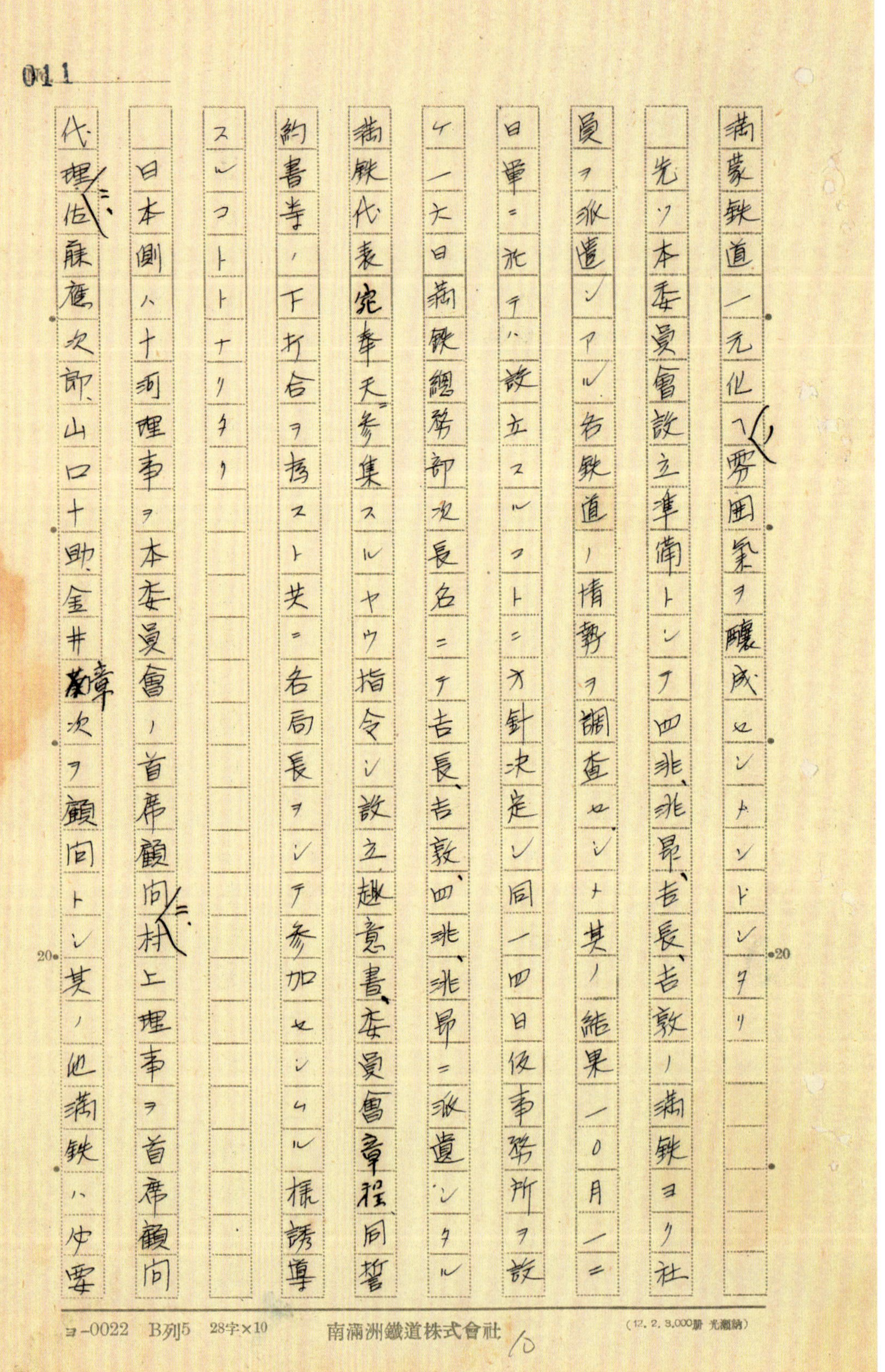

011

満蒙鉄道一元化ヘノ雰囲気ヲ醸成セシメントシタリ
先ヅ本委員会設立準備トシテ四洮、洮昂、吉長、吉敦ノ満鉄ヨリ社員ヲ派遣シアル各鉄道ノ情勢ヲ調査セシメ其ノ結果一〇月一二日単ニ於テハ設立スルコトニ方針決定シ同一四日仮事務所ヲ設ケ一六日満鉄総務部次長名ニテ吉長、吉敦、四洮、洮昂ニ派遣シタル満鉄代表宛奉天ニ参集スルヤウ指令シ設立趣意書、委員会章程同誓約書等ノ下打合ヲ為スト共ニ各局長ヲシテ参加セシムル様誘導スルコトトナリタリ

日本側ハ十河理事ヲ本委員会ノ首席顧問ニ、村上理事ヲ首席顧問代理ニ、佐藤應次郎、山口十助、金井章次ヲ顧問トシ其ノ他満鉄ハ必要

ヨ-0022　B列5　28字×10　南滿洲鐵道株式會社　(12. 2. 3,000冊 光瀬納)

10

関東軍代表　　　　　　　　　　　土肥原大佐

ニシテ傍聴者トシテ山口十助、森田成之、竹森澄男、山口重次ノ諸氏

参會セリ

總會ハ先ヅ土肥原大佐ノ挨拶ニ次イテ議事討論ニ移リ若干ノ紛糾アリタルモ大勢ヲ良クリードシ遂ニ委員長副委員長ヲ互選シタル結果丁鑑修ヲ委員長ニ金壁東ヲ副委員長ト決定シ終リニ各委員ノ誓約書ニ署名シタルコトヨリテ本委員會ハ成立シタリ

而シテ本委員會ノスタッフトシテ科長其ノ他ノ従事員ハ成ル可ク各鉄路局長ノ推薦シタルモノヲ以テ充テルコトトシ其ノ後吉海ハ満鉄委任経営トナリ有克及兆索ハ兆昂ニ合併サレタルコト

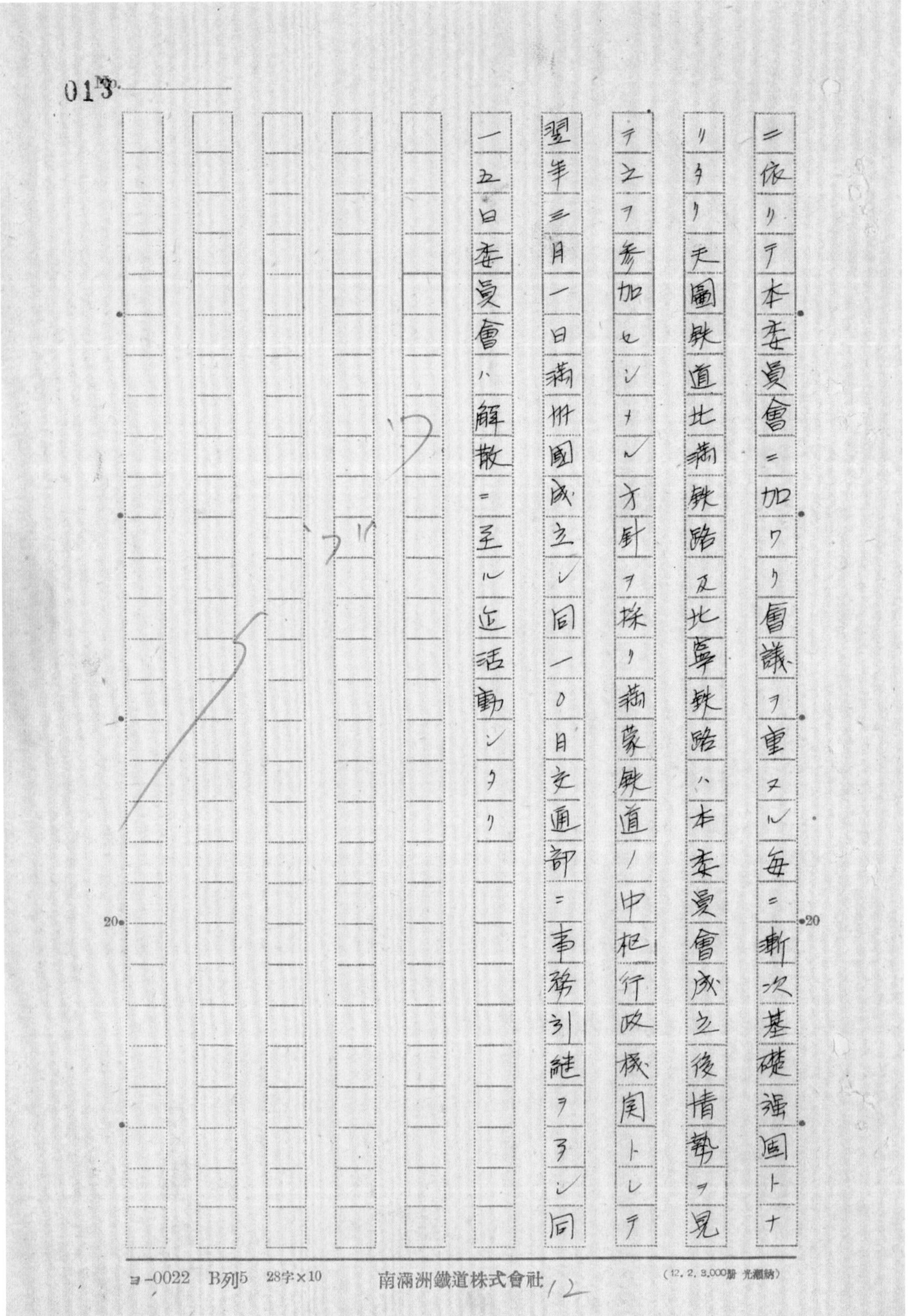
013

ニ依リテ本委員會ニ加ワリ會議ヲ重ヌル毎ニ漸次基礎強固トナリタリ天圖鉄道北滿鉄路及北寧鉄路ハ本委員會成立後情勢ヲ見テ之ヲ參加セシメル方針ヲ採リ滿蒙鉄道ノ中枢行政機関トシテ翌年三月一日滿州國成立シ同一〇日交通部ニ事務引継ヲ了シ同一五日委員會ハ解散ニ至ル迄活動シタリ

ヨ-0022　B列5　28字×10　南滿洲鐵道株式會社　12　(12.2.3,000冊 光瀨納)

（ロ）本委員會ノ組織

本委員會ノ組織ハ瀋海、吉海、吉長、吉敦、天圖、呼海、齊克、洮昂、洮索及四洮ノ一〇鐵道カ委員トナリ奉天ニ委員會ヲ設置セリ奉山鐵路ハ当時未タ独立セサリシヲ以テ本委員會設立ニハ加ラサリシモノトス

各委員ハ委員中ヨリ委員長、副委員長各一名ヲ互選シ首席顧問一名顧問及参事若干名ハ委員長ニ於テ交通ニ関係アル行政廳及團体ノ幹部並ニ交通運輸事務ニ練達ノ士中ヨリ之ヲ推挙スルモノトセリ

委員會ハ其ノ事務ヲ管掌スル為總務、路政、路工、及路警ノ四処ヲ

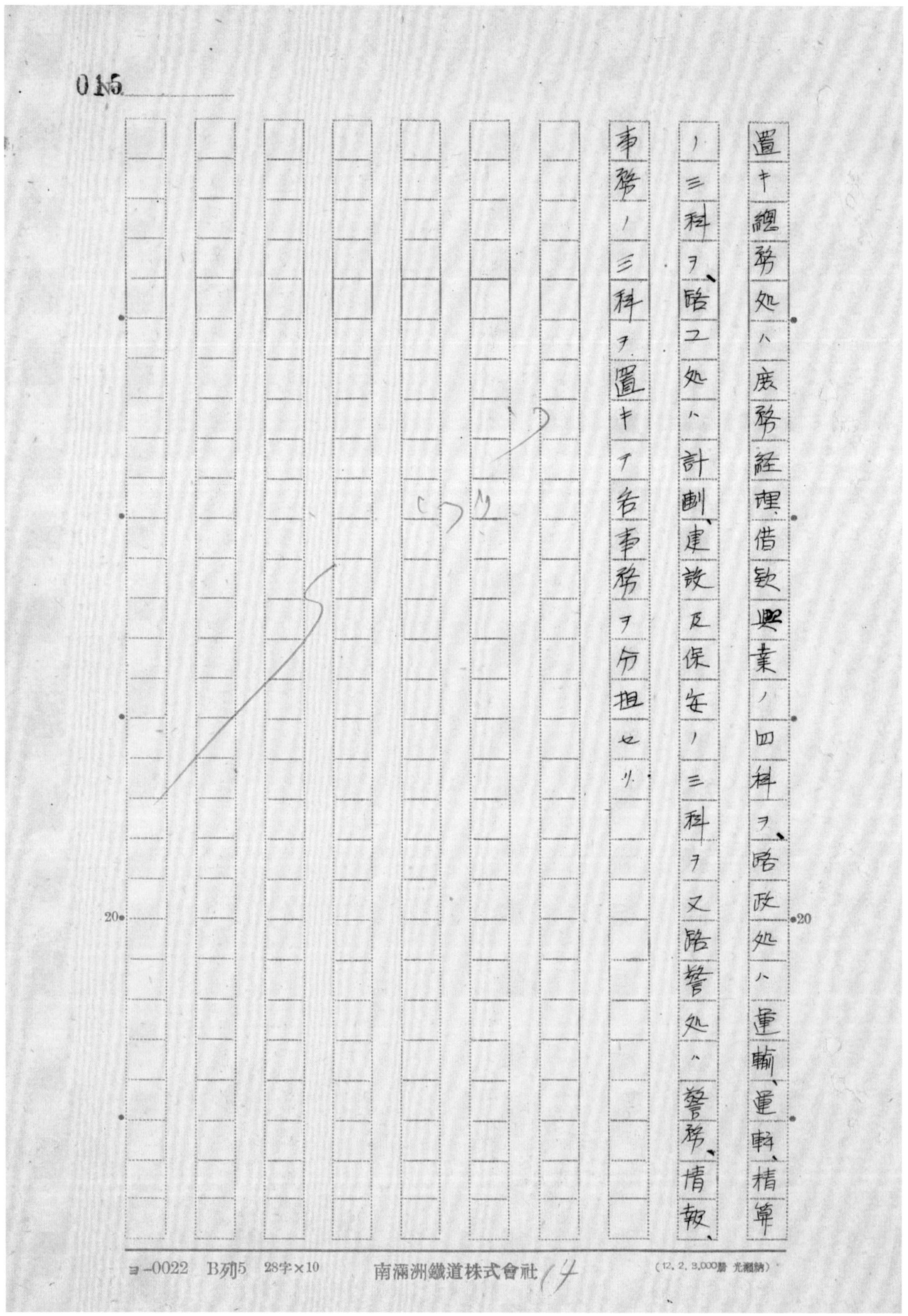

015

置キ總務処ハ庶務、経理、借款、興業ノ四科ヲ、路政処ハ運輸、運転、精算ノ三科ヲ、路工処ハ計画、建設及保安ノ三科ヲ又路警処ハ警務、情報、事務ノ三科ヲ置キテ各事務ヲ分担セリ。

ヨ-0022 B列5 28字×10 南滿洲鐵道株式會社 14 (12.2.3,000冊 光潮納)

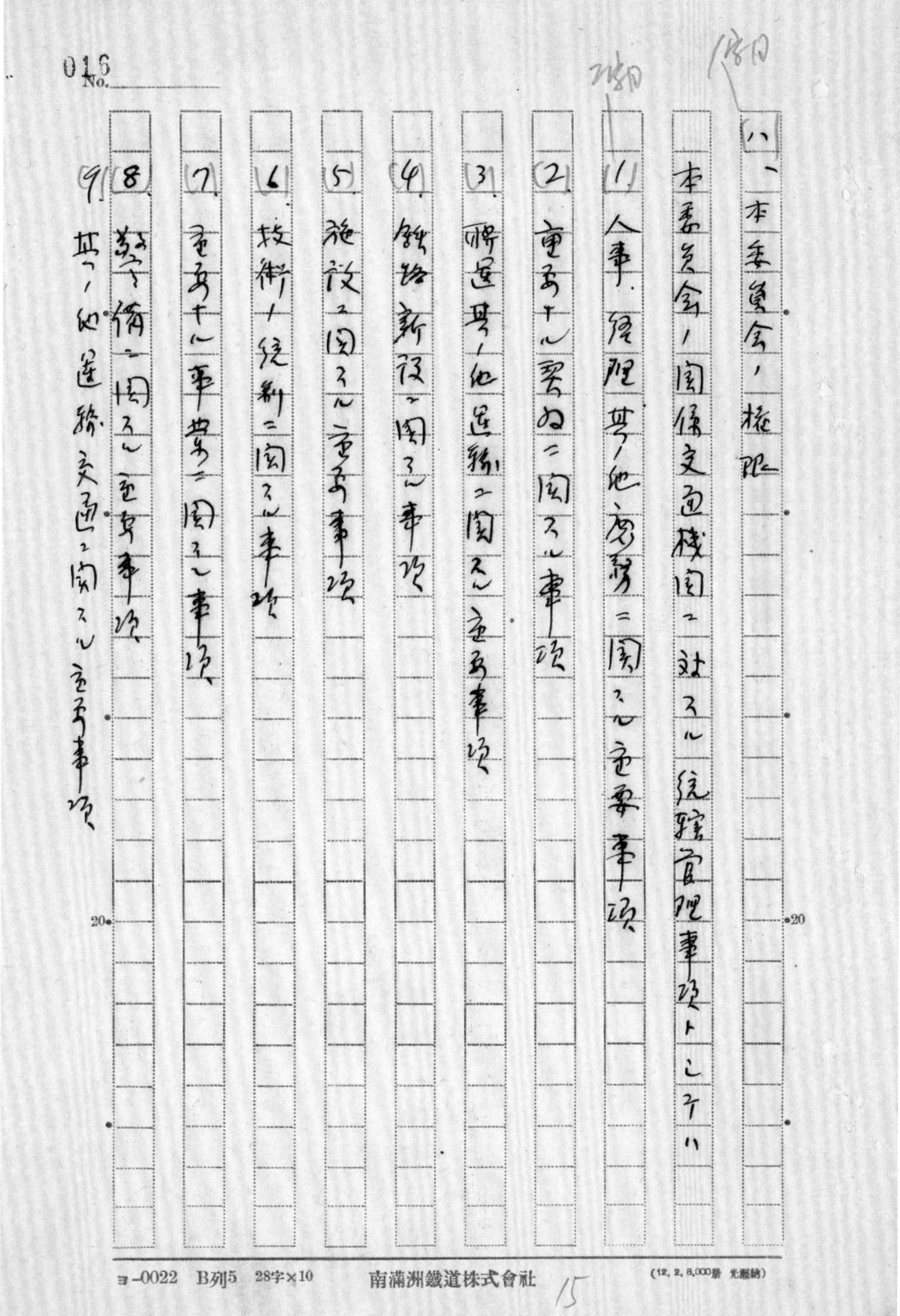

八、本委員会ノ権限

本委員会ノ関係交通機関ニ対スル統轄管理事項トシテハ

(1) 人事、経理其ノ他庶務ニ関スル重要事項

(2) 重要ナル契約ニ関スル事項

(3) 輸送其ノ他運輸ニ関スル重要事項

(4) 鉄路新設ニ関スル事項

(5) 施設ニ関スル重要事項

(6) 技術ノ統制ニ関スル事項

(7) 重要ナル事業ニ関スル事項

(8) 整備ニ関スル重要事項

(9) 其ノ他運輸交通ニ関スル重要事項

No.17

又表条各令ハ其ノ所管事務ニ関シ性質ニ依リテ一定ノ通常事項ノ処理ニ当リテハ各局長ハ専行ニ経伺スルコトヲ要スルモノトセリ経伺事項ハ人事、経理、其他重要事務ニ関スルモノニシテ

(1) 組織ノ制定及其ノ変更ニ関スル事項

(2) 給与及待遇ニ関スル事項

3. 副局長及処長ノ任免及懲戒処分並外国人ノ傭聘、解傭及懲戒処分ニ関スル事項

4. 局長及副局長ノ東北四省外ノ出張ニ関スル事項

5. 予算、決算及予算ノ変更ニ関スル事項

6. 土地建物其ノ他重要ナル財産ノ貸借ニ関スル事項

16

7. 重要ナル権利及財産ノ処分並担保ノ供与ニ関スル事項

8. 一件金額現大洋一〇〇、〇〇〇元以上ノ資金ノ借入及貸付ニ関スル事項

9. 一件金額現大洋五〇、〇〇〇元以上ノ物品ノ購買ニ関スル事項

10. 重要ナル規定ノ制定及其ノ変更ニ関スル事項

11. 旅客及貨物ノ重要ナル取扱條件ノ設定及其ノ変更ニ関スル事項

12. 運賃及料金ノ制定及其ノ変更ニ関スル事項

13. 運賃及料金ノ二割以上ノ割引、割増及免除ニ関スル事項

14. 運賃及料金ノ収受貨幣ニ関スル事項

15. 連絡運輸ニ関スル事項

019
No.

16 停車場ノ共同使用並重要ナル連絡設備ニ関スル事項

17. 列車及車輛ノ直通連絡運転ニ関スル事項

18. 列車運転時刻ノ制定及其ノ変更並旅客及混合列車ノ運転休止（臨時的ノモノヲ除ク）ニ関スル事項

19. 貨物ノ貨車積卸ニ関スル事項

20. 停車場線路其ノ他重要ナル施設計画及其ノ変更ニ関スル事項

21. 車輛ノ貸借、製造ノ計画及其ノ変更ニ関スル事項

22. 新線計画及其ノ変更ニ関スル事項

23. 見積金額一件現大洋五〇、〇〇〇元以上ノ工作注文ニ関スル事項

24. 見積金額一件現大洋一〇〇、〇〇〇元以上ノ請負又ハ直営工事

ヨ-0022　B列5　28字×10　南満洲鐵道株式會社　(12. 2. 8,000冊 光羅鎬)

18

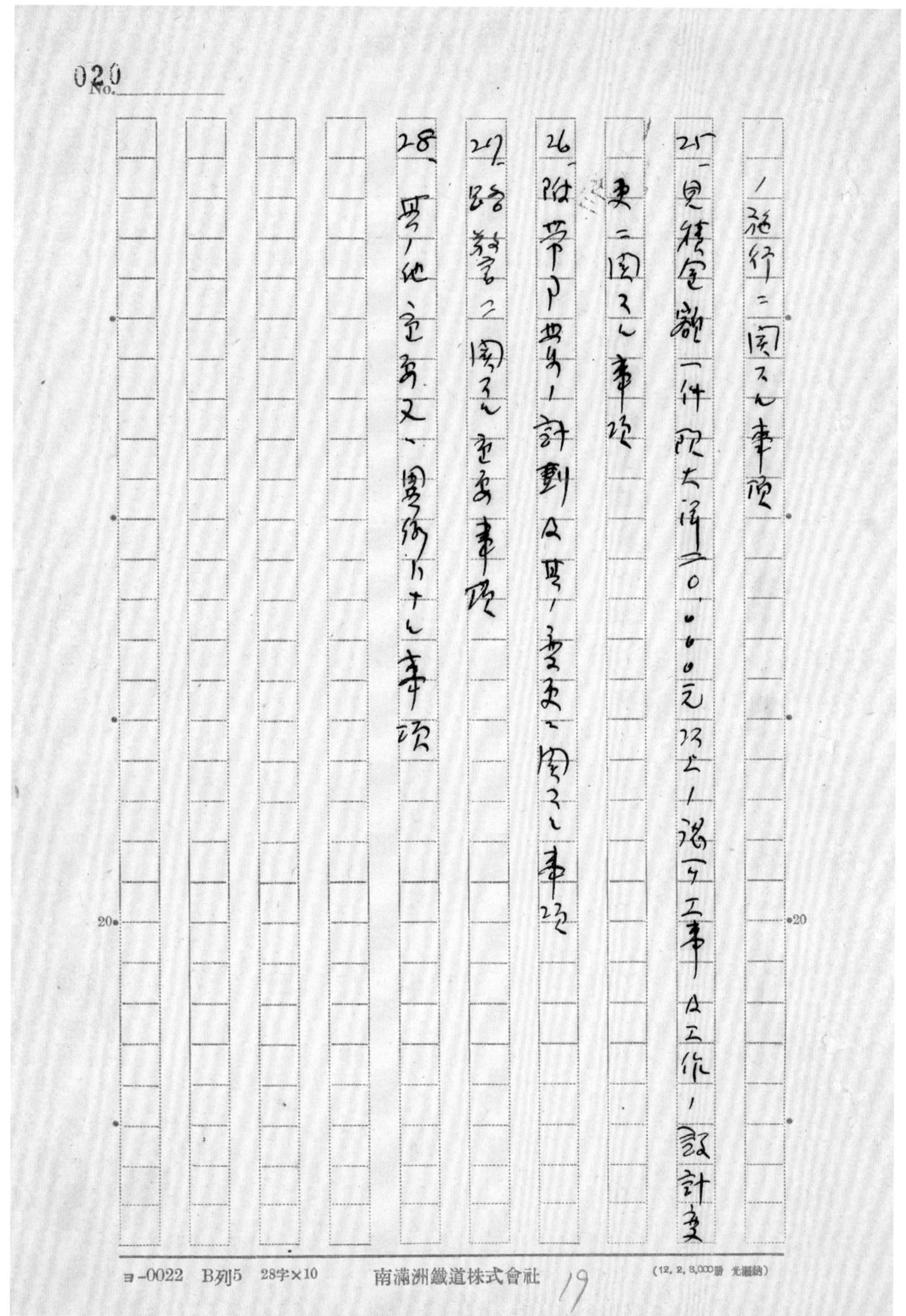

020 No.

ノ施行ニ関スル事項

25、見積金額一件限大洋二〇、〇〇〇元以上ノ諸工事及工作ノ設計変更ニ関スル事項

26、附帯事業ノ計劃及其ノ変更ニ関スル事項

27、路警ニ関スル重要事項

28、其ノ他重要又ハ異例ナル事項

ヨ-0022　B列5　28字×10　南滿洲鐵道株式會社　19　(12, 2, 8,000冊 光潤納)

021
No.

第三 各鉄道接收概況

(イ) 瀋海鉄路

瀋海鉄路ハ初メ奉海鉄路ト称シ東北交通委員会カ成立シテ最初ニ計画シタル鉄道ニシテ瀋陽、吉林、及龍江ノ三都ヲ満鉄ニ依ラスシテ連絡セシトスル鉄道網ノ一部ヲ形成シ支那側ノ鉄道自辨熱ノ勃興ニ依リ満蒙ニ於テ支那ノ資本及技術ヲ以テ敷設セラレタル最初ノ鉄道ナリ

本鉄道ハ一九二五年四月資本金奉天大洋六〇〇〇万円ヲ以テ官商合弁ノ奉海鉄路公司ノ手ニ依リ敷設ニ着手シ中途奉天票ノ暴落ノ為資金繰ノ困難ニ遭ヒテ尠カラス工事ノ進行ヲ阻害シタルモ官憲ノ威力ヲ以テ工事ヲ強行シ一九二七年瀋陽海龍間ノ

本線二三四・五粁ヲ竣工シ翌年梅河口西安間ノ梅西支線七四・五粁及海龍朝陽鎮間ノ一六・七粁ノ工事ヲ完了シ本支線合計三二五・七粁ノ純支那鉄道ヲ完成セシメタリ

本鉄道ハ満州事変ノ中心地ニ接近シ居ルヲ以テ事変勃発ト同時ニ其ノ幹部ハ逃亡シ一時運轉休止ノ運命ニ陥リタリ 而シテ本鉄道ノ運営ノ良否ハ該地方ノ治安維持ニ至大ノ関係アルモノト為シ直チニ列車ノ運転ヲ復活セシメン(モノ)ト民間株主鉄路従事員及路警ノ三者ヲ以テ瀋海鉄路保安維持會ヲ組織シテ同公司ノ職権ヲ代行セシムルコトニ決定シタリ同會會長ニハ丁監修、幹事長ニ土肥原賢二(後河本大作就任)幹事長代理ニ森田成之就任

No.023

シ此外六名ノ満鉄社員ヲ派遣シテ直チニ各々部所ニ就キ一〇月一三日運営ヲ開始シテ以テ交通機関本来ノ使命ヲ発揮シタリ

本鉄道ハ事変後皇軍ノ出動ヲ見ルコト殆ント無カリシモ瀋海鉄路保安維持会ハ其ノ迅速ナル設置ニ依リ一旦休止状態ニ陥リタル本鉄道ヲ直チニ活動セシメ多数ノ従事員ノ生活ノ安定ト沿線住民ノ福祉ヲ完全ニ保持シタルノミナラス治安ノ確保ニ実ニ重大ナル役割ヲ演シタルモノニシテ誠ニ臨機ノ処置トシテ其ノ宜シキヲ得タルモノト云フヘキナリ若シ本維持会ノ設立カ更ニ若干遅レタリト仮定セシカ本鉄道及沿線住民ノ犠牲ハ数倍シ且其ノ復活ハ実ニ容易ナラサリシモノアラン、

(ロ) 吉長鉄路

吉長鉄路ハ建設当初ヨリ我カ借款鉄道ナリシカ一九一七年一〇月吉長鉄路続借款契約ヲ締結スルニ至リテ満鉄カ支那政府ニ代リテ経営スルコトニ決定シ所謂委任経営ノ鉄道トナリタルナリ。

従ッテ満州事変直前ニ於ケル吉長鉄路ノ情態ハ満鉄代表中川増蔵以下約三〇名ノ満鉄社員ヲ派遣シテ各部所ニ就カシメ以テ経営ノ実権ヲ掌握シツヽアクタルヲ以テ何等ノ工作ヲ要セスシテ事変ニ対応シ皇軍ノ吉林出動ニ支障ナカラシメ略社線ト同程度ノ効果ヲ収メ得タルノミナラス更ニ進ンテ吉敦鉄路及吉海鉄路ヲ合併シテ其ノ経営ノ下ニ置キ事変後鉄路総局成立迄ノ間ニ於

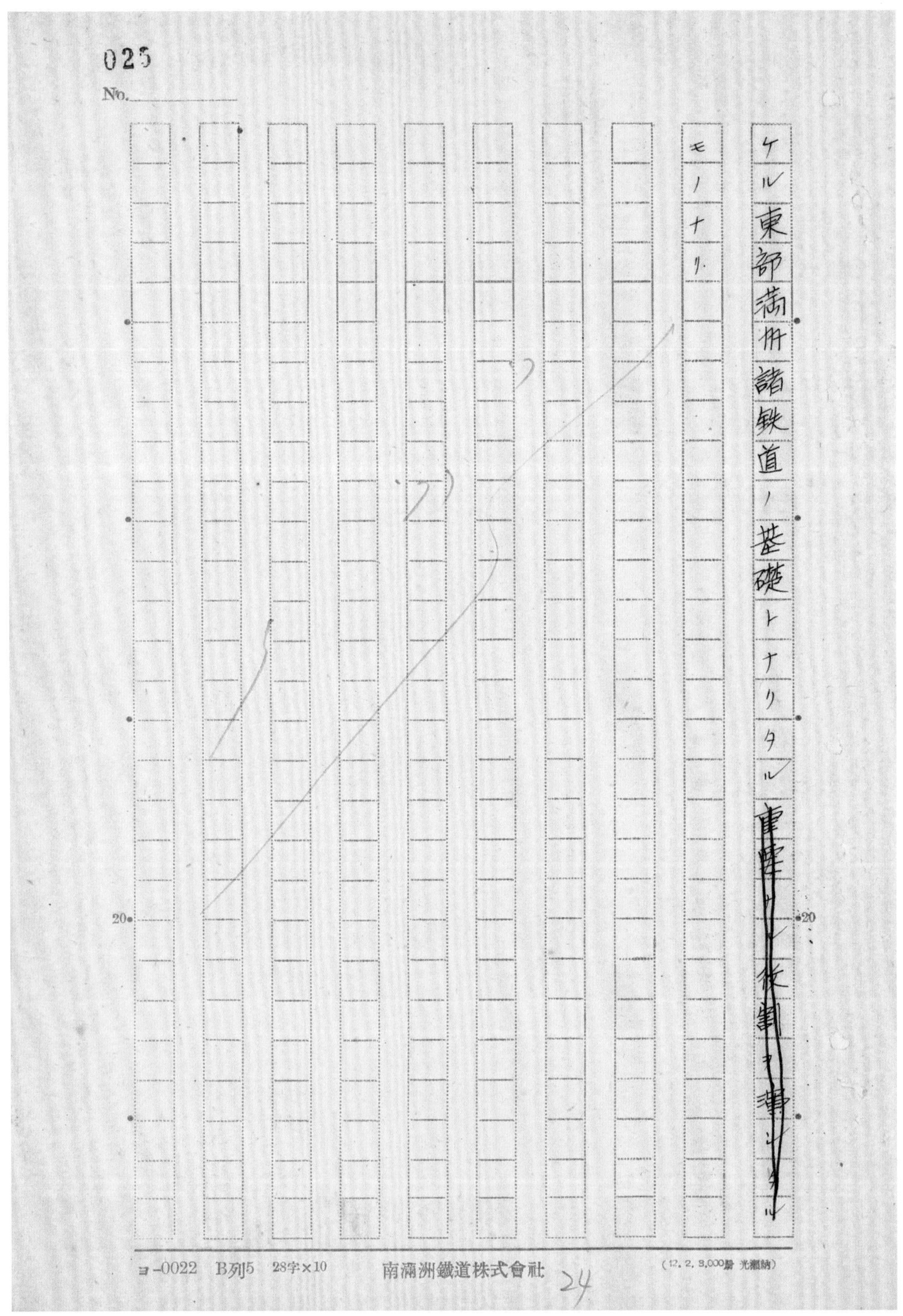

025

No.

ケル東部満州諸鉄道ノ基礎トナリタル~~軍事上ノ役割ヲ演シタル~~

モノナリ

ヨ-0022 B列5 28字×10 南滿洲鐵道株式會社 (12.2.3,000册 光潮納)

24

（八）吉敦鉄路附蛟奶炭礦線

吉敦鉄路ハ旧吉會鉄道ノ一部ヲ為スモノナルモ吉會鉄道借款契約トハ全然別個ニ一九二五年一〇月支那政府満鉄間ニ吉敦鉄道建設工事請負契約ヲ締結シ田邊利男ヲ技師長トシ以下三名ノ満鉄社員ヲ派遣シテ一九二八年一〇月吉林敦化間二一〇・四粁ノ開通ヲ見タリ　而シテ本鉄道ノ請負契約金額ハ二四〇〇万円ニシテ満鉄カ其建設資金ヲ立替支出シタルモノナリシモ同請負契約ニ依レハ此ノ請負金額ハ工事完成シテ検収スル際之ヲ支拂フモノトシ若シ検収後一個年以内ニ其ノ全額ノ全部又ハ一部ヲ償還シ得サルトキハ別ニ借款契約ヲ締結シ期限ヲ延長スルコトヲ得

027
No.

ルモノトセリ

然ルニ支那側ハ工事ノ不完備及工事費ノ意想外ニ増大セルニ藉ロシテ本鉄道ノ接收ヲ拒ミ建設資金ノ元金及利子ヲ支拂ハサルノミカ借款契約ノ書替等ニ應スル氣配スラナクシテ事変ニ逢着セリ

蛟奶炭礦線ハ吉敦鉄路蛟河站ヨリ奶子山炭礦ニ至ル一一・三粁ニシテ吉敦鉄道ノ材料ニ依リテ一九二九年蛟河煤礦公司ニ於テ布設シタルモノナルカ同年其ノ建設費ヲ省政府ニ於テ支出シテ省有トナシ吉海鉄路ノ管理下ニ置キ其ノ委託ニ依リ吉敦鉄路ニ於テ営業シツヽアリタリ

事変勃発後間モナク本鉄道ノ接収問題ト関連シテ吉長鉄路ノ委任経営期間延長問題起リツツアリタルヲ以テ両鉄ヲ合併スルコトニ方針決定セリ。此ノ契約ハ吉林省政府（当時吉林省ハ独立ヲ宣言シ煕洽カ吉林省政府長官タリ）ト満鉄間ニ昭和六年一一月一日締結セラレ借款金額ハ吉長鉄路借款ノ未償還額及吉敦鉄路ノ建設費及利子（利子ノ一部ヲ切捨テタリ）ヲ合計シテ日本金三、六三〇万円トシ期間ハ五〇個年、第一一年目ヨリ年賦償還スルモノトシ期限満了前ハ全部ノ償還ヲ為スコトヲ得サルモノトシ利率ハ年九分ヨリ七分五厘ニ引下ケテ半年毎ニ支払フモノトトシ本鉄道ノ利益金ハ一〇〇分ノ五〇ヲ事業費ニ、一〇〇分ノ

029
No.

三〇ヲ政府ニ、一〇〇分ノ二〇ヲ満鉄ニ配分シ又若シ總収入カ当該年度ノ営業支出ヲ償フニ足ラサルトキハ満鉄ハ之ヲ無償ニテ補塡スルモノトセリ。満鉄側ハ相当ノ譲歩ヲ為シテ本鉄道ノ委任経営権ヲ獲得シタルモノニシテ此事変後社外線ノ委任経営ヲ受ケタル最初ノモノナリ

28

(二) 吉海鉄路

吉海鉄路ハ支那側ノ鉄道熱勃興ニ依リ一九二六年吉林省議會ニ於テ本鉄道敷設速成建議案カ議決セラレ官商合弁ニテ吉林大洋一二〇〇万円ヲ以テ建設資金トシ自費自力ニテ建設スルコトニ決定シ翌春ヨリ測量ヲ開始シタリ　然ルニ其ノ後資金難ニ陥リ材料ノ到着遅延シ工事ハ進捗セサリシカ後之ヲ省有ニ変更シテ一九二九年吉林ニ達シ奉天吉林間ヲ支那鉄道ニ依ツテ連絡セントスル東三省当局ノ多年ノ宿望ヲ実現シタリ

然ルニ吉海鉄路ハ我既得権益タル満蒙四鉄道ノ一タル海龍吉林間ト同一ルートナルノミナラス我満鉄線ト並行シ一九〇五年

031 No.

日清満洲善後条約ニ於テ南満洲鉄道並行線拒否ノ条項ニモ明カニ抵触スルモノナルヲ以テ日本政府ハ本鉄道敷設ニ当リ厳重ナル抗議ヲ提出シタルニモ拘ラス支那側ハ言ヲ左右ニシテ之ニ応セス遂ニ工事ヲ完了シタルモノナリ

満洲事変後前記条約違反ナルコト及吉長吉敦鉄路借款ノ増担保ノ理由ノ下ニ昭和六年一一月二八日満鉄ト吉林省政府長官ノ間ニ吉海鉄路経営ニ関スル覚書ヲ交換シ吉海鉄路経営契約ヲ締結シタリ　契約期間ハ五〇個年トシ満鉄ハ吉長吉敦鉄路管理局満鉄代表ヲシテ本鉄道ノ経営ノ任ニ当ラシムルコトトシ本鉄道ノ鉄道総収入ヲ以テ当該年度営業支出ヲ償フニ足ラサルトキハ満

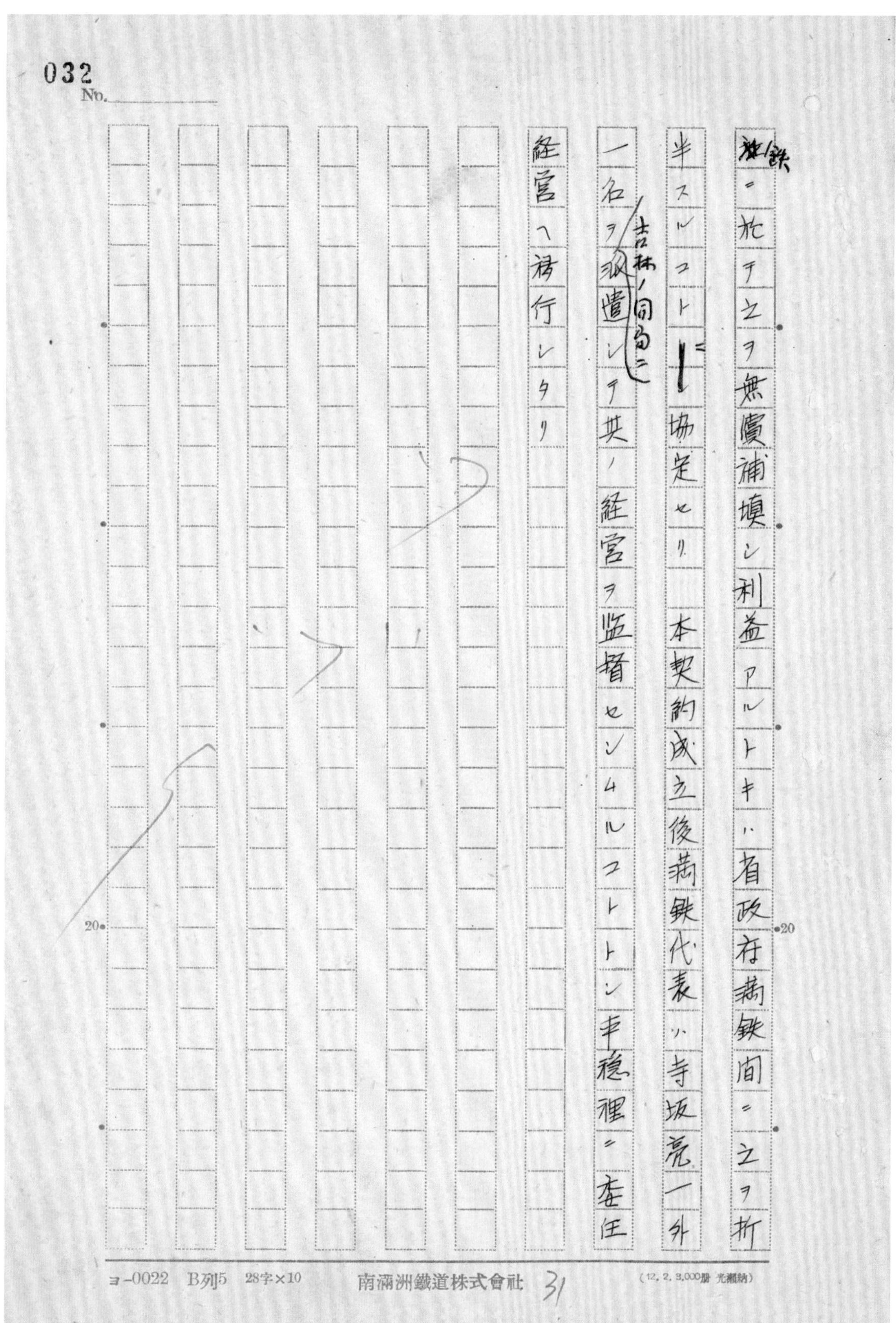

満鉄ニ於テ之ヲ無償補填シ利益アルトキハ省政府満鉄間ニ之ヲ折半スルコトニ協定セリ　本契約成立後満鉄代表ハ寺坂亮一外一名ヲ吉林ノ同局ニ派遣シテ其ノ経営ヲ監督セシムルコトトシ平穏裡ニ委任経営ヘ移行シタリ

033
No.

(ホ) 奉山鉄路

奉山鉄路ハ北寧鉄路ノ一部ニシテ山海関以東奉天間ノ本支線ヲ指称スルモノナリ、山海関迄東延シ来リタル北寧鉄路ハ北方露國勢力ノ擴大ニ刺戟セラレタル英國ガ一八九七年一〇月滙豊銀行（中英銀行）ヲシテ二三〇万磅ノ借款締結シテ関外延長線ノ敷設ヲ企劃シタガ途中露國ノ抗議及團匪ノ事件ニ際會シテ工事ノ進捗甚タ振ハサリシカ一九〇三年ニ山海関ヨリ新民ニ至ル本線及溝帮子営口間ノ支線ヲ完成シタリ其ノ後日本軍カ日露戰爭中ニ敷設シタル新民奉天間ノ軍用狭軌鉄道六〇粁ノ譲渡ヲ受ケ譲渡ヲ受クルト同時ニ標準軌間ニ之ヲ改築シテ茲ニ北京奉

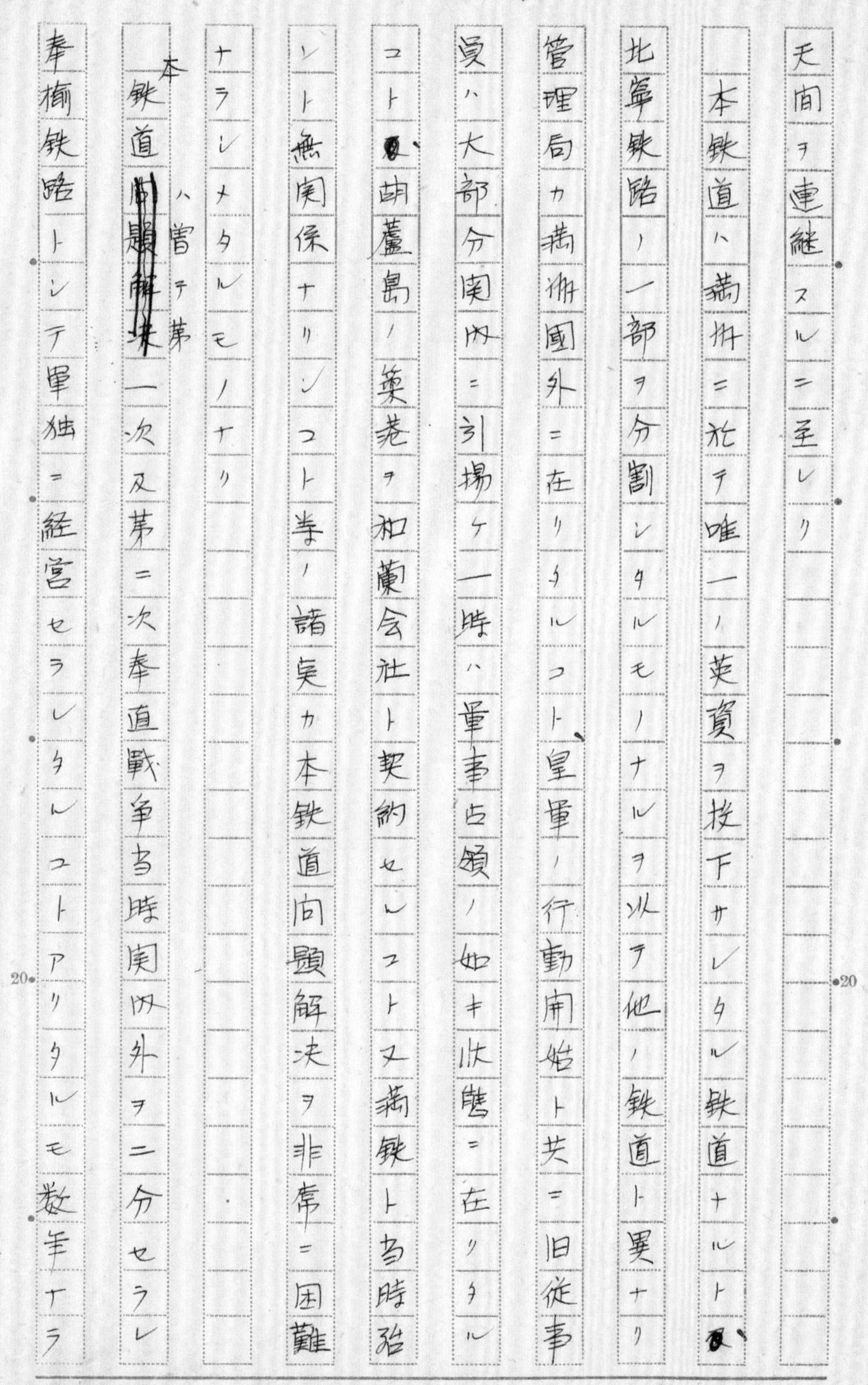

天間ヲ連継スルニ至レリ

本鉄道ハ満州ニ於テ唯一ノ英資ヲ投下サレタル鉄道ナルト、北寧鉄路ノ一部ヲ分割シタルモノナルヲ以テ他ノ鉄道ト異ナリ管理局カ満州国外ニ在リタルコト、皇軍ノ行動開始ト共ニ旧従事員ハ大部分関内ニ引揚ケ一時ハ軍事占領ノ如キ状態ニ在リタルコト、葫蘆島ノ築港ヲ和蘭会社ト契約セルコト又満鉄ト当時殆ント無関係ナリシコト等ノ諸点カ本鉄道問題解決ヲ非常ニ困難ナラシメタルモノナリ

本鉄道ハ曽テ第一次及第二次奉直戦争当時関内外ヲ二分セラレ奉楡鉄路トシテ単独ニ経営セラレタルコトアリタルモ数年ナラ

035 No.

シテ復活シタル事例アリ満州事変ニ於テハ遂ニ昭和七年一月四日奉天省長ハ山海関以東ヲ独立セシメ奉天ニ奉山鉄路局ヲ設置シ闞鐸ヲシテ其ノ局長ニ任命スルコトヲ宣言シタリ

此ノ処置ニ対シテ北寧及英國側ハ其ノ儘黙止スル筈ナク一月九日北寧ノ運輸監督スチールハ軍司令部ニ北寧鉄路分割経営ノ反対ナリト抗議シ来リ次イテ一月一三日中英公司代表フースピールハ其ノ権益ヲ侵害サレタコトヲ奉天省政府金井顧問ニ対シ申出アタルカ同顧問ハ省政府ニ於テ英國側ノ借款及其ノ利益ハ充分尊重スル筈ナルニ付今後種々ノ提議ヲ撤回サレテハ如何トノ勧説シタルニ付一段落ヲ告ケタリ尤モ此ノ間中英公司ヨリ英國大使ニ

報告シ同大使ハ在奉天英國總領事ヲシテ日本總領事宛ニ反在日本英國大使ヨリ我カ芳澤外相宛種々折衝アリタルモ関外鉄道ノ独立ヲ確保シツヽ英國側ノ權益ヲ尊重スル方策ヲ採リテ円満解決ヘ導入シタリ又和蘭會社トノ関係ハ満州國政府ニ於テ米金一〇〇万弗ヲ支拂ヒテ築港工事ヲ中止シ之ヲ解約スルコトトシ落着シタリ

本鉄道ハ以上ノ対外的交渉ノ外路局ノ編成整加ト共ニ皇軍ノ軍事行動一段落ト共ニ軍輸送ノ派遣社員ハ漸次引揚ケシノ旧北寧鉄路ノ残留従事員及不足部分ハ他鉄道殊ニ四洮洮昂鉄路ヨリ之ヲ補充シテ現場機関ヲ調整シ平時ノ運営形態ニ復シタリ

(ハ) 四洮鉄路

四洮鉄路ハ一九一三年一〇月満蒙鉄道借款修築ニ関スル交換公文ニ於テ日本利権ヲ確保シタル満蒙五鉄道ノ一ニシテ一九一五年一二月支那政府ト横浜正金銀行トノ間ニ四鄭鉄道借款五〇〇万円ノ契約カ締結セラレ一九一七年一一月四平街鄭家屯間八七・九粁ノ工事ヲ完成シタリ

次イテ支那政府ト満鉄間ニ前記四鄭鉄道借款ト略同一基本條件ヲ以テ四洮鉄道借款契約ヲ締結シ四鄭線ヲ延長シテ洮南ニ至ル本線及鄭家屯ヨリ通遼ニ至ル支線ノ建設資金四五〇〇万円ヲ限度トシ所要資金ハ短期借款ノ形式ニ依リ随時満鉄ヨリ

支出スルコトニ定ナ鄭家屯通遼間一一三・七粁ハ一九二二年一月ニ開通又鄭家屯ヨリ延長シテ兆南ニ至ル本線[illegible]二二四・四粁ハ一九二三年一一月仮営業開始シテ之ヲ以テ四兆鉄道本支線四二大〇粁ノ全線完成シタリ

本鉄道ハ建設当初ヨリ満鉄社員ヲ派遣シテ敷設工事ニ当ラシメタルノミナラス本営業開始後モ引続キ各部門ノ担当者ヲ派遣シ事変勃発当時ハ亀岡精二外二〇名ニ依リテ社線ト略同程度ニ皇軍ノ軍事行動ヲ援助シタリ

本鉄道ハ一ツノ借款鉄道ニ過キスシテ満鉄ヨリ派遣シタルモノモ只借款契約ニ基キテ担保ヲ確保スル程度ニシテ其管理権ハ

039 No.

勿論支那側ニ存シタルノミナラス経営自体ニ於テモ漸次満鉄側ハ実力ヲ縮少セラレ従来満鉄ノ一培養線ナリシモ所謂西四路聯運開始後ハ培養線ハ一変シテ競争線ト化シ事変直前ハ満鉄沿線ノ客貨ヲモ吸収セント肉迫シタリ

茲ニ於テ以上ノ実情ニ鑑ミ四洮鉄路ヲ吉長鉄路ト同様満鉄ニ委任経営セシメントノ論起リ昭和六年一二月一日四洮鉄路管理局局長闞鐸ハ東北交通委員会ノ認可ヲ経テ満鉄トノ間ニ四洮鉄路貸金管理及経営契約ヲ締結シテ本問題ハ落着セリ

本契約ノ要旨ハ本鉄道ノ建設ニ要セル満鉄ノ貸金ノ元利合計ヲ四九〇〇万円（満鉄ハ滞納利子ノ一部ヲ切捨テタリ）トシ

期間五〇個年ニシテ第一一年目ヨリ償還ヲ開始シ期間満了以前ハ全部ノ償還ヲ行フコトヲ得ス　利率ヲ九分ヨリ七分五厘ニ引下ケ且半年毎ニ支払フモノトセリ又本鉄道ノ利益金ノ支途ニ條件ヲ附ケ其ノ一〇〇分ノ五〇ヲ事業費（既成設備ノ保存ヲ除ク新設改良等ノ費用）ニ　一〇〇分ノ三〇ヲ政府ニ　一〇〇分ノ二〇ヲ會社ニ配分スルモノトシ政府収得金カ貸金総額ノ一〇〇〇分ノ六ニ満サルトキハ一、〇〇〇分ノ六ニ達スル迄満鉄ハ政府ニ補塡スルモノトス又本鉄道ノ總収入カ当該年度ノ営業支出ヲ償フニ足ラサルトキハ會社ニ於テ之ヲ無償補償スルコト等ノ諸條件ヲ以テ同鉄道派遣ノ満鉄代表ハ経営ノ任ニ当ル権利ヲ保有シ局長

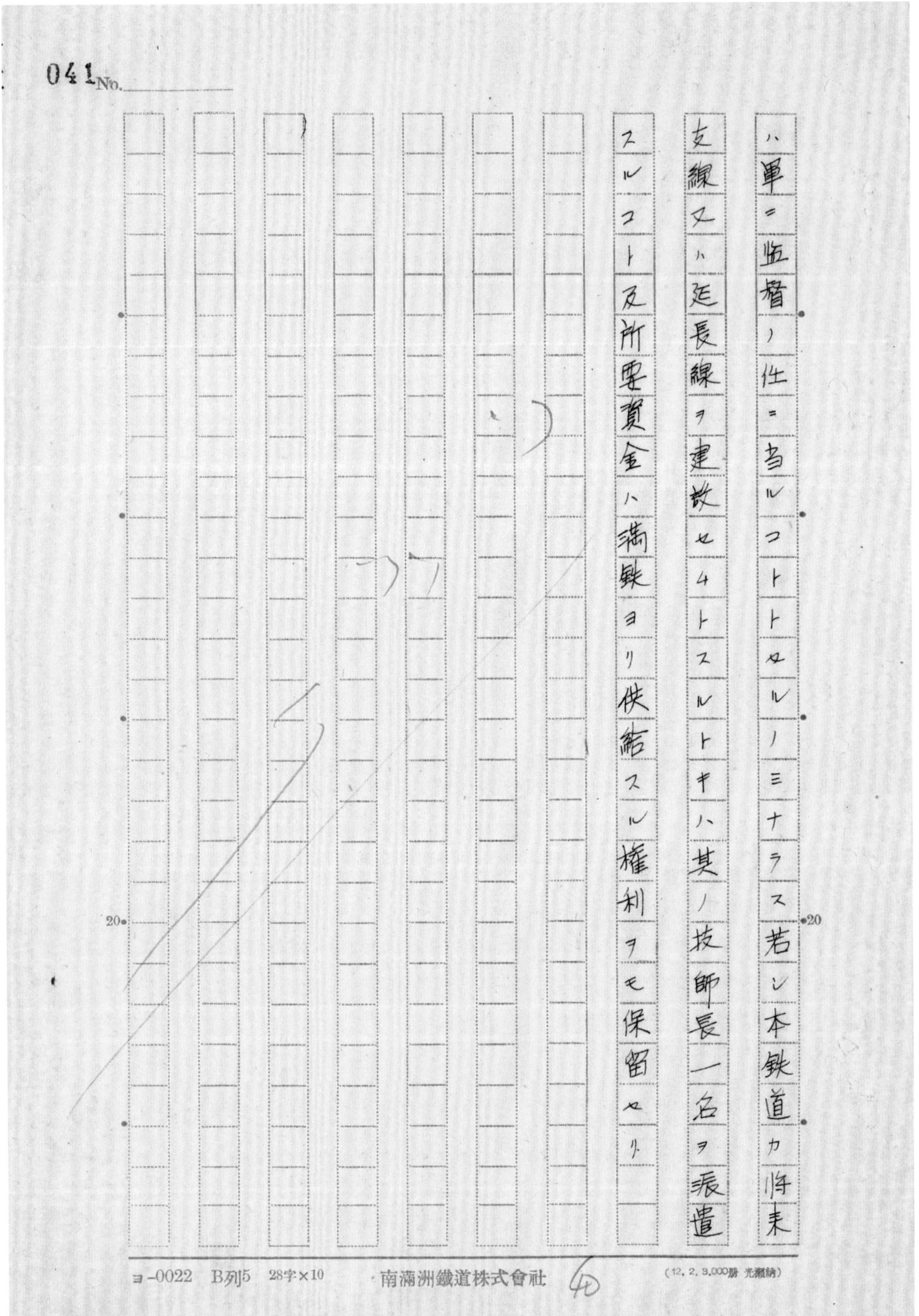

041 No.

ハ單ニ監督ノ任ニ当ルコトトナルノミナラス若シ本鉄道カ將来支線又ハ延長線ヲ建設セムトスルトキハ其ノ技師長一名ヲ派遣スルコト及所要資金ハ満鉄ヨリ供給スル権利ヲモ保留セリ

ヨ-0022　B列5　28字×10　南滿洲鐵道株式會社　40　(12.2.3,000册 光潮納)

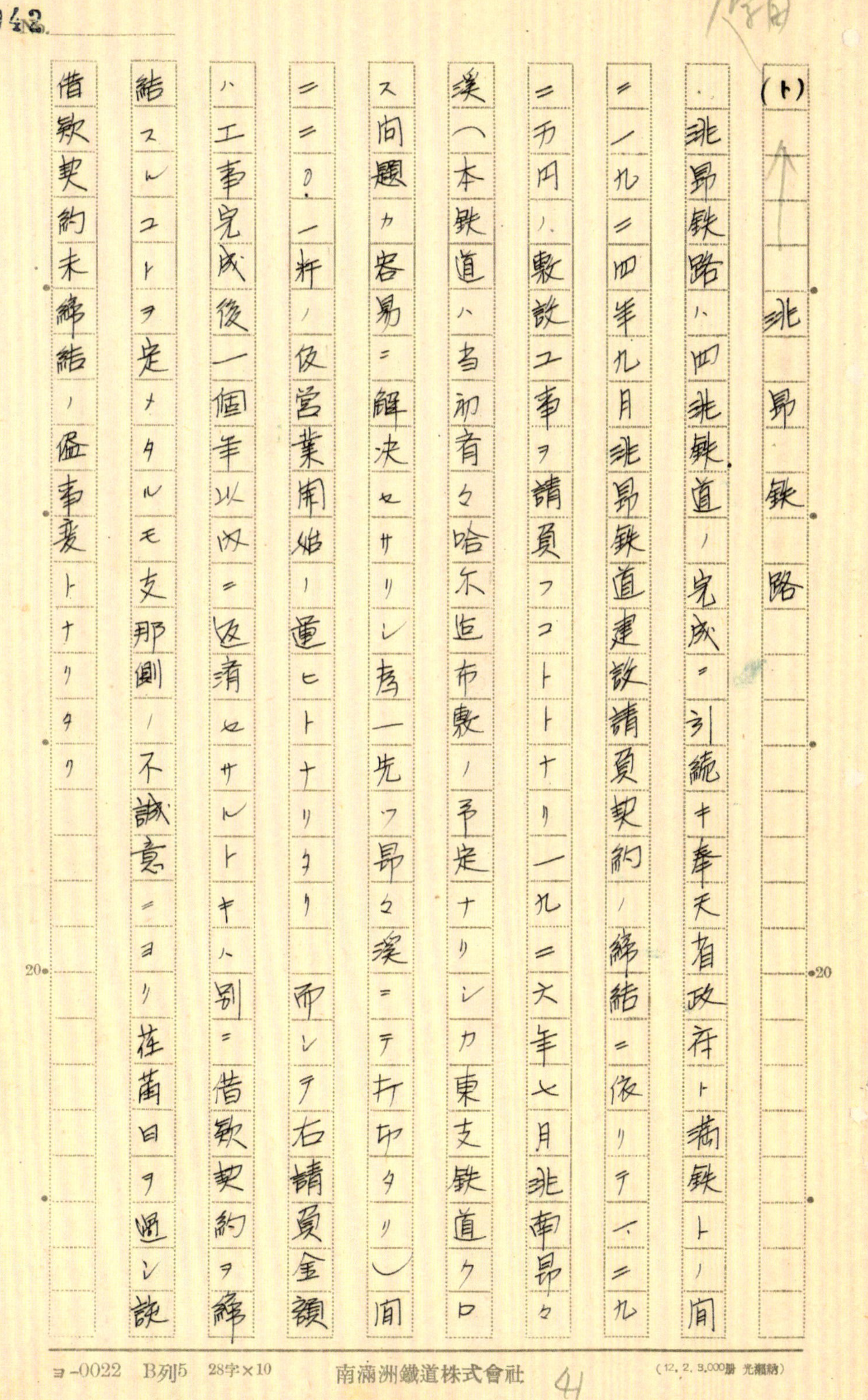

042

（ト）

↑洮昂鉄路

、洮昂鉄路ハ四洮鉄道ノ完成ニ引続キ奉天省政府ト満鉄トノ間ニ一九二四年九月洮昂鉄道建設請負契約ノ締結ニ依リテ一二九二万円ノ敷設工事ヲ請負フコトトナリ一九二六年七月洮南昂々渓（本鉄道ハ当初斉々哈尓迄布敷ノ予定ナリシカ東支鉄道ク口ス問題カ容易ニ解決セサリシ為一先ツ昂々渓ニテ打切タリ）間ニ二二〇．一粁ノ仮営業開始ノ運ヒトナリタリ　而シテ右請負金額ハ工事完成後一個年以内ニ返済セサルトキハ別ニ借款契約ヲ締結スルコトヲ定メタルモ支那側ノ不誠意ニヨリ荏苒日ヲ過シ訖借款契約未締結ノ儘事変トナリタリ

ヨ-0022　B列5　28字×10　南滿洲鐵道株式會社　41　(12. 2. 3,000冊 光瀬堂)

043 No.

本鉄道ニハ顧問石原重高外二名満鉄ヨリ派遣セラレタルモ本鉄道経営ノ実権ハ全然支那側ニ在リテ何等容喙スルコトヲ得サリシカ尚一ツノ借款鉄道トシテ兆ヲ着有トハ云ヘ大央ノ戦有々哈爾入城等皇軍ノ行動ニ少カラサル便宜ヲ提供シタリ

而シテ本鉄道ノ借款契約其ノ他委任経営等ノ諸工作ハ北満ノ政情ノ安定比較的遅レタル為種々ノ議論及案アリタルモ何レモ確定ニ至ラサリシカ昭和七年一月洮昂派遣ノ顧問ハ洮索及斉克両鉄路工程局ノ顧問ヲ兼務シ次イテ洮索ヲ合併シテ洮昂洮索斉克鉄路管理局ト改称シテ三鉄道ノ運営ニ当リタリ（洮昂及斉克ハ事変前ヨリ事実上合併シ満鉄派遣ノ顧問ハ事実上其ノ監督ノ任ニ当リタルモノナリ）

(4) 洮索鉄道

洮南索倫間ノ鉄道ハ一九二八年張作霖ノ失脚ニ依リ関内ヨリ引揚ケタル奉天軍ノ一部ヲ整理シ洮児河、綽尓河ノ流域ニ屯墾セシムル目的ヲ以テ興安區屯墾公署ヲ組織シ同督辦鄒作華カ同地方ヘノ鉄道敷設ヲ提議シテヨリ具体化シタリ

本鉄道ノ起點ハ当初洮南ナリシカ其後洮南商民カ本鉄道建設資金ノ出資ノヲ履行セサリシト洮安（白城子）ヲ起点トスレハ約二〇粁短縮セラルルコトトニヨリ遂ニ洮安ト決定セルモノナリ翌年九月東北交通委員會ノ許可ヲ得テ洮索鉄路工程局成立シ満州事変迄ニハ索格営子迄開通シ洮安起点八四粁余ノ王爺廟

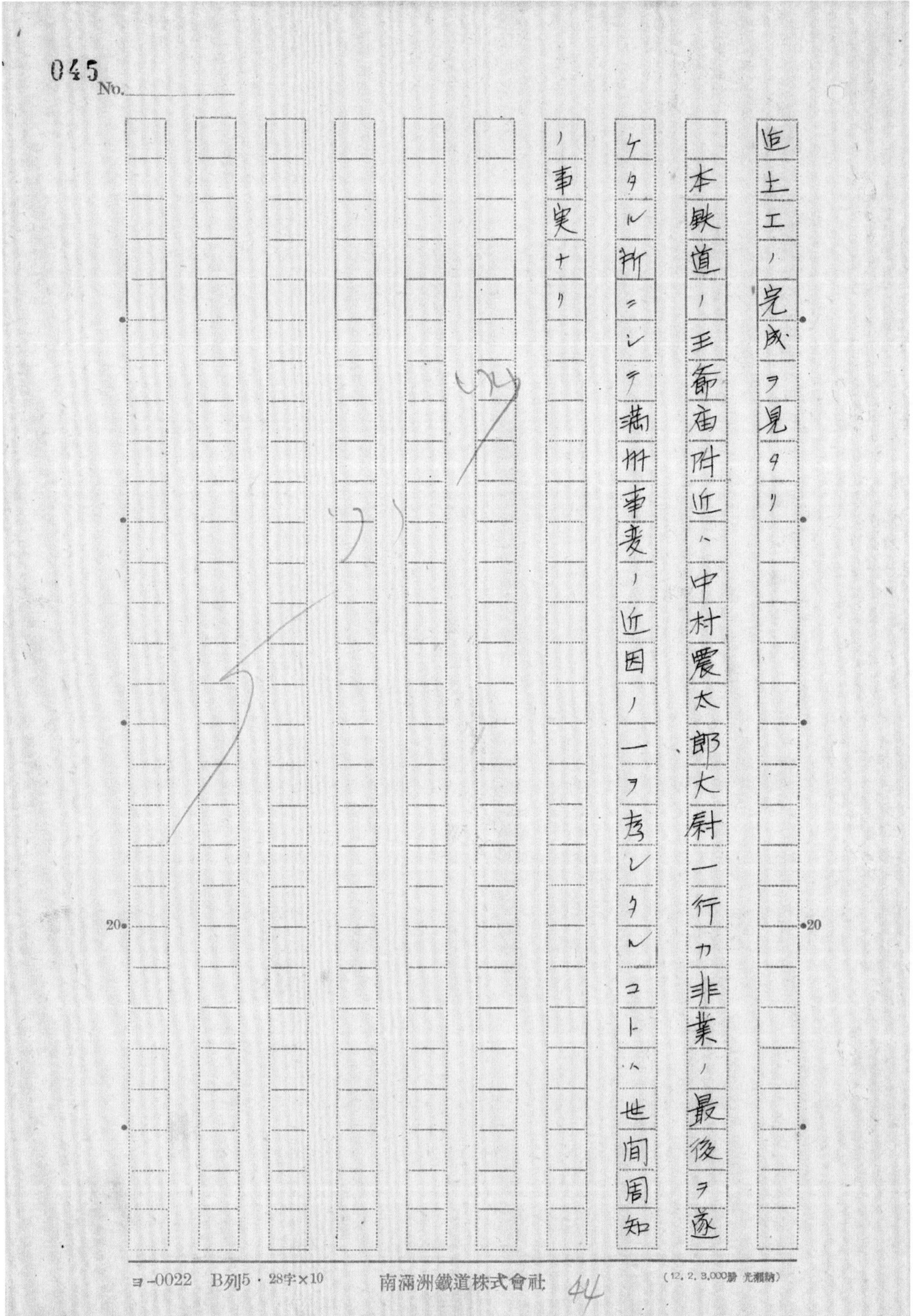

045 No.

迫土工ノ完成ヲ見タリ

本鉄道ノ王爺廟附近ハ中村震太郎大尉一行カ非業ノ最後ヲ遂

ケタル所ニシテ満州事変ノ近因ノ一ヲ為シタルコトハ世間周知

ノ事実ナリ

ヨ-0022 B列5・28字×10 南満洲鐵道株式會社 44 (12.2.3,000册 光顯納)

(11)

斉克鉄路

斉克鉄路ハ洮昂鉄路ノ斉々哈爾乗入問題ニ因リテ其ノ敷設問題ノ起リタルモノニシテ支那側勢力ノ増大ト共ニ東支鉄道クロスノ強行敷設ヲ敢行セントスル形勢アリタルヲ以テ東支鉄道側ニ於テモ黙過スルコトヲ得ス遂ニ東支洮昂両者間ニ将来東支鉄道ノ複線計画ヲ考慮シテ跨橋ヲ架設スルコトヲ条件トシテ協定成立シ一九二八年昂々渓斉々哈爾間三〇・四粁ヲ完成シタリ　而シテ本区間ハ恰モ洮昂鉄路ノ延長線ノ如キ観アリシカ斉々哈爾ヨリ北満ノ穀倉ト称セラルル泰安克山地方ニ延長セラルル計画ヲ樹テラレ一九三〇年斉々哈爾泰東間一四五・三粁ノ開通ヲ見ル

047

官商合弁ノ斉克鉄路ノ斉昂支線トナクタリ

斉克鉄路ニ対スル工作ハ彼ノ馬占山政権カ最後迄向背不明瞭ノ為メ遂ニ其ノ政権ノ潰滅ニ至ル迄何等進捗ヲ見ス一時本鉄道ノ大株主タル廣信公司ノ救済策ト関連シ其ノ借款担保トシテ其ノ委任経営権ヲ獲得セムトシタルモ資金難其ノ他ノ事情ニ依リ遂ニ之カ実現ヲ見サリシナリ

ヨ-0022 B列5 28字×10 南滿洲鐵道株式會社 （12.2.3,000冊 光瀬納）

46

(ヌ)　呼海鉄路

呼海鉄道ノ建設ハ古キ厂史的曲折ヲ経タルモノナルカ支那側ノ鉄道自弁熱ノ勃興ニ因リ一九二五年黒龍江省督軍呉俊陞カ官商合弁資本金一〇〇〇万円ノ呼海鉄路公司ヲ設立シテヨリ初メテ具体化シ松浦ニ工程局ヲ置キ一九二七年一月馬船口綏化間ヲ開通シタル時資本金ノ大部分ヲ費消シタルヲ以テ一時施行ヲ中止シタリシカ一九二八年一二月馬船口海倫間二二一・一粁全線開通シタリ

而シテ本鉄道ハ哈爾浜黒河間ノ所謂浜黒鉄道ノ一部ヲ為スモノナルヲ以テ浜黒鉄道借款契約ニ依リ露亜銀行ハ本鉄道建設ニ

当リ支那政府ニ抗議セシモ支那側ハ該権益ハ一九一七年ノ露國革命ニ依リ消滅シタルモノト看做シ右抗議ニ耳ヲ藉サス着々敷設ヲ進行セシメタルモノナリ

而シテ本鉄道ノ建設ニ対シテ満鉄ハ所謂モーラルサポートヲ以テシタルモ具体的利権ヲ獲サリシタメ事変後ニ於テモ斉克鉄道同様北満政情ノ不安定ト相俟ツテ何等工作進捗セサリシカ馬占山軍ノ北退ノ際本鉄道ハ破壊シ去リタル為之カ復旧作業ト同時軍輸送ノ機関トシテ満鉄社員ヲ派遣シ呼海工事事務所ヲ設ケテ之ニ当ラシメタリ而シテ本鉄道ハ總局ノ管理ニ移ル迄遂ニ外部的工作ヲ存シ得サリシ最統唯一ノモノナリトス

第四　新設鉄道ノ請負契約

既設鉄道ノ接収工作ト平行シ懸案中ノ新設予定鉄道ノ敷設工事請負契約締結ノ工作ヲ進メタリ之即チ第一次予定線ト謂ハルルモノニシテ既得権益ノ新設鉄道ハ

(1) 吉敦延長線（敦化－老頭溝－延吉－図們江）即チ現在ノ京図線ノ一部

(2) 長大線（長春－農安－扶餘東岸－大賚）即チ現在ノ京白線ノ一部

(3) 延海線（延吉海林間但シ後変シテ両東－汪清－農安－牡丹江）即チ現在ノ図佳線ノ一部

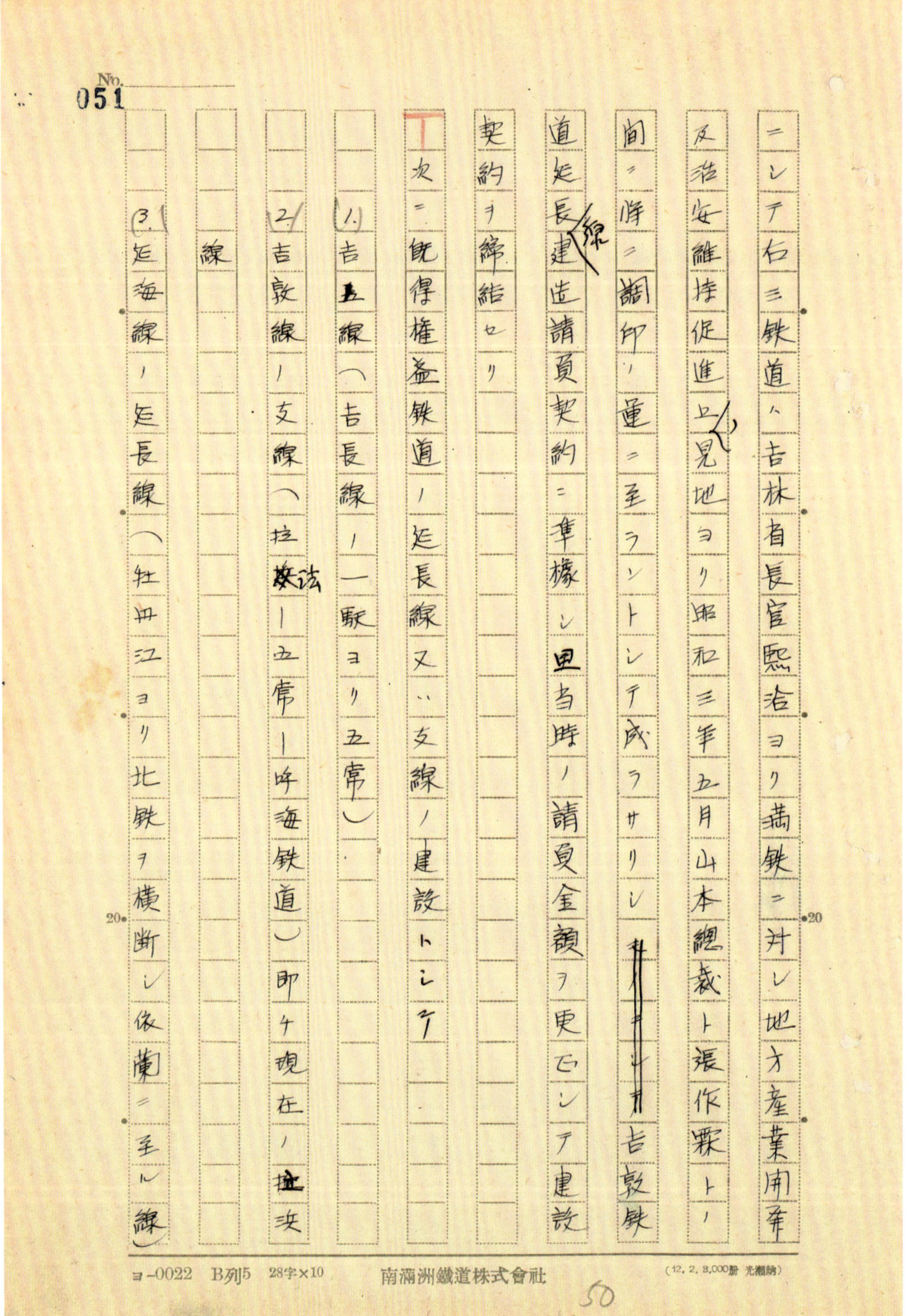

No. 051

ニシテ右三鉄道ハ吉林省長官熙洽ヨリ満鉄ニ対シ地方産業開発及治安維持促進上ノ見地ヨリ昭和三年五月山本總裁ト張作霖トノ間ニ降ニ調印ノ運ニ至ラントシテ成ラサリシ吉敦鉄道延長線建造請負契約ニ準據シ且当時ノ請負金額ヲ更正シテ建設契約ヲ締結セリ

次ニ既得権益鉄道ノ延長線又ハ支線ノ建設トシテ

1. 吉五線（吉長線ノ一駅ヨリ五常）

2. 吉敦線ノ支線（拉法—五常—呼海鉄道）即チ現在ノ拉浜線

3. 延海線ノ延長線（牡丹江ヨリ北鉄ヲ横断シ依蘭ニ至ル線）

ヨ-0022 B列5 28字×10 南滿洲鐵道株式會社 （12.2.3,000冊 光瀬納）

50

後変更サレテ現在ノ圖佳線ノ一部タリ

(4)長大線ノ支線(扶餘ヨリ哈海鉄道ニ連絡)

以上ノ四鉄道中(1)及(2)ハ吉敦延長線建造請負契約ニ、(3)ハ延海線建造請負契約ニ、(4)ハ長大線建造請負契約ニ準據シ吉林省長官熙洽ト満鉄間ニ建設請負契約ヲ締結シタルモ(1)及(4)ハ後変サレテ建設ヲ見ズシテ止ミタリ

第五、満洲國有鉄道ノ一元的委任経営

満洲國ハ昭和七年三月一日独立ヲ宣言シ其ノ行政機構ニ交通部ヲ設ケ交通ニ関スル行政ヲ司ラシメタリ而シテ満洲國領土内ニ存スル旧國家ノ資産ハ國際法ノ原則ニ基キ満洲國カ之ヲ継承スルハ勿論旧東三省政府及各省政府ノ所有スル資産モ当然満洲國有ト為ルモノトシ從ッテ満洲ニ於ケル鉄道中吉長、吉敦、吉海、奉山（既ニ分離独立セリ）、四洮、洮昂、洮索ノ七鉄道ハ國有トナリ其ノ後瀋海、斉克及呼海ノ三鉄道モ民株ヲ買収シテ國有ト為シタリ

次イテ三月一〇日溥儀執政ハ我カ本庄軍司令官ニ対シ「満洲

054
No.

國ハ日本國軍隊ノ國防上必要トスル鉄道、港湾、水路、航空路等ノ管理並新線ノ敷設ヲ日本國又ハ日本國ノ指定スル機関ニ委任スレル旨ノ文書ヲ呈出セラレ之ニ基キ軍司令官ハ内田満鉄総裁トノ間ニ極秘裡ニ満州ノ鉄道、港湾、河川、水運ノ委任経営並ニ新設等ニ関スル協定ニ調印シ別ニ軍司令官ト満州國國務総理トノ間ニ同一内容ニ関スル協定ヲ締結スルコトトナリ五月一二日附ヲ以テ軍司令官ヨリ執政宛承諾ノ旨回答セリ

軍司令官満鉄総裁間ノ協定ノ要旨ハ満鉄ハ軍司令官ノ指揮監督ノ下ニ満州國ノ鉄道、港湾、河川（附帯事業ヲ含ム）ノ経営ヲ委任セラルト共ニ諸規定、運賃及料金ノ制定並ニ改廃、予決算、利益金

ヨ-0022　B列5　28字×10　南滿洲鐵道株式會社　53　(12.2.3,000册 光潮納)

055 No.

及重要ナル財産ノ処分監督官ノ派遣等ヲ初メ種々ノ制限ヲ附シ
満鉄ノ有スル鉄道借款並工事請負契約ニ基ク債権額ヲ貸金総額
トシ鉄道港湾河川ニ属スル一切ノ財産（営業権ヲ含ム）ヲ担保
トスル借款契約ヲ満洲国ト満鉄トノ間ニ締結スルモノト規定シ其
ノ後軍、満鉄、東京政府間ニ具体的問題ニ関スル折衝ヲ遂ケタル後
昭和八年二月九日満洲国交通部総長ト満鉄総裁間ニ満洲国鉄道
借款及委任経営契約ヲ正式締結シタルニヨリ吉長、四洮、洮昂、吉敦、
瀋海、呼海（松花江及之ニ関連スル水路ニ於ケル水運事業ヲ含ム）
吉海、斉克、洮索及奉山（打通線及附属港湾ヲ含ム）ハ同年三月一
日其ノ経営機関トシテ設立セラレタル鉄路総局ニヨリテ一元的ニ経

ヨ-0022 B列5 28字×10 南滿洲鐵道株式會社 54 (12.2.3,000冊 光潮納)

053 No.

ヲ委任サルルコトトナリ茲ニ満洲鉄道接収問題ノ大團円トナリタリ

ヨ-0022 B列5 28字×10 南滿洲鐵道株式會社 55 (12.2.3,000册 光瀬納)

第六　結　論

満州鉄道問題ハ昭和六年九月一八日事変勃発ノ日ヨリ八年三月一日総局創立ニ至ル迄僅々一個年半ニシテ斯クモ兵馬倥偬ノ間ニ大成功ヲ遂ゲタル所以ノモノハ当時一方ノ間歇ノ指導的立場ニ在リタル軍ノ功績ナリト断スルモ過言ニ非ス即チ当時ノ満鉄ハ政党又ハ財閥ノ走狗ノ如ク見ラレ且ツ一部ノ先覚者ヲ除キ鉄道運営ノ当事者ハ大連中心主義ノ偏見ニ因ハレ中正公平ナル全満鉄道ノ経営ハ一般ニ期待シ得サルモトノ観測アリタリ之ニ及シ軍ハ其ノ機動作戦上ノ必要ヨリ鉄道其ノ他ノ交通機関ノ処理ニ関シ絶対重大ナル注意ヲ払ヒ既ニ事変前ヨリ研究ヲ怠ラサ

サリシカ事変後ハ先ヅ関東軍参謀部第三課ニ於テ各地ノ特務機関長ト連繋シ應急ノ処置ヲ採リ次イデ昭和六年一二月一八日軍ニ満洲國建國ノ準備機関トシテ統治部カ設置サルルヤ交通課ヲ設ケテ之ニ当ラシメ統治部カ其ノ任務ヲ完ヲシテ七年二月三日特務部ニ改変サルルヤ其中ニ第二委員會ヲ設ケテ満洲鐵道ノ根本問題ノ解決ト國際聯盟調査員ニ対スル準備等ヲ為シ委任経営ノ決定ト共ニ単ニ交通監督部ヲ設ケテ鉄道経営ノ指導監督ニ当ラシメ常ニ鉄道問題解決ノ枢軸ヲ把握タリ

而シテ以上ハ總テ内面的工作ニシテ事ヲ処理スルニ当リテハ表面省政府鉄路局又ハ満鉄等ノ各機関ヲシテ事ニ当ラシメ■手

ヨ-0022　B列5　28字×10　南滿洲鐵道株式會社　(12. 2. 3,000冊 光瀾納)

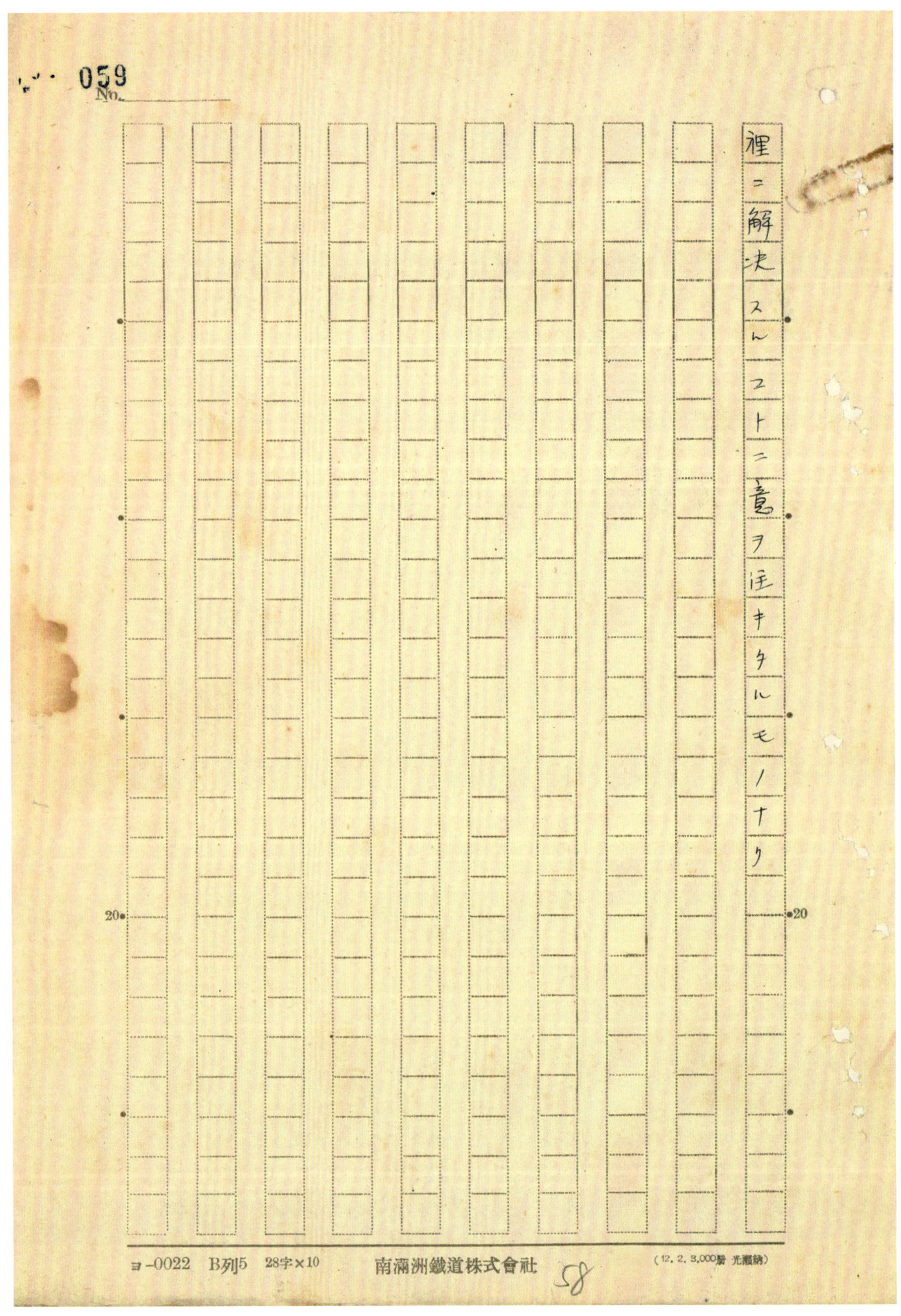
059
No.

裡ニ解決スルコトニ意ヲ注キタルモノナリ

ヨ-0022 B列5 28字×10 南滿洲鐵道株式會社 58 (12, 2, 3,000冊 光淵納)

二、扶植侵华势力

满铁社长室文书课关于帝国在乡军人会满洲联合支部总会经费补助事致帝国在乡军人会满洲联合支部的函

（一九二六年九月十五日）

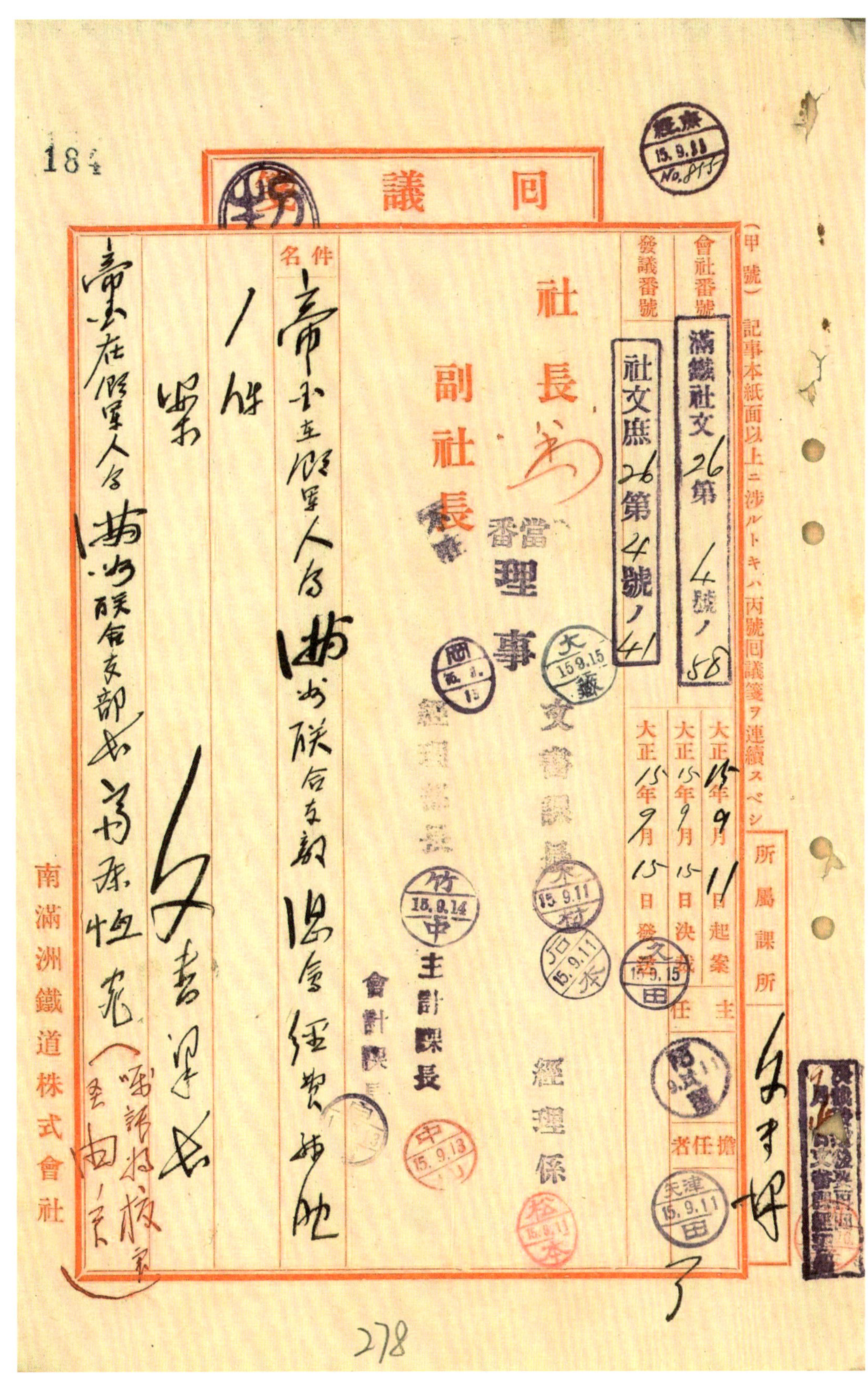

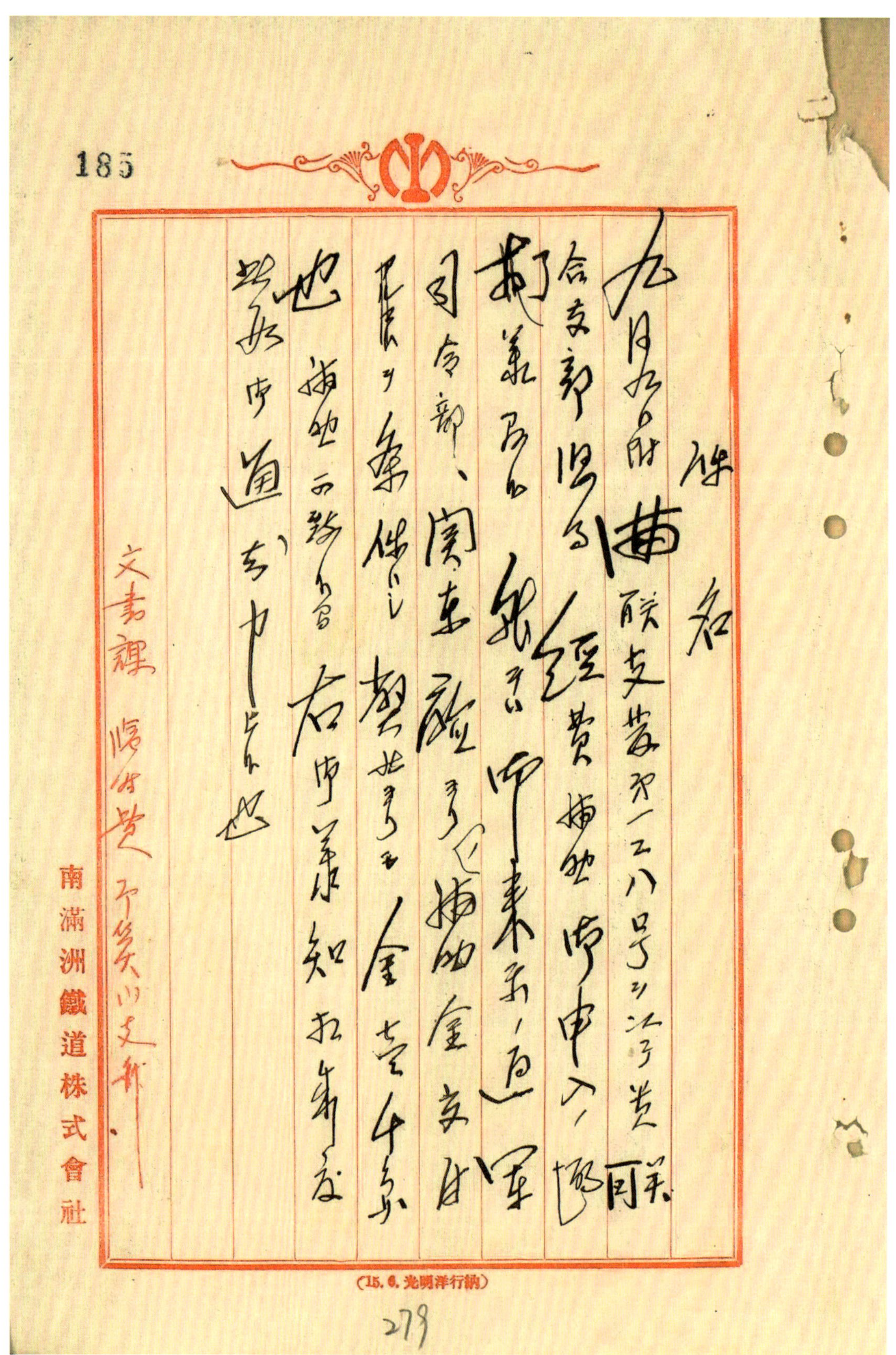

185

件名

九月廿日附貴聯支發第一二八号ヲ以テ貴聯合支部ヨリ經費補助方申入ノ趣承了

義ニ就テハ御来示ノ通軍司令部、関東廳ヨリ補助金交付相成ルヲ条件トシ當社ヨリ金壹千円也補助ノ事ニ決定右御承知相成度

此段御通知方申上候也

文書課 臨時費 予算ハ支部

南滿洲鐵道株式會社

(15. 6. 光明洋行納)

279

满铁社长室文书课关于向帝国在乡军人会满洲联合支部总会发放补助金事致帝国在乡军人会满洲联合支部的函

（一九二六年九月二十七日）

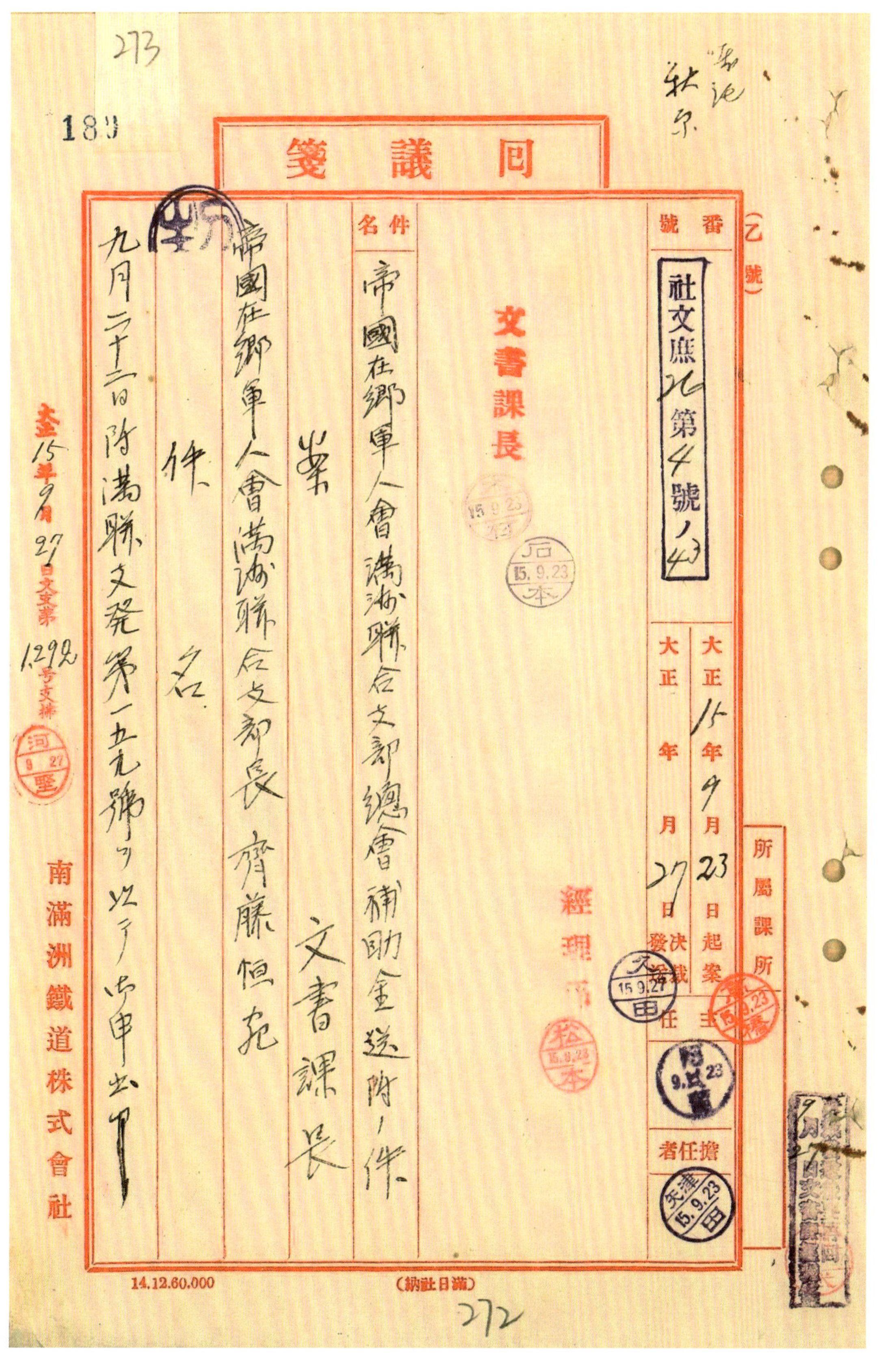

273

189

回議箋

（乙號）

番號 社文庶26第4號ノ43

大正15年9月23日起案

大正15年9月27日發決裁

件名 帝國在鄉軍人會滿洲聯合支部總會補助金送附ノ件

文書課長

案

文書課長

帝國在鄉軍人會滿洲聯合支部長 齋藤恒殿

件名

九月二十二日附滿聯文發第一五九號ヲ以テノ御申出ノ

大正15年9月27日文書第1292號

經理部

南滿洲鐵道株式會社

14.12.60.000

（滿日社納）

272

181

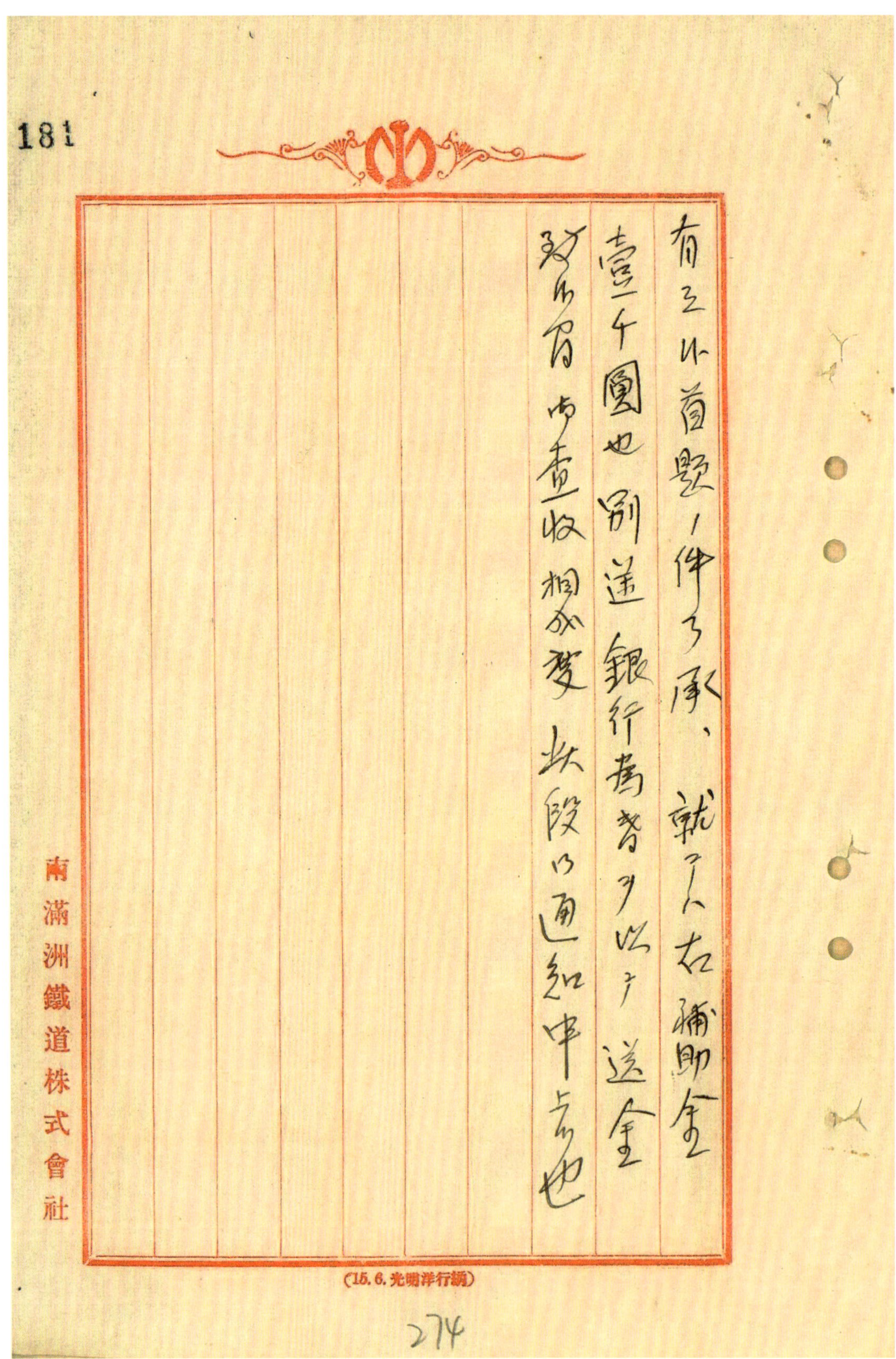
有之ニ付首題ノ件ヲ承ケ、就テハ右補助金
壹千圓也別途銀行為替ヲ以テ送金
致候間御査收相成度 此段以而通知申上候也

南滿洲鐵道株式會社

(15.6.光明洋行納)

274

3-3

满铁社长室文书课课长木村通关于同意担任帝国在乡军人会满洲联合支部名誉会员及顾问事致帝国在乡军人会满洲联合支部的函（一九二七年一月二十九日）

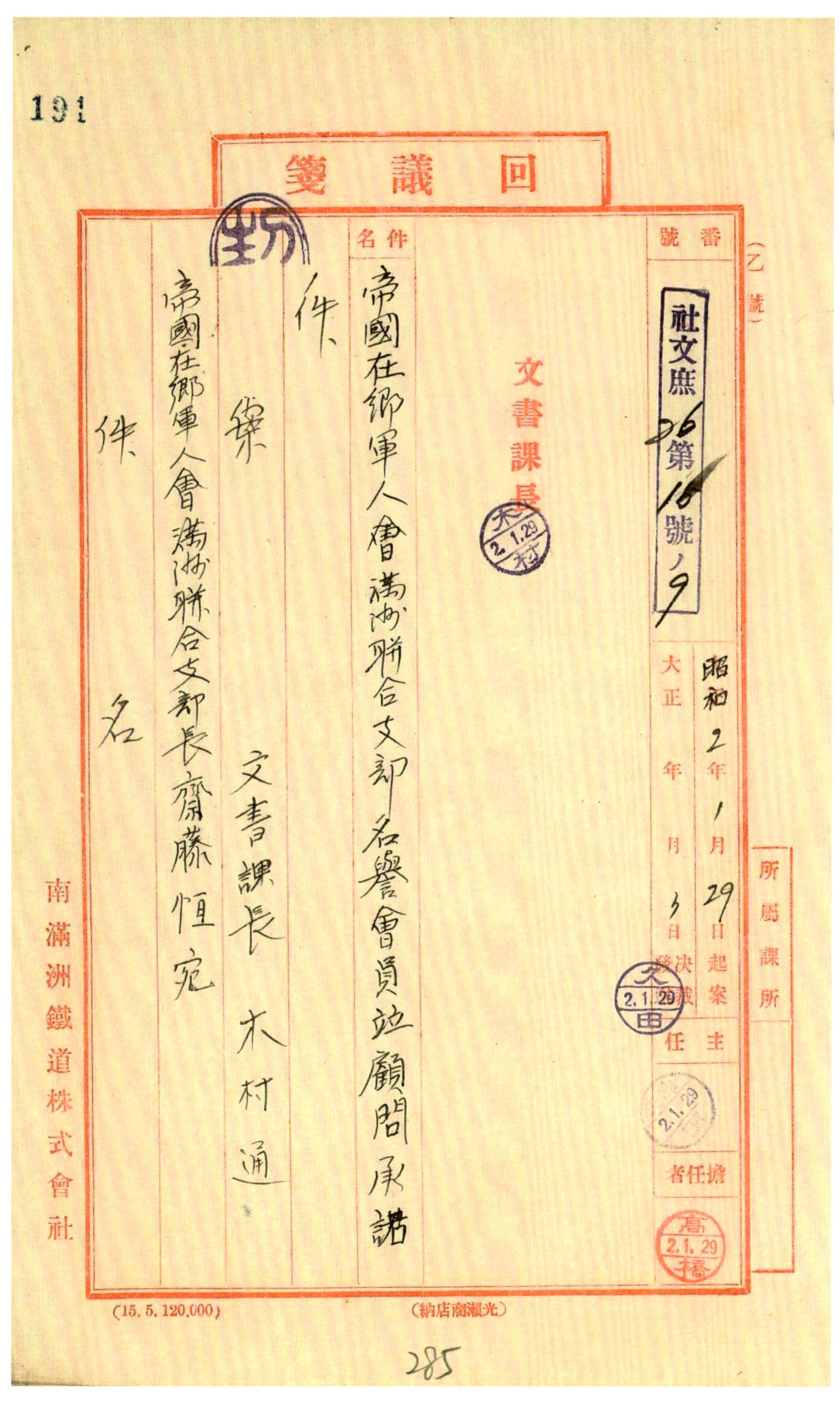

191

回議箋

番號 （乙號） 社文庶26第16號ノ9

昭和2年1月29日起案 大正 年 月 3日決裁

主任 所屬課所 擔任者

文書課長

件名 帝國在鄉軍人會滿洲聯合支部名譽會員並顧問承諾

件

案

帝國在鄉軍人會滿洲聯合支部長齋藤恒宛

文書課長 木村通

件名

南滿洲鐵道株式會社

(15, 5. 120,000) （光瀬商店納）

285

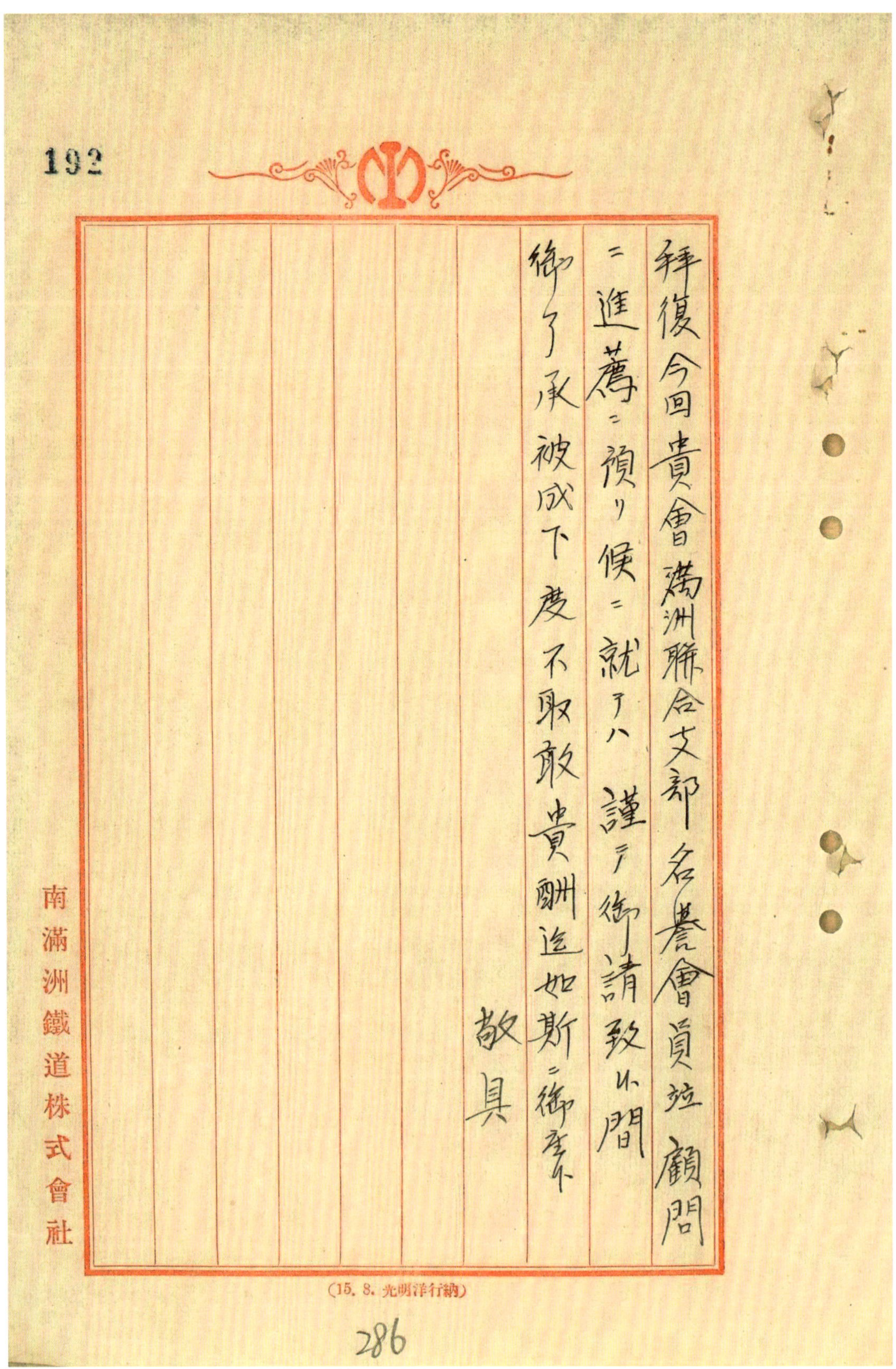
192

拜復今回貴會滿洲聯合支部名誉會員竝顧問ニ進薦ニ預リ候ニ就テハ謹テ御請致ス間御了承被成下度不取敢貴酬迄如斯ニ御座候

敬具

南滿洲鐵道株式會社

（15. 8. 光明洋行納）

286

008

南満洲鐵道株式會社　(タイプ紙1號)

満鐵庶庶二七第六號ノ五

昭和二年六月二十日

社長

奉天
總領事宛

奉海鐵道枝線敷設計畫ニ對シ抗議方請願ノ件

拜啓曩ニ奉海鐵道敷設ニ着手セル奉天省官憲ハ今般同線北山城子以北ノ幹線敷設ヲ一時中止シ同地ヨリ東豐縣ヲ經テ西安炭坑ニ至ル延長約四十哩枝線ノ敷設ヲ計畫シ既ニ同區間ノ踏査測量ヲ了シ其ノ速成ニ努力シツツアリトノ報ニ接シ候（在陶鹿領事

(5.2. 鮎川納)

8

039

(タイプ紙1號) 南滿洲鐵道株式會社

館主任ヨリ外務大臣宛五月三十日附機密第六五公信參照）同枝線完成ノ曉ニ於テハ同枝線一圓ノ地方物資ヲ吸收シ弊社線ノ有力ナル競爭線トナリ將來同枝線ヨリ甚大ノ脅威ヲ受クルハ疑ノ餘地無之ニ付弊社トシテハ該枝線敷設計畫ヲ絶体ニ默認スルコトヲ得ス候將又曩ニ奉海鐵道敷設ニ關聯シ帝國政府ハ今般東三省官憲ヨリ若奉天省側カ奉天省城ヨリ海龍城ニ至ル鐵道ヲ自ラ建築スルトキハ日本側ハ開原ヨリ海龍城ニ至ル鐵道ヲ建築セサルコトヲ承認スル旨正式ニ聲明被致候處右聲明ハ單ニ奉天海龍間ノ鐵道ニ限リ支那側カ之ヲ建造スルコトヲ容認シ且日本側ニ於テ開海線ヲ敷設セサルコトヲ約諾シタル迄ニテ其ノ結果奉天

(5.2. 鮎川納)

9

省側カ前記奉海本線ヨリ任意ニ南滿線ノ利益ヲ害スヘキ鐵道ヲモ建造シ得ルコトヲ承認シタル趣旨ニ非サル義ト了解致候近來海吉線打通線敷設計畫等東三省官憲カ條約上正當ナル我權利ヲ無視蹂躙スルノ態度顯著ノ事實ナルニ顧ミ本件ニ關シテモソノ儘之ヲ放置セハ將來弊社カ願ル苦境ニ陷ルヘキ慢ナキヲ保セス深憂ニ堪ヘス候ニ付右奉天省側ノ奉海鐵道枝線敷設計畫ニ對シ明治三十八年十二月二十二日日清滿洲善後附屬協定附帶聲明ニ基キ帝國政府ヨリ嚴重ナル抗議ヲ提出有之候樣御配慮被成下度此段奉願上候　敬具

满铁庶务部庶务课关于向和登良吉赠与酬谢金事的回议笺（一九二七年七月七日）

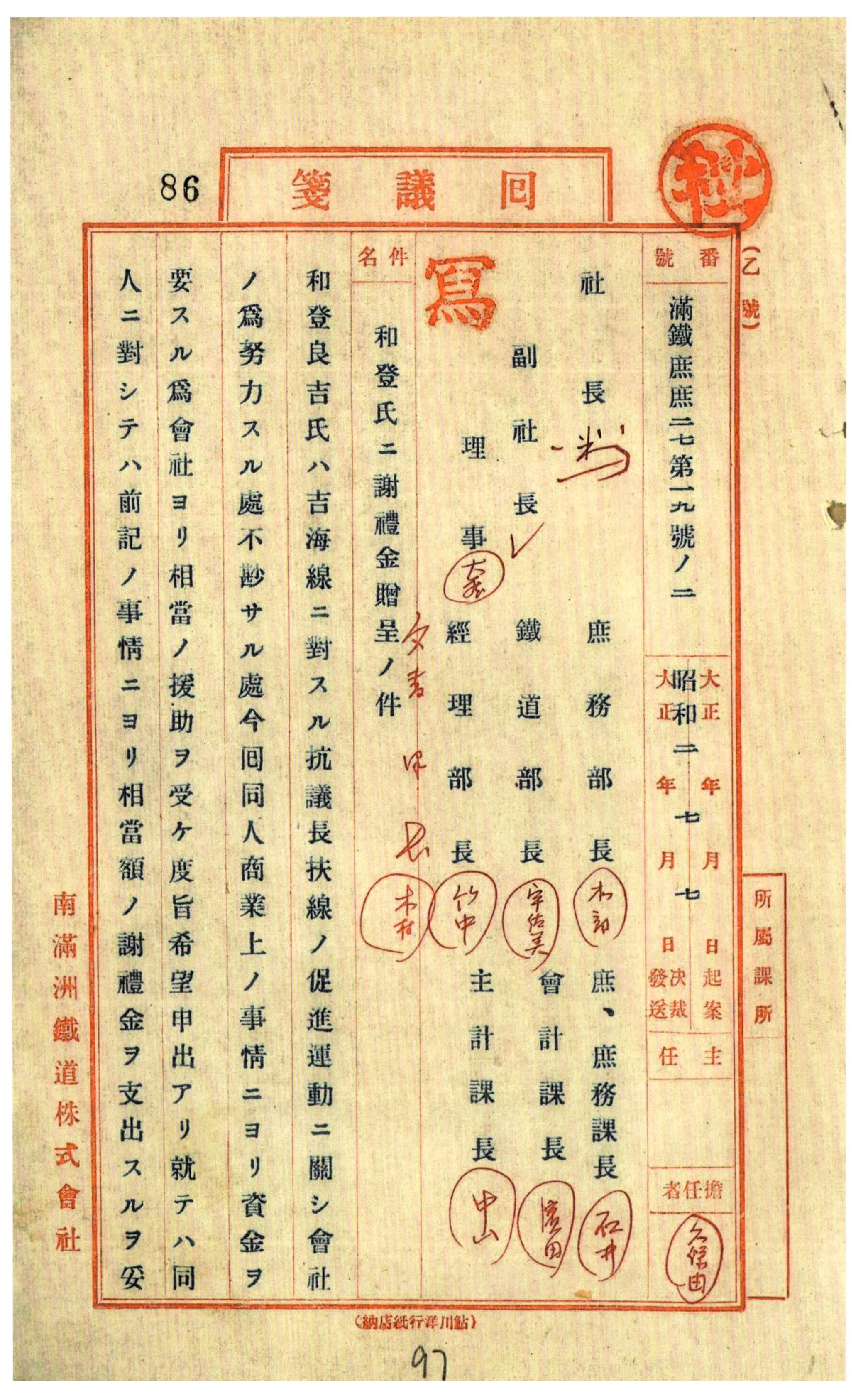

86

回議箋

（乙號）

番號　滿鐵庶庶二七第一九號ノ二

大正　年　月　日起案
昭和二年七月七日決裁
大正　年　月　日發送

主任

所屬課所

擔任者

社長

副社長

理事

經理部長

鐵道部長

庶務部長

庶、庶務課長

會計課長

主計課長

件名　和登氏ニ謝禮金贈呈ノ件

寫

和登良吉氏ハ吉海線ニ對スル抗議長扶線ノ促進運動ニ關シ會社ノ為努力スル處不尠サル處今回同人商業上ノ事情ニヨリ資金ヲ要スル為會社ヨリ相當ノ援助ヲ受ケ度旨希望申出アリ就テハ同人ニ對シテハ前記ノ事情ニヨリ相當額ノ謝禮金ヲ支出スルヲ妥

南滿洲鐵道株式會社

（結川洋行紙店納）

97

當ト認メラルルニ付其ノ一部分トシテ不取敢金五千圓也同氏ニ
贈與可然哉

本謝禮金五千圓也ハ和登ノ會社ニ對スル債務ト相殺セス現金
ニテ交付サレタシ大藏理事ノ依命

庶務部 代払

日本关东厅长官木下谦次郎关于向帝国在乡军人分会提供补助事致满铁社长山本条太郎的函（一九二八年一月二十五日）

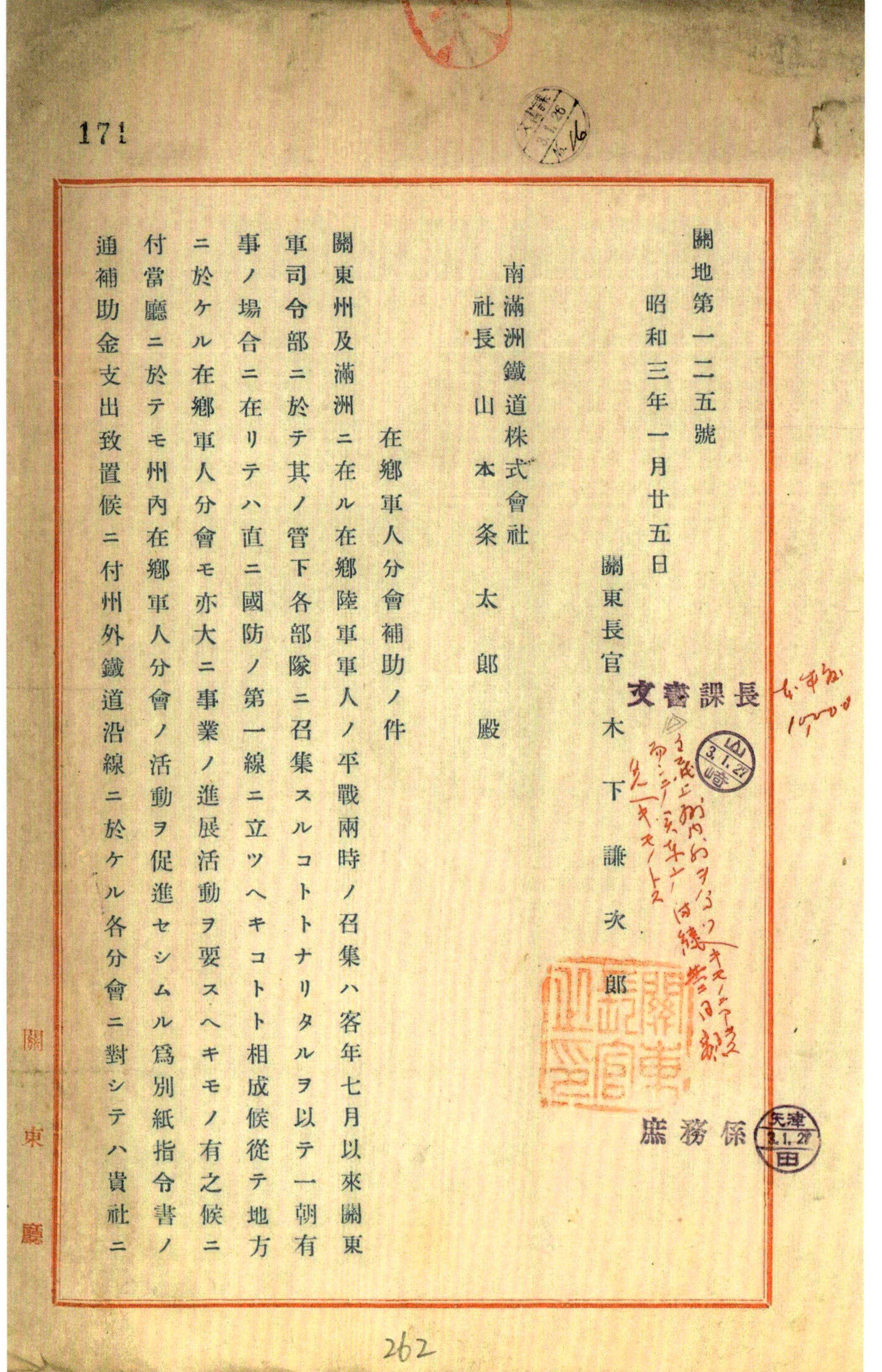

171

關地第一二五號

昭和三年一月廿五日

關東長官　木下謙次郎

南滿洲鐵道株式會社

社長　山本条太郎　殿

在鄉軍人分會補助ノ件

關東州及滿洲ニ在ル在鄉陸軍軍人ノ平戰兩時ノ召集ハ客年七月以來關東軍司令部ニ於テ其ノ管下各部隊ニ召集スルコトトナリタルヲ以テ一朝有事ノ場合ニ在リテハ直ニ國防ノ第一線ニ立ツヘキコトト相成候從テ地方ニ於ケル在鄉軍人分會モ亦大ニ事業ノ進展活動ヲ要スヘキモノ有之候ニ付當廳ニ於テモ州內在鄉軍人分會ノ活動ヲ促進セシムル爲別紙指令書ノ通補助金支出致置候ニ付州外鐵道沿線ニ於ケル各分會ニ對シテハ貴社ニ

文書課長

庶務係

關東廳

262

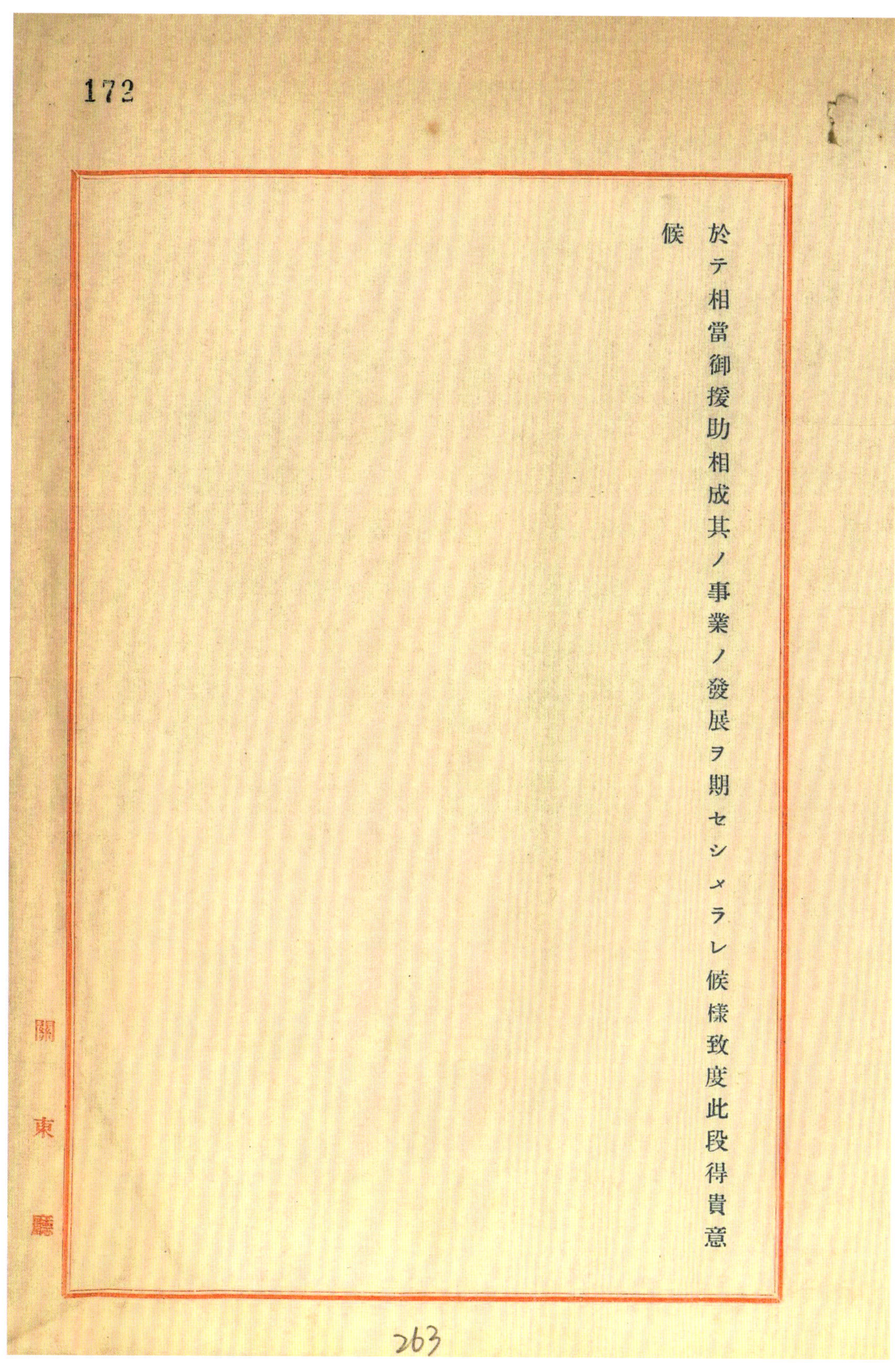

172

於テ相當御援助相成其ノ事業ノ發展ヲ期セシメラレ候様致度此段得貴意

候

關東廳

263

日本关东厅长官木下谦次郎关于向帝国在乡军人会下发补助金事致帝国在乡军人会满洲联合支部部长斋藤恒的指令（一九二八年一月二十五日）

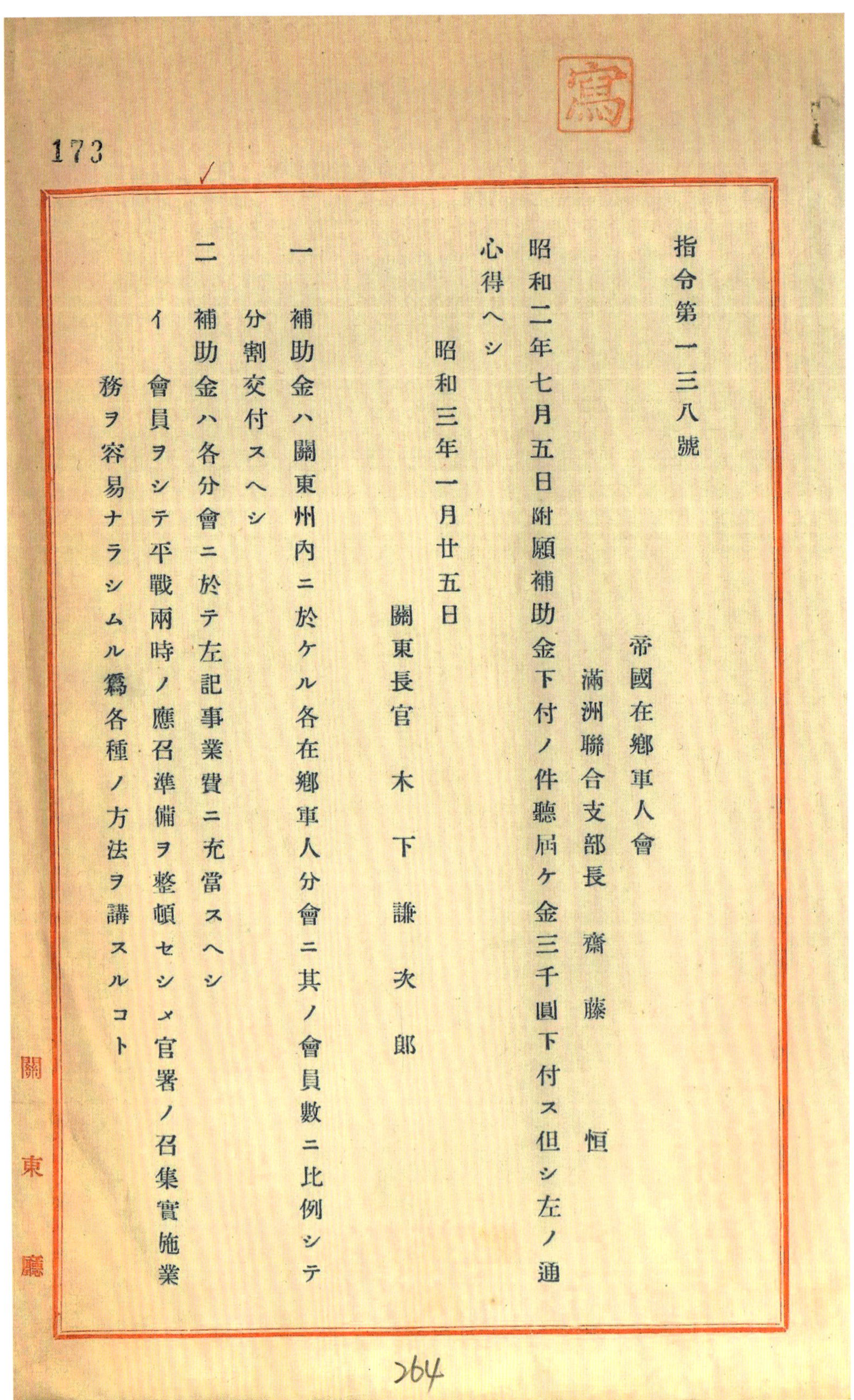

寫

173

指令第一三八號

帝國在鄉軍人會
滿洲聯合支部長　齋藤　恒

昭和二年七月五日附願補助金下付ノ件聽屆ケ金三千圓下付ス但シ左ノ通心得ヘシ

昭和三年一月廿五日

關東長官　木下謙次郎

一　補助金ハ關東州內ニ於ケル各在鄉軍人分會ニ其ノ會員數ニ比例シテ分割交付スヘシ

二　補助金ハ各分會ニ於テ左記事業費ニ充當スヘシ

イ　會員ヲシテ平戰兩時ノ應召準備ヲ整頓セシメ官署ノ召集實施業務ヲ容易ナラシムル爲各種ノ方法ヲ講スルコト

關東廳

264

174

ロ　未入營會員ヲ指導誘掖シテ軍人會ノ目的ヲ貫徹スルコト

三　各分會ノ事業成績及收支決算ハ年度經過後二箇月以內ニ取纒メ報告スヘシ

關東廳

265

满铁社长室文书课关于援助吉林外交署秘书赵宏毅事的回议笺（一九二八年二月十四日）

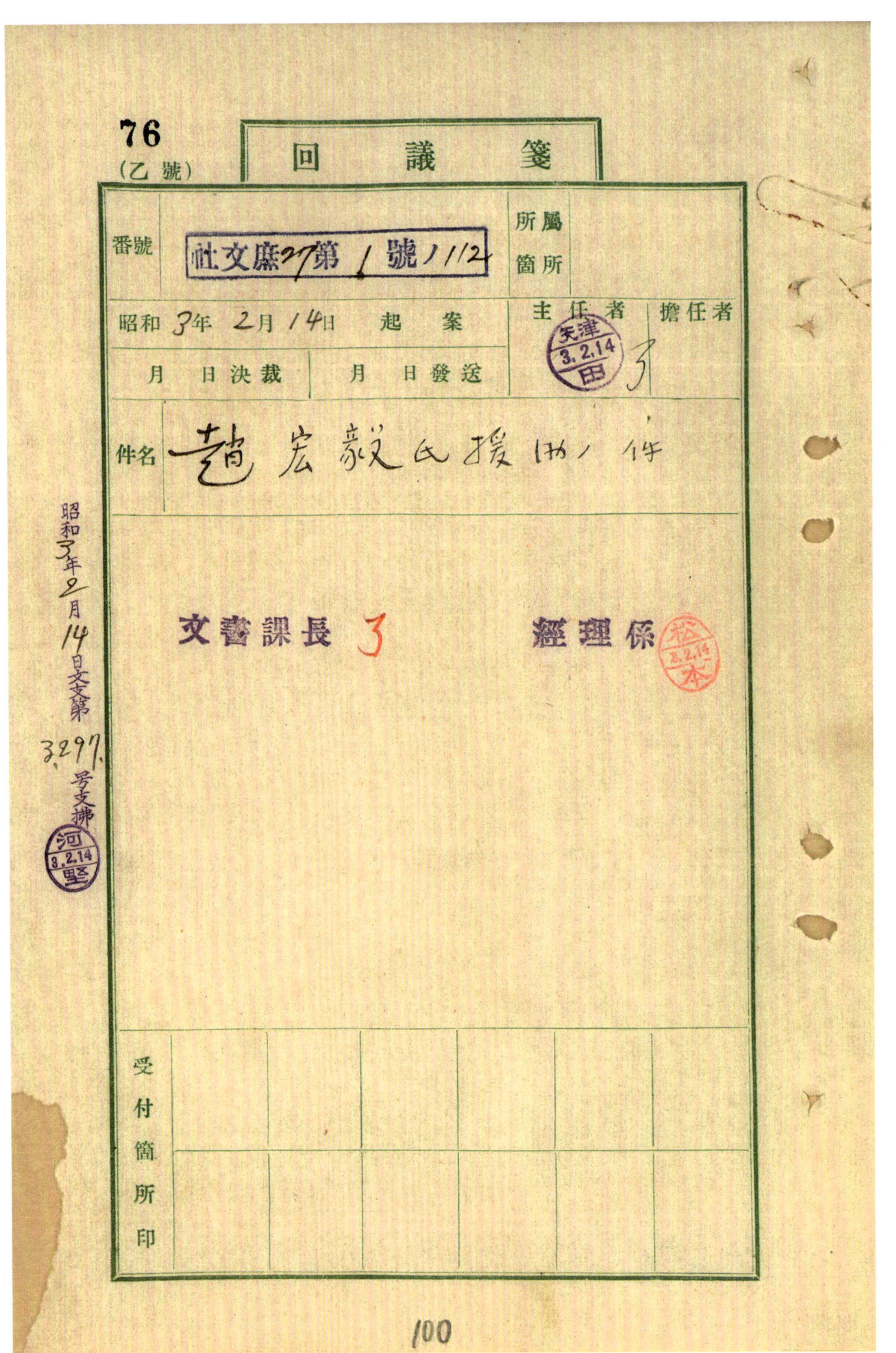

76
（乙號）

回議箋

番號	社文庶27第1號1112	所屬箇所	
昭和3年2月14日起案		主任者	擔任者
月日決裁	月日發送	天津 3.2.14 田	

件名 趙宏毅氏援助ノ件

文書課長　經理係 松本 3.2.14

昭和3年2月14日文支第3297號支拂 河堅 3.2.14

受付箇所印

100

(155—2)

奉吉林外交署報告。奉撫
順縣公署通訳逵宗毅
氏ハ左記當時各地ノ土地
買收、英炭礦交渉ニ就
キ常ニ厚意ヲ示サレタルガ失脚
後窮迫セル趣ニテ東北
援助方申出アリタルニ就テハ
同氏左記ノ厚意ニ酬
ユル意味ヲ以テ金100円也
支出致度至急指示ヲ煩シ

(2.3.鮎川洋行納) (300,000)

满铁社长室文书课关于决定向帝国在乡军人会满洲联合支部支付补助经费事的回议笺（一九二八年六月四日）

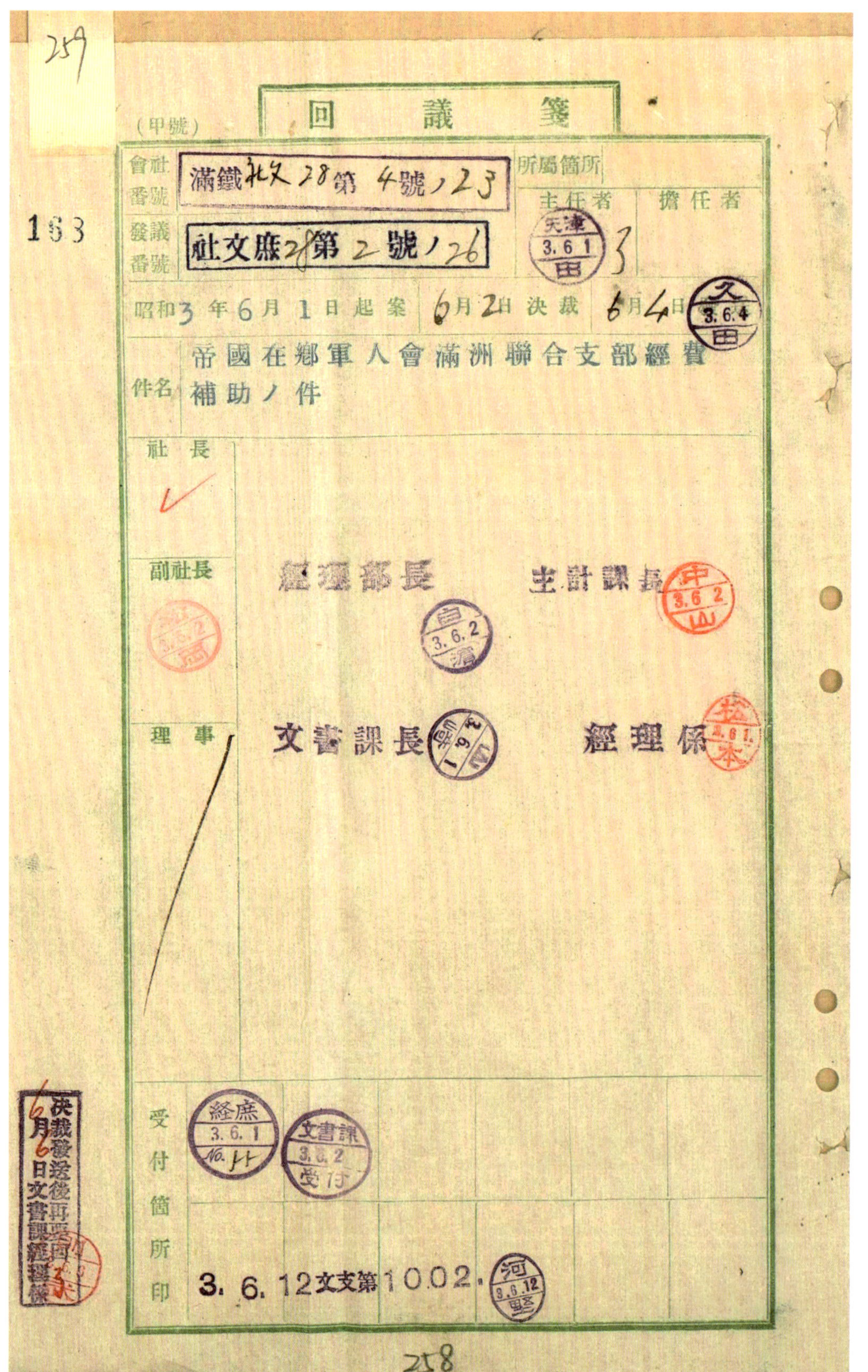

259

（甲號）　回議箋

163

會社番號：滿鐵社文28第4號ノ123

發議番號：社文庶28第2號ノ126

所屬箇所

主任者　擔任者

昭和3年6月1日起案　6月2日決裁　6月4日

件名：帝國在鄉軍人會滿洲聯合支部經費補助ノ件

社長

副社長

理事

經理部長　主計課長

文書課長　經理係

受付箇所印

3.6.12文支第10.02

決裁發送後再要回文書課經理係

258

169

(155—4)　南滿洲鐵道株式會社

案　社　長

帝國在郷軍人會
滿洲聯合支部長　齋藤恒宛

件　名

拜啓陳者關東長官ヨリ特ニ御慫慂ノ次第モ有之候ニ就テハ貴會下記事業援助ノ意味ヲ以テ當分ノ間毎年度金10,000圓也補助可致ニ付御承知相成度此ノ段得貴意候也

追而毎年度事業成績收支決算御報告相受度申添候

記

1. 會員ヲシテ平戰兩時ノ應召準備ヲ整頓セシメ召集實施業務ヲ容易ナラシムルコト

2. 未入營會員ヲ指導誘掖スルコト

(2.9. 堀内商店納)

260

170

(155—4) 南滿洲鐵道株式會社

案ノ2

社長

關東長官宛

件名

拜復首題ノ件ニ關シ1月25日附關地第125號ヲ以テ御照會ノ趣了承致候就テハ同支部ニ對シ每年度金10,000圓也補助ノコトニ取計別紙寫ノ通支部長宛通知致置候間御了承被成下度候也

臨時費支弁

(新規)

補助金ハ第二新規計上ヲ要ス

(2.9.堀内商店納)

261

满铁铁岭地方事务所关于组建新台子自警团事致满铁地方部的函（一九二八年六月四日）

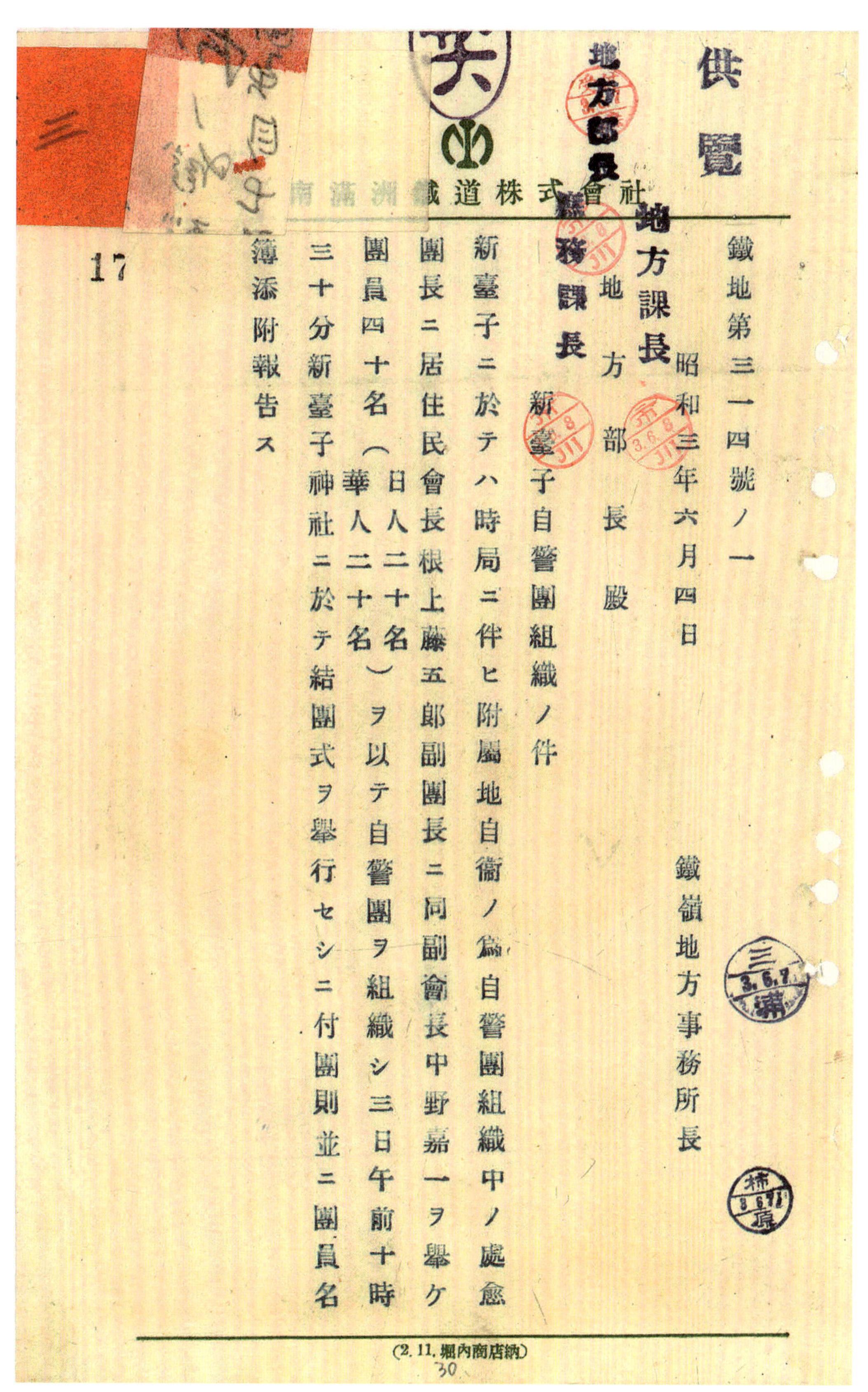

供覽

南滿洲鐵道株式會社

17

鐵地第三一四號ノ一

昭和三年六月四日

鐵嶺地方事務所長

地方課長

地方部長

庶務課長

地方部長殿

新臺子自警團組織ノ件

新臺子ニ於テハ時局ニ伴ヒ附屬地自衛ノ爲自警團組織中ノ處愈團長ニ居住民會長根上藤五郎副團長ニ同副會長中野嘉一ヲ擧ケ團員四十名（日人二十名 華人二十名）ヲ以テ自警團ヲ組織シ三日午前十時三十分新臺子神社ニ於テ結團式ヲ擧行セシニ付團則並ニ團員名簿添附報告ス

(2.11.堀内商店納)

30

附：新台子自警团规约

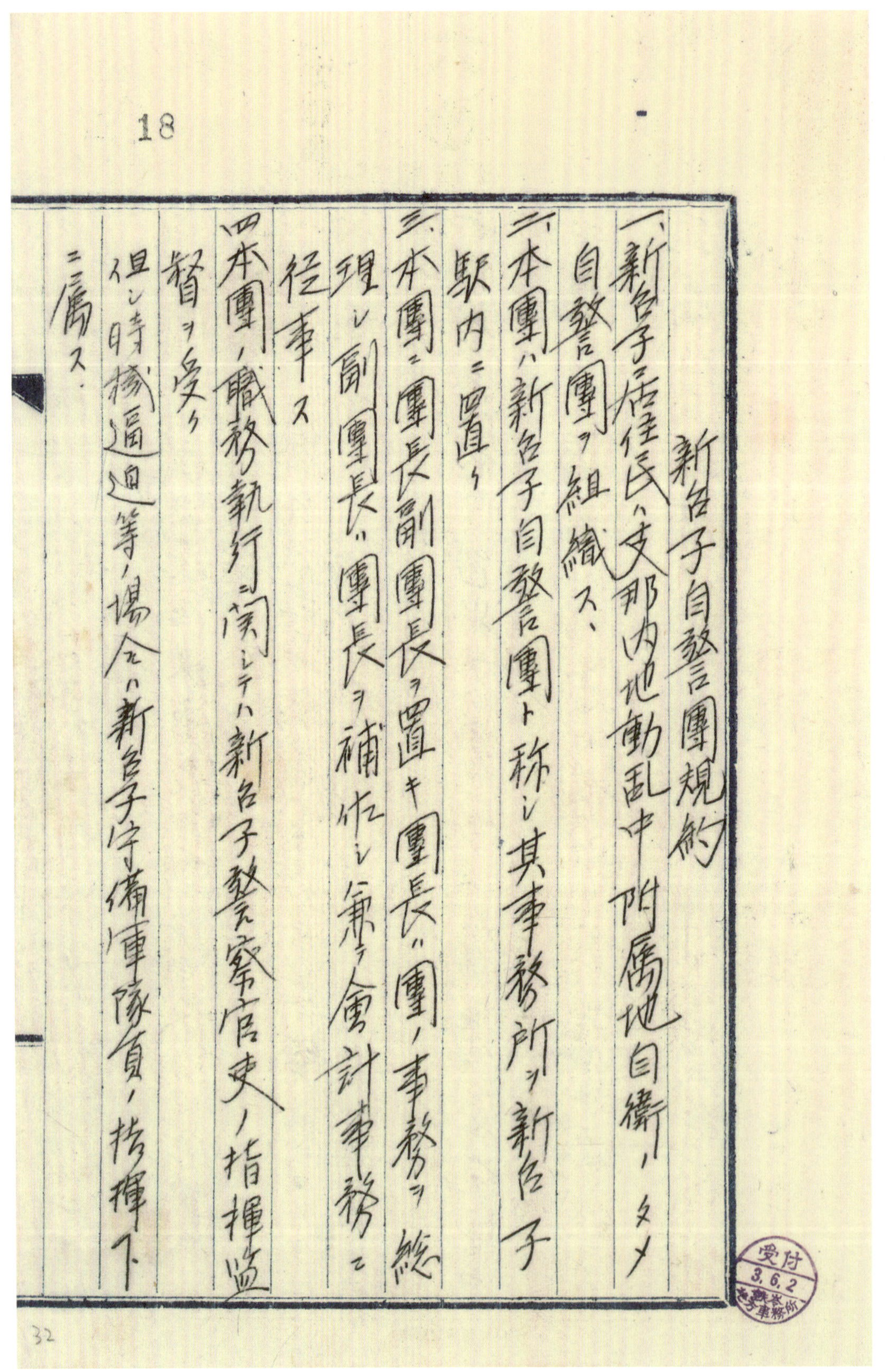

18

新台子自警團規約

一、新台子居住民ハ支那内地動乱中附属地自衛ノタメ自警團ヲ組織ス、

二、本團ハ新台子自警團ト称シ其事務所ヲ新台子駅内ニ置ク

三、本團ニ團長副團長ヲ置キ團長ハ團ノ事務ヲ総理シ副團長ハ團長ヲ補佐シ兼テ會計事務ニ従事ス

四、本團ノ職務執行ニ関シテハ新台子警察官吏ノ指揮監督ヲ受ク

但シ時機逼迫等ノ場合ハ新台子守備軍隊員ノ指揮下ニ属ス、

受付 3.6.2

32

五、第一項ノ目的ヲ達成スルタメ團員四十名（日人二十名 華人二十名）ヲ置キ附属地内ヲ警戒ス

六、本團ノ團長ニハ居住民會長ヲ副團長ニハ居住民副會長ヲシテ之レニ充ツ、

七、團員ニハ各自銃器一挺彈藥若干ヲ携帯セシム

八、本團ノ團員ニハ成ルヘク業務ニ差支ナキモノヲ選定シニシテ自警ノ目的ヲ達成セシム、

九、團員警戒中匪賊又ハ擧動不審ノ者ヲ発見シタルトキハ直チニ逮捕シ指揮者ニ引キ渡スヘシ

十、團員ハ指揮者ノ指示ナキ場合ノ外濫リニ発砲スルコトヲ得ス

十一、團員ハ勤務中発生セシ事件ハ直チニ指揮者

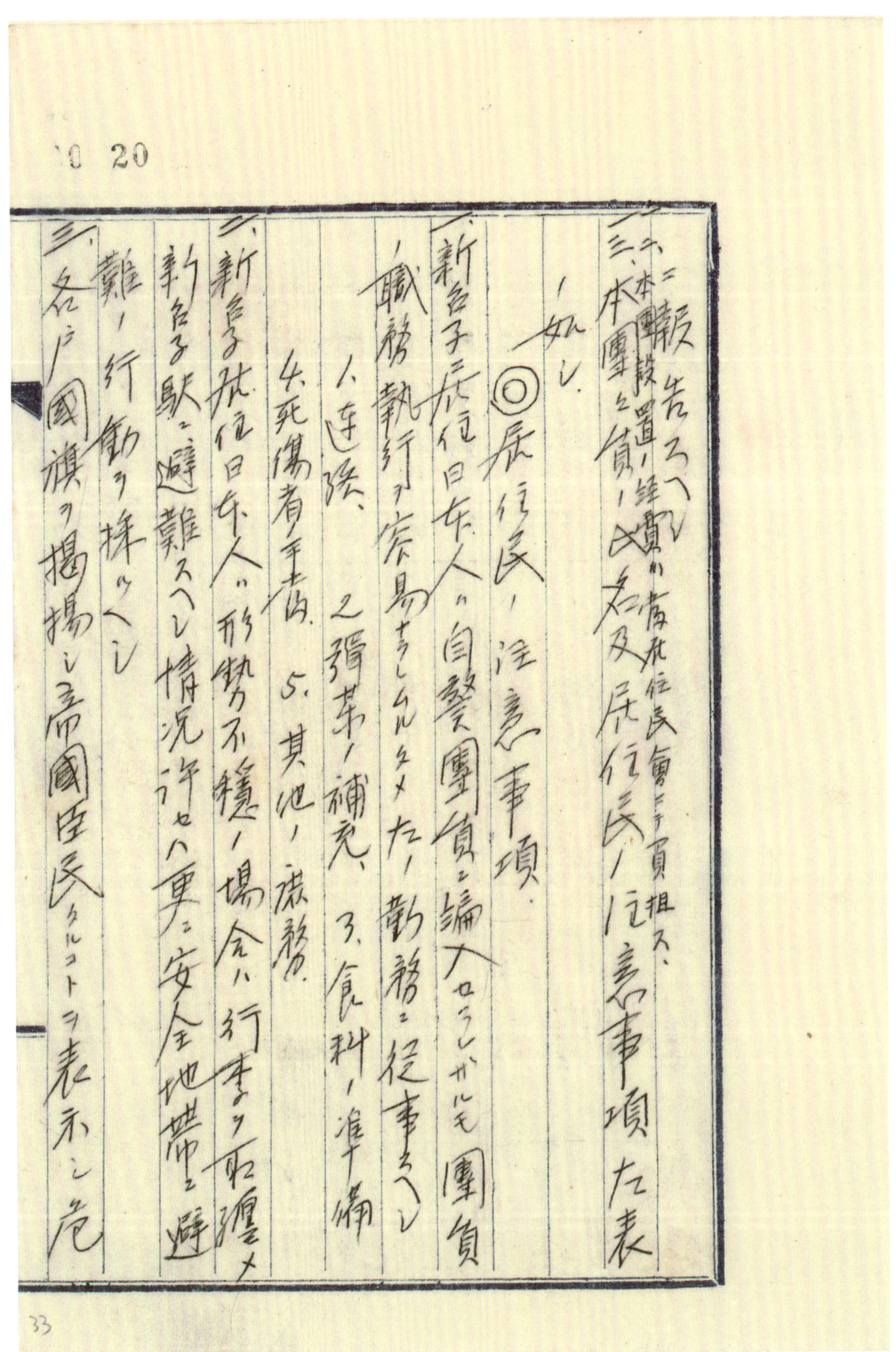

20

報告スヘシ
二、本團設置ノ趣旨ハ居住民會ニテ貫徹ス
三、本團々員ノ氏名及居住民ノ注意事項左表ノ如シ
◎居住民ノ注意事項
一、新台子ニ於ケル在住日本人ハ自警團員ニ編入セラレザルモ團員ノ職務執行ヲ容易ナラシムル為左ノ勤務ニ従事スヘシ
1、連絡、2、彈薬ノ補充、3、食料ノ準備
4、死傷者ノ手當、5、其他ノ雑務
二、新台子在住日本人ハ形勢不穏ノ場合ハ行李ヲ取纏メ新台子駅ニ避難スヘシ情況許セハ更ニ安全地帯ニ避難ノ行動ヲ採ルヘシ
三、各戸ハ國旗ヲ掲揚シ帝國臣民タルコトヲ表示シ危

33

四、其他ハ随時團長ヨリ通知ス（実ハ遅クベシ）

◎自警團員ノ人名表

團長 根上藤五郎	團員 笹山金五郎	團員 平田賢德　川上唯一
副團長 中野嘉一	〃 小林学	〃 末本安平　檜水角吉
團員 稲田長四郎	〃 若杉正治郎	〃 楊纏春（震泰東）
〃 石野星治	〃 井上貞次郎	〃 呂長庚（裕和永）
〃 中井頼之助	〃 飯田伍一郎	〃 王興武（德增油坊）
〃 福永英雄	〃 岡山源熊	〃 何希賓（天興達）
〃 延主茂三郎	〃 鈴木二郎　佐藤忠義	〃 李維岡（天增祥）
〃 高橋為吉	〃 岩元清志　小倉繁	〃 鄒文閣（文聚增）
〃 藪下頼二	〃 江頭正春　坂本政次	〃 高台三（聚豊長）

22

團員 王財（廣義豐）	團員 馬有山（文彩榮）	團員 郭長清（福聚興）
〃 王俊英（福源泰）	〃 李高盛（積泉公）	〃 魏福堂（德源長）
〃 高恒維（天泰恒）	〃 張利（天順恒）	〃 趙高福（榮盛公）
〃 賀祥九（德增永）	〃 刑元聚（德增順）	
〃 馬貴卿（同昌和）	〃 王鳳綱（永義興）	

備考

イ、一行ニ二名ノ連記ハ業務ノ関係ヲ顧慮シタルモノニシテ二名ノ中何レカ一名ト承知セラルベシ

乙、華人團員ハ各自銃器彈薬ヲ携行スヘシ

尚姓名左側（ ）内ハ屋号トス

34

帝国在乡军人会满洲联合支部部长斋藤恒关于感谢捐赠补助金事致满铁社长山本条太郎的函
（一九二八年六月九日）

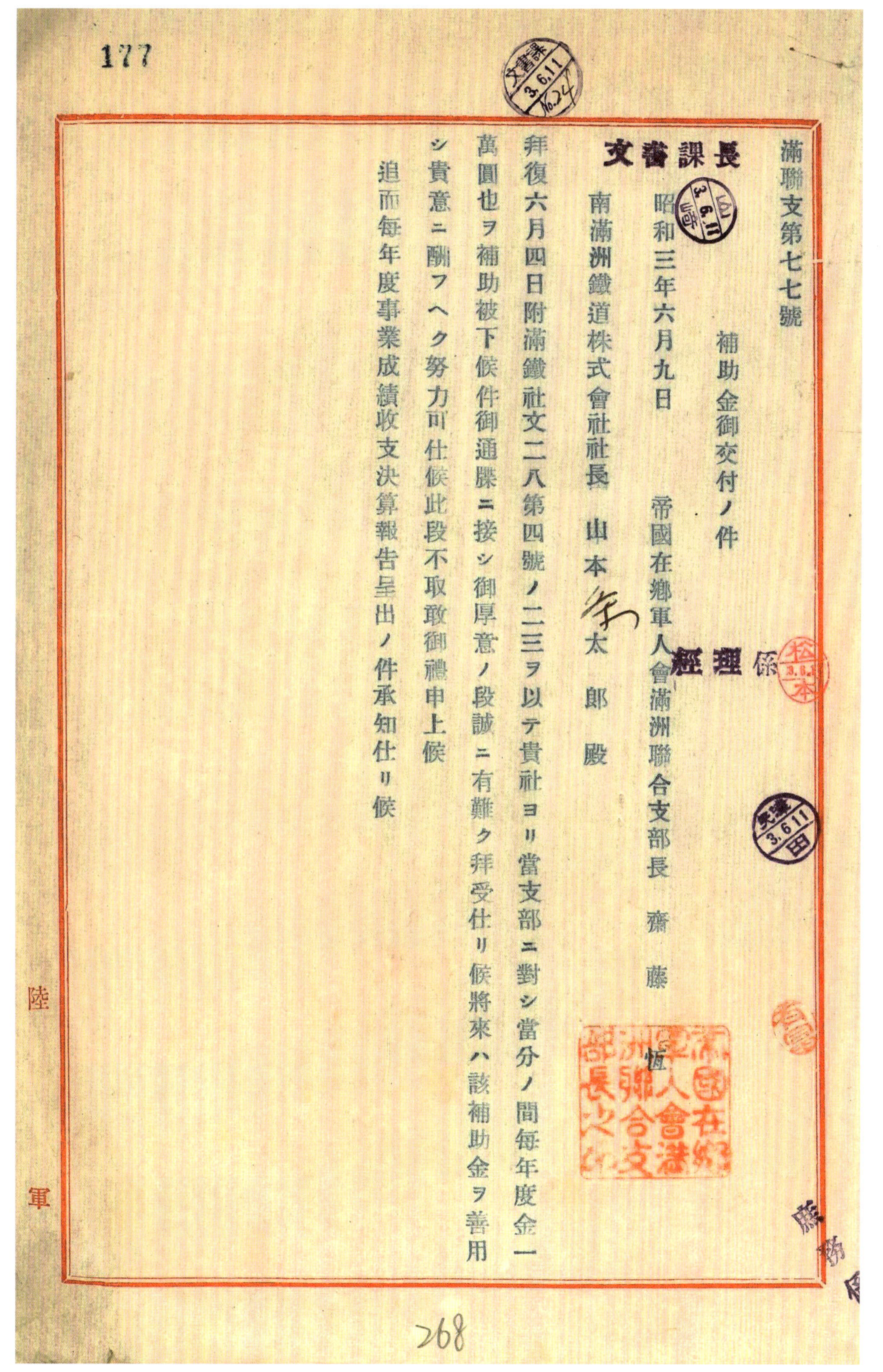

177

滿聯支第七七號

長課書文

補助金御交付ノ件

昭和三年六月九日

帝國在鄉軍人會滿洲聯合支部長　齋藤恒

南滿洲鐵道株式會社社長　山本条太郎殿

拜復六月四日附滿鐵社文二八第四號ノ二三ヲ以テ貴社ヨリ當支部ニ對シ當分ノ間每年度金一萬圓也ヲ補助被下候件御通牒ニ接シ御厚意ノ段誠ニ有難ク拜受仕リ候將來ハ該補助金ヲ善用シ貴意ニ酬フヘク努力可仕候此段不取敢御禮申上候

追而每年度事業成績收支決算報告呈出ノ件承知仕リ候

陸軍

268

满铁东京支社庶务课关于请求向满蒙开发队长山口正宪等人发放通用乘车券事致满铁社长室文书课、社长室秘书役的函（一九二八年六月二十六日）

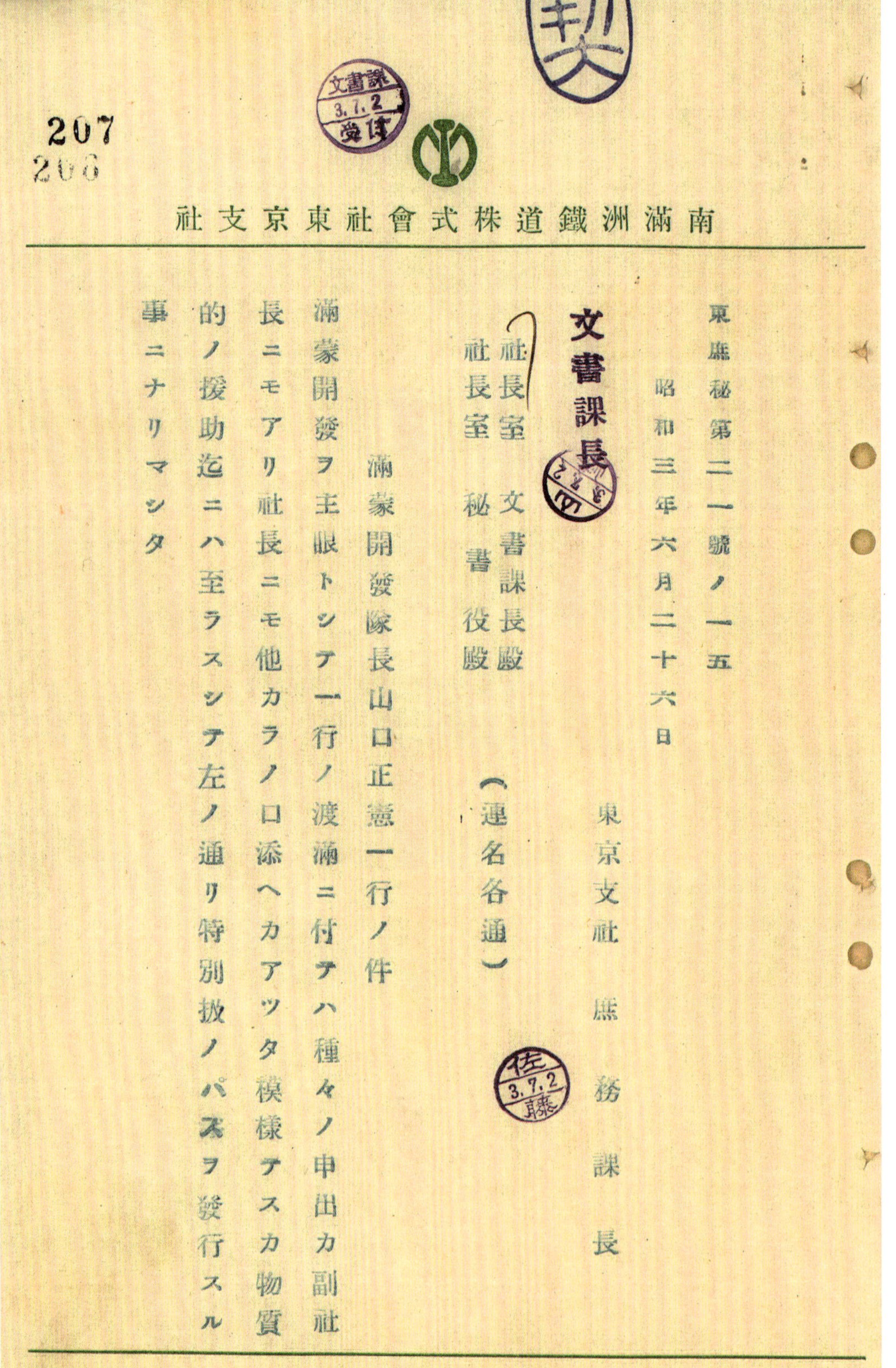
207
206

南滿洲鐵道株式會社東京支社

東庶秘第二一號ノ一五

昭和三年六月二十六日

東京支社庶務課長

文書課長

社長室文書課長殿
社長室秘書役殿

（連名各通）

滿蒙開發隊長山口正憲一行ノ件

滿蒙開發ヲ主眼トシテ一行ノ渡滿ニ付テハ種々ノ申出カ副社長ニモアリ社長ニモ他カラノ口添ヘカアッタ模様テスカ物質的ノ援助迄ニハ至ラスシテ左ノ通リ特別扱ノパスヲ發行スル事ニナリマシタ

243

208

南滿洲鐵道株式會社東京支社

而シテ一行ハ約三ケ月在滿ノ必要カアルカラ全期間有效ノパスヲ發行シテ貰ヒ度トノ申出カアリマシタカ不取敢一ケ月ノパスヲ發行シテ置キマシタ期限切レノ際ハ貴方ヘ繼續方ヲ願ヒ出ルカラ當方カラ行違ヒナキ樣通知シテ置イテ吳レトノ事デシタ右ハ結局御發行ヲ願フ樣ニシタイト思ヒマス爲念

記

一等全線 自三年七月一日 至〃七月卅一日 陸軍中將 永沼秀文

〃 〃 〃 海軍少將 橫山正恭

二等 〃 〃 山口正憲

〃 〃 〃 岡崎鐵首

〃 〃 〃 蔡基斗

244

209

南滿洲鐵道株式會社東京支社

二等全線 自三年七月一日
〃 〃 至〃七月卅一日
〃 〃 〃

若林光壽
渡邊武夫
淺沼龜吉

245

175

(155—4)　南滿洲鐵道株式會社

一、在鄉軍人會ニ補助ニ關スル前例

大正八年三月頃大連、旅順、沙河口在鄉軍人分會ヨリ關東廳ノ阿片ノ金ヲ目當テニ分會基金下附ヲ申請シ會員一人當十圓ノ計算ヲ以テ各分會共夫々補助ヲ受ケタリ大連在鄉軍人分會ハ當時一萬五千圓ノ補助ヲ受ケタリ（現ニ同會基金トシテ約二萬圓ヲ保有セルモノ之レナリ）

然ルニ之ヲ聞知セル沿線各軍人分會ニ於テモ同樣基金ノ下附ヲ關東廳ニ申入タリ關東廳ハ沿線ノ分ハ之ヲ滿鐵ニ於テモ半額負擔セラレ度シトノコトニテ會員一人當リ關東廳、滿鐵各五圓ノ割ニテ補助スルコトニナリ滿鐵ハ金州分會外二十九分會ニ對シ金二萬一千百六十圓ノ支出ヲ爲シタリ

(2.11.堀內商店納)

266

176

(155—4)　南滿洲鐵道株式會社

然ルニ關東廳ハ當時如何ナル事情ナリシヤ遂ニ同廳カ負擔支出スヘキ分二萬一千百六十圓ハ遂ニ之ヲ支出スルコトナク有耶無耶ニ終レリ

二、州內州外ノ會員數調査ヲ要ス

州内　六、〇七四

州外　八、九六一

三、關東廳今回ノ補助金ハ一年限リニハアラズ成績良好ナレバ引續キ支出ノ見込トノコト

(2.11. 堀內商店納)

267

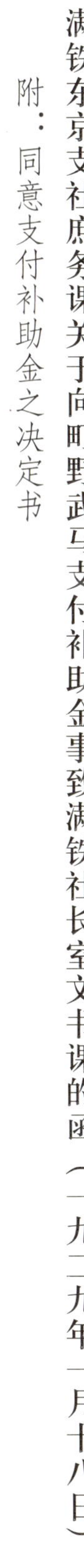

满铁东京支社庶务课关于向町野武马支付补助金事致满铁社长室文书课的函（一九二九年一月十八日）

附：同意支付补助金之决定书

197

南満洲鐵道株式會社東京支社

東庶秘第六號ノ四一

昭和四年一月十八日

東京支社庶務課長

社長室 文書課長殿

補助金支出ノ件

町野氏補助金別紙寫ノ通リ決裁アリタルニ付金五千圓也支出シ貴課へ付替ヘマシタ

支社扱特別臨時費支辨

添付書類

決裁文書寫 一

文書課長

庶務係

經理係

236

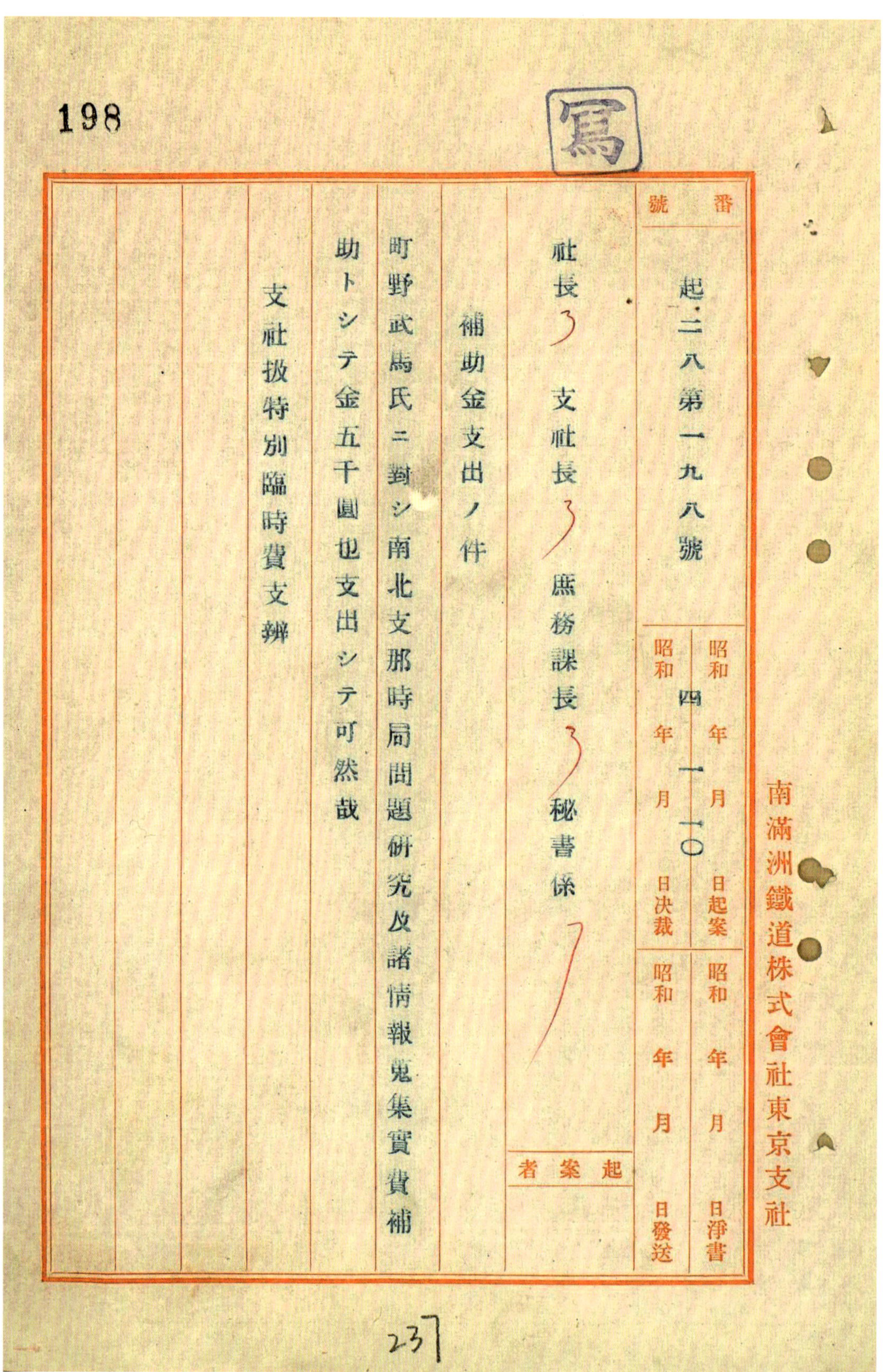

198

寫

南滿洲鐵道株式會社東京支社

番號 起・二八第一九八號

昭和四年一月一〇日起案
昭和　年　月　日決裁
昭和　年　月　日浄書
昭和　年　月　日發送

起案者

社長　支社長　庶務課長　秘書係

補助金支出ノ件

町野武馬氏ニ對シ南北支那時局問題研究及諸情報蒐集實費補助トシテ金五千圓也支出シテ可然哉

支社扱特別臨時費支辨

237

满铁东京支社庶务课关于向松井石根支付调查费事致满铁社长室文书课的函（一九二九年一月二十二日）

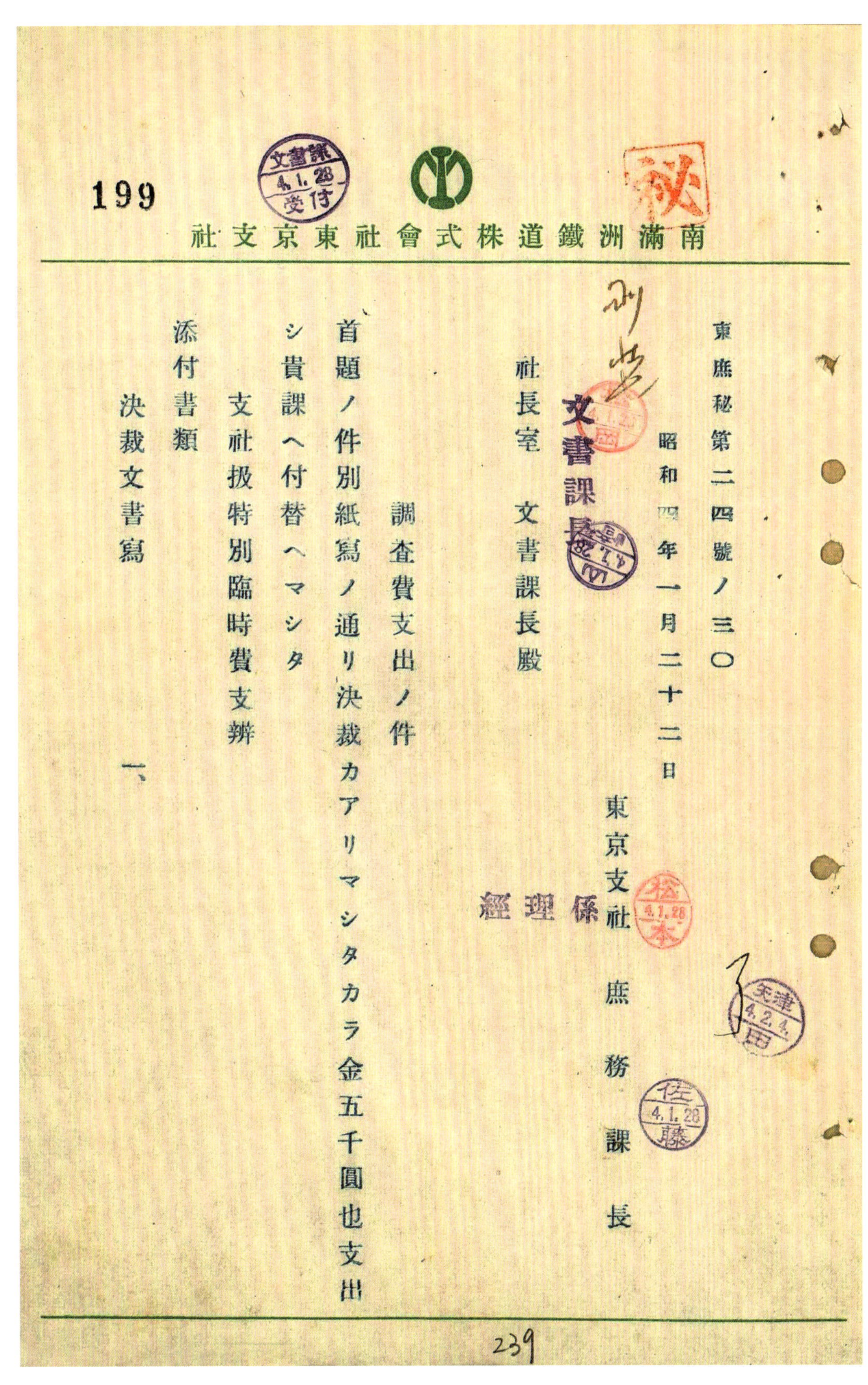

199

南满洲鐵道株式會社東京支社

東庶秘第二四號ノ三〇

昭和四年一月二十二日

東京支社

庶務課長

社長室　文書課長殿

經理係

調査費支出ノ件

首題ノ件別紙寫ノ通リ決裁カアリマシタカラ金五千圓也支出シ貴課へ付替ヘマシタ

支社扱特別臨時費支辦

添付書類

一、決裁文書寫

239

附：同意支付调查费之决定书

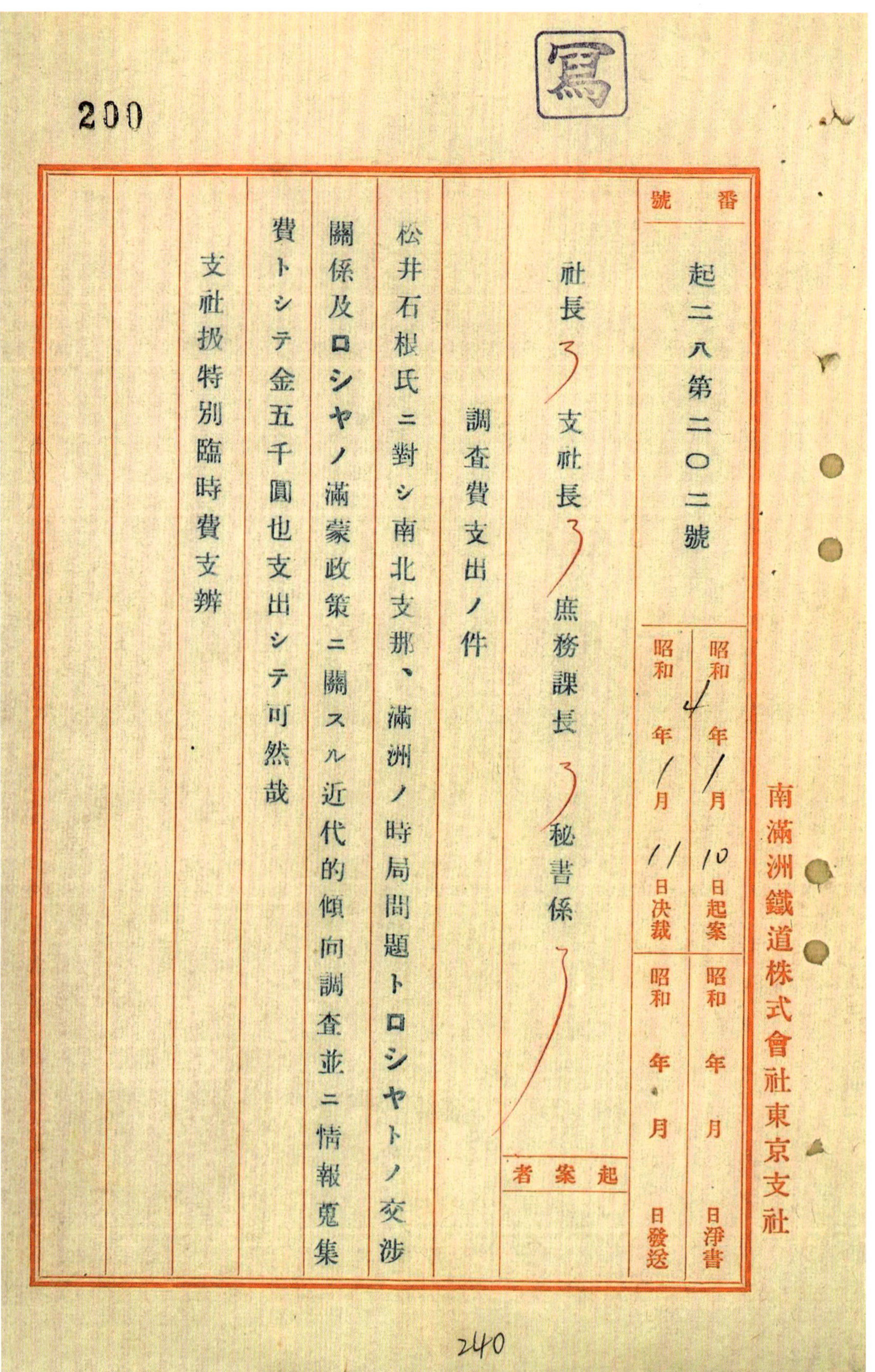
寫

200

南滿洲鐵道株式會社東京支社

番號 起二八第二〇二號

昭和4年1月10日起案
昭和　年　月　日淨書
昭和　年1月11日決裁
昭和　年　月　日發送

社長　支社長　庶務課長　秘書係

起案者

調査費支出ノ件

松井石根氏ニ對シ南北支那、滿洲ノ時局問題トロシヤトノ交渉關係及ロシヤノ滿蒙政策ニ關スル近代的傾向調査並ニ情報蒐集費トシテ金五千圓也支出シテ可然哉

支社扱特別臨時費支辨

240

满铁社长室文书课关于向望田情报课员支付特别宣传经费事的回议笺（一九二九年二月二日）

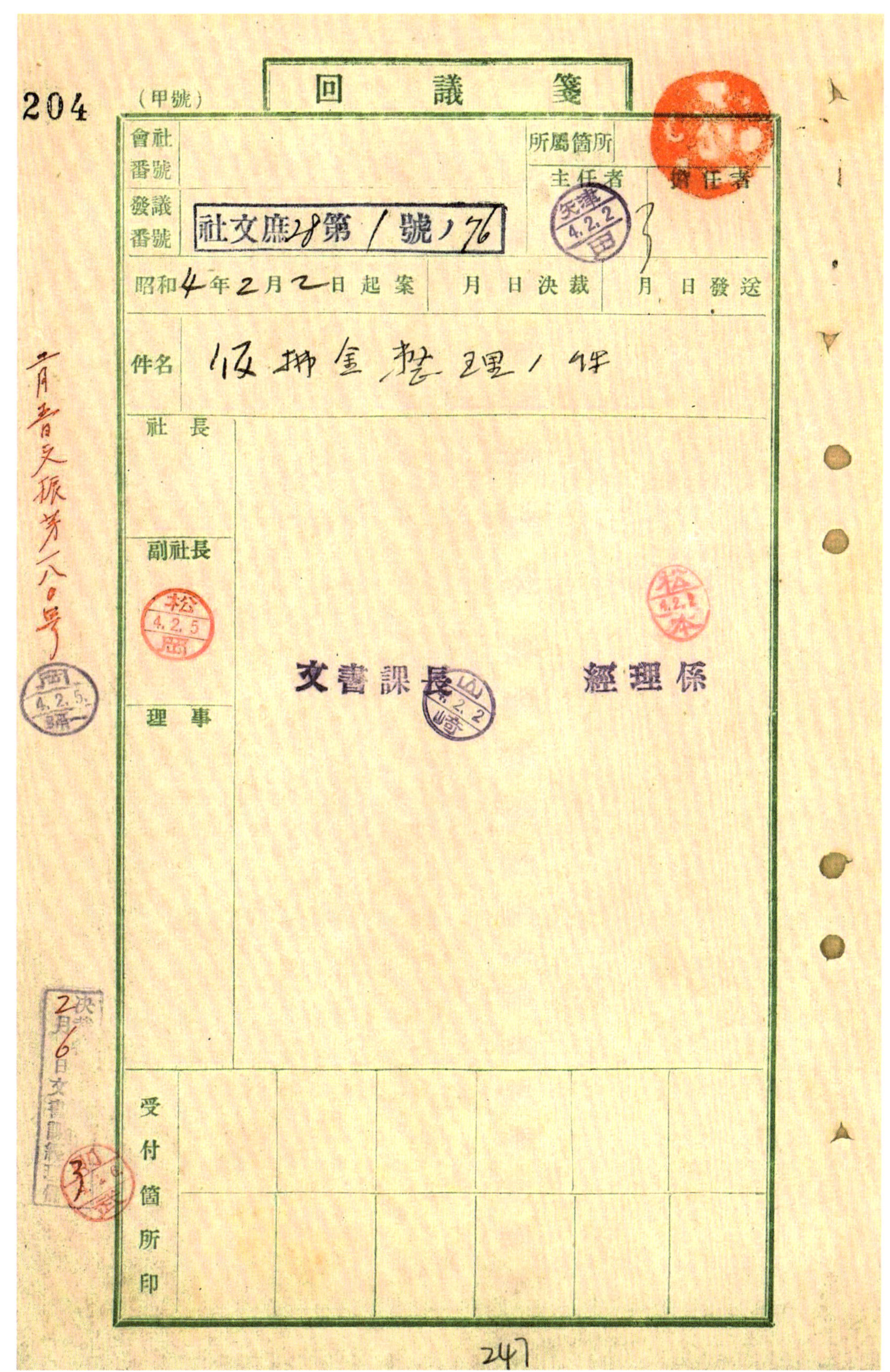

204

（甲號）

回議箋

會社番號		所屬箇所	
		主任者	責任者
發議番號	社文庶28第1號176		

昭和4年2月2日起案 月 日決裁 月 日發送

件名 仮払金整理ノ件

社長

副社長

理事

文書課長

經理係

受付箇所印

247

205

南滿洲鐵道株式會社

(155—2)

附属ニ要スル為此ノ政策
宣傳ノ為内地ニ出張セシメ
タル奥田情報課員特殊
派遣経費1,000円ハ臨時費
支弁トシテ整理相成度
照会

(23 站川洋行納)　　(300,000)

248

满铁社长室文书课关于向帝国在乡军人会满洲联合支部发放补助金事致帝国在乡军人会满洲联合支部部长三宅光治的函（一九二九年四月十二日）

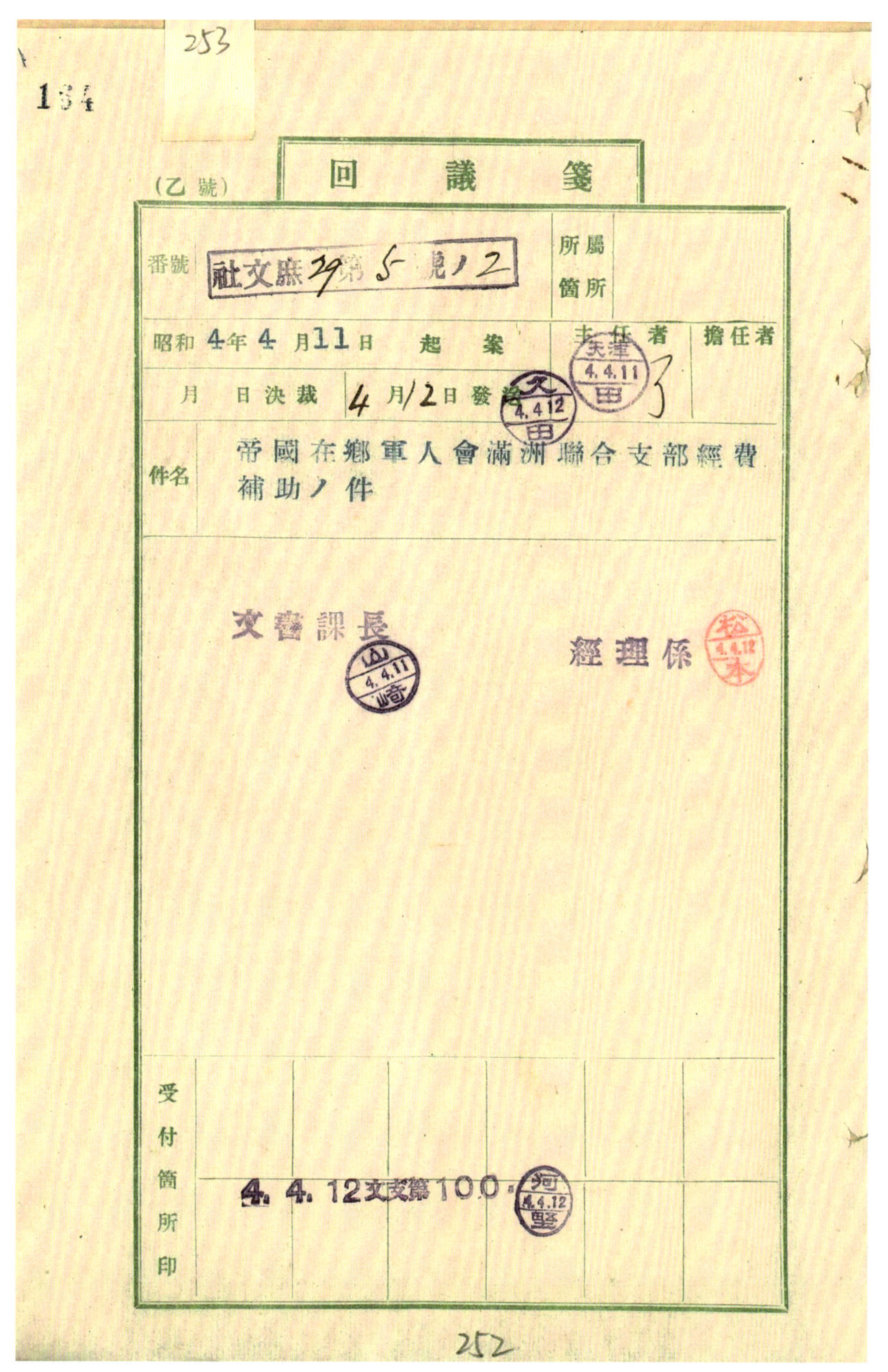
253

134

（乙號）

回議箋

番號 社文庶29第5號ノ2

所屬箇所

昭和4年4月11日 起案

主任者 天津 4.4.11

擔任者

月 日決裁 4月12日發送 久田 4.4.12

件名 帝國在鄉軍人會滿洲聯合支部經費補助ノ件

文書課長 山崎 4.4.11

經理係 松本 4.4.12

受付箇所印

4.4.12文文第100號 河堅 4.4.12

252

165

南滿洲鐵道株式會社 (タイプ紙1號)

案

文書課長

關東軍司令部內
帝國在鄉軍人會滿洲支部長
三宅光治宛

首題補助金昭和4年度分金10,000圓也別途銀行爲替ヲ以テ送金致候間御查收ノ上ハ受領證御回送相成度此段御通知申上候也

(3. 12.光明納)

254

帝国在乡军人会满洲联合支部部长三宅光治关于报告昭和三年（一九二八年）度事业成绩概况及收支决算事致满铁社长山本条太郎的函（一九二九年四月十八日）

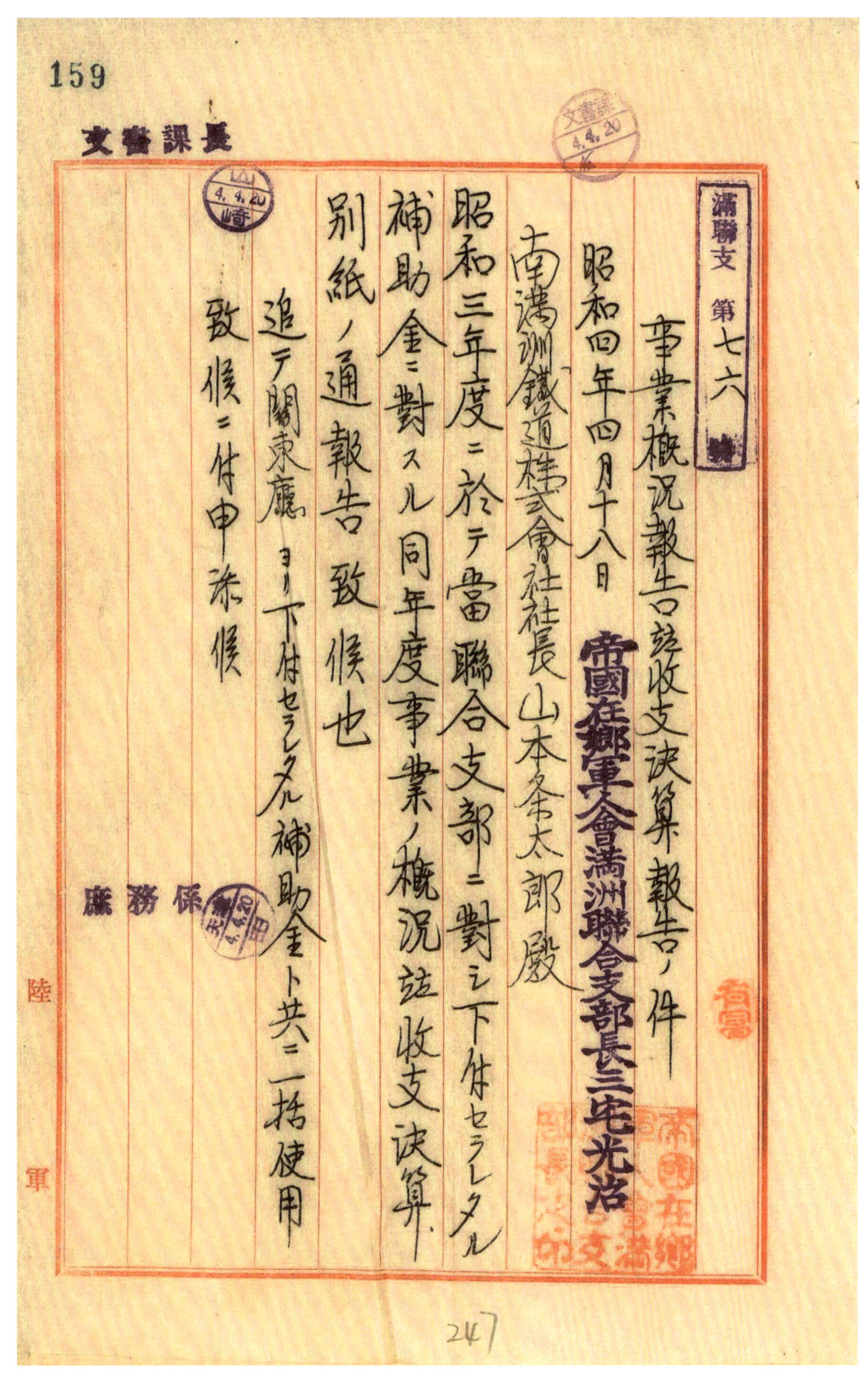
159

文書課長

滿聯支 第七六號

事業概況報告並收支決算報告ノ件

昭和四年四月十八日

帝國在鄉軍人會滿洲聯合支部長三宅光治

南滿洲鐵道株式會社社長山本条太郎殿

昭和三年度ニ於テ當聯合支部ニ對シ下付セラレタル補助金ニ對スル同年度事業ノ概況並收支決算、別紙ノ通報告致候也

追テ關東廳ヨリ下付セラレタル補助金ト共ニ一括使用致候ニ付申添候

庶務係

陸軍

247

附一：事业成绩概况书

160

事業成績概況書

昭和三年度ニ於テ下付セラレタル補助金ハ管下各支部、分會ニ分配シ主トシテ未教育補充兵ニ對シ軍事智識ノ増進竝一般在郷軍人ニ對シ官廳ニ於ケル召集準備ノ爲必要ナル補助事業ノ使途ニ充當セシメタリ

右ニ對シ未教育補充兵ノ教育ハ各地ノ狀況ニ應シ、或ハ支部ニ於テ統一實施シ或ハ分會毎ニ計畫指導シ各相當ノ實績ヲ擧ケツヽアリ 又官廳ニ於ケル召集準備ノ補助ニ就テハ聯合支部ニ於テ支部報竝パンフレツトヲ發行シ直接各官署ノ兵事專任者竝在郷軍人ヲ指導セシ外各支部、分會ニ於テハ各其ノ補助金ヲ善用シ之カ目的ノ達成ニ努力スル

帝國在郷軍人會滿洲聯合支部

所アリ之カ為在郷軍人ノ法規ノ履行漸次確実トナリ延テ之ニ関スル官庁ノ召集事務ハ容易且的確ニ趨キツヽアルノ好境ニアリ然レトモ未タ以テ十分ナルヲ得サルノミナラス関東軍管下ニ於ケル在郷軍人ハ何レノ地ヲ問ハス移動頻繁ナルヲ以テ此種補助事業ハ益々徹底的且絶ヘス実施スルノ必要ヲ認ムルモノトス

附二：昭和三年度关东厅及满铁会社补助金相应收支决算书

161

别紙一

昭和三年度關東廳、滿鐵會社補助金ニ対スル收支決算書

帝國在鄉軍人會滿洲聯合支部

一、收入ノ部	
關東廳補助金	三、〇〇〇円〇〇
滿鐵會社補助金	一〇、〇〇〇円〇〇
計	一三、〇〇〇円〇〇
二、支出ノ部	
管下各支部分會ヘ配當	一一、七二七円〇〇
聯合支部事業費	一、二七三円〇〇
計	一三、〇〇〇円〇〇

支出明細書

一、管下各支部分會ヘ配當

一金 壹萬壹千七百貳拾七円也（配當額別紙通）

二、聯合支部事業費

一金 壹千貳百七拾參円也

内譯

會員指導用パンフレット代	七六五、〇〇円
青年訓練指導員會同費	一〇四、九四
新設齊峪爾至設會ヘ事業費補助	五〇、〇〇
會員指導爲ノ活動寫眞映寫費	一一二、九〇
事業指導ノ爲出張旅費	二六二、二〇
聯合支部報發行費ニ充當	七七、九六

附三：昭和三年度关东厅及满铁会社补助金分配表

162

別紙二

昭和三年度關東廳並滿鐵會社補助金配當

滿洲聯合支部

本補助金ハ昭和三年度事業補助費トシテ關東廳ヨリ金三千圓也南滿洲鐵道株式會社ヨリ金一萬圓也ノ補助ヲ受ケタルヲ以テ正會員數等ニ應シ左記ノ通リ配當ス

左記

支部分會名	配當金（円）	
聯合支部	一二七三	〃〃
旅順支部	二五八	〃〃
大連市聯合分會	三一一八	九五
旅順分會	四五四	四五

支部分會名	配當金（円）	
金州分會	一五〇	二五
普蘭店分會	一二二	三〇
貔子窩分會	一四六	三五
柳樹屯分會	四四	三〇

支部分會名	配當金	支部分會名	配當金
公主嶺支部	一八八円 〇〇	開原分會	一四四円 四〇
長春分會	六二六 七〇	昌圖分會	五四 〇五
公主嶺分會	一九二 五〇	大石橋支部	二二三 〇〇
四平街分會	二二五 〇〇	遼陽分會	二八三 五〇
鄭家屯分會	五一 四五	鞍山分會	四四四 〇五
奉天支部	二〇二 〇〇	大石橋分會	一八二 七五
奉天分會	一三八九 一五	海城分會	五四 七〇
蘇家屯分會	六〇 五五	營口分會	二一四 六〇
撫順分會	八六九 一五	蓋平分會	四一 七〇
鐵嶺分會	二一〇 七〇	熊岳城分會	六九 六五

250

163

瓦房店分會	一八九円	二五
錦州旭櫻會	~~一一二~~ 四二	八〇
連山關支部	二〇二	〇〇
安東聯合分會	四九六	一〇
鶏冠山分會	九九	五五
橋頭分會	一〇三円	四五
本溪湖分會	一四三	一〇
哈爾濱識志會	三一六	〇〇
吉林分會	七六	一五
窰門分會	三六	四〇

251

帝国在乡军人会满洲联合支部部长三宅光治关于感谢发放补助金事致满铁社长山本条太郎的函（一九二九年四月十九日）

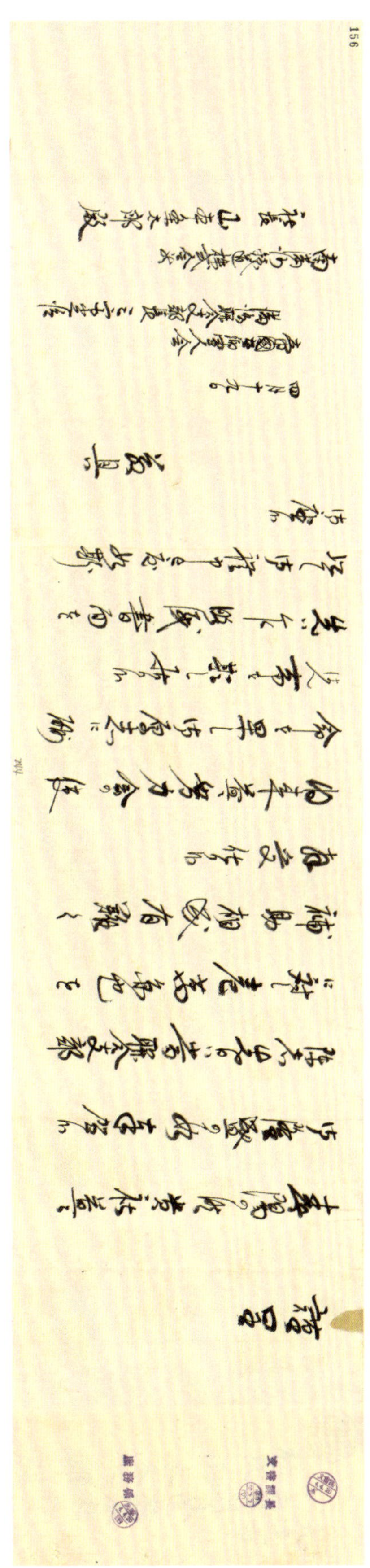

满洲青年联盟理事长小日山直登关于请求下发补助金事致满铁社长山本条太郎的函（一九二九年八月五日）

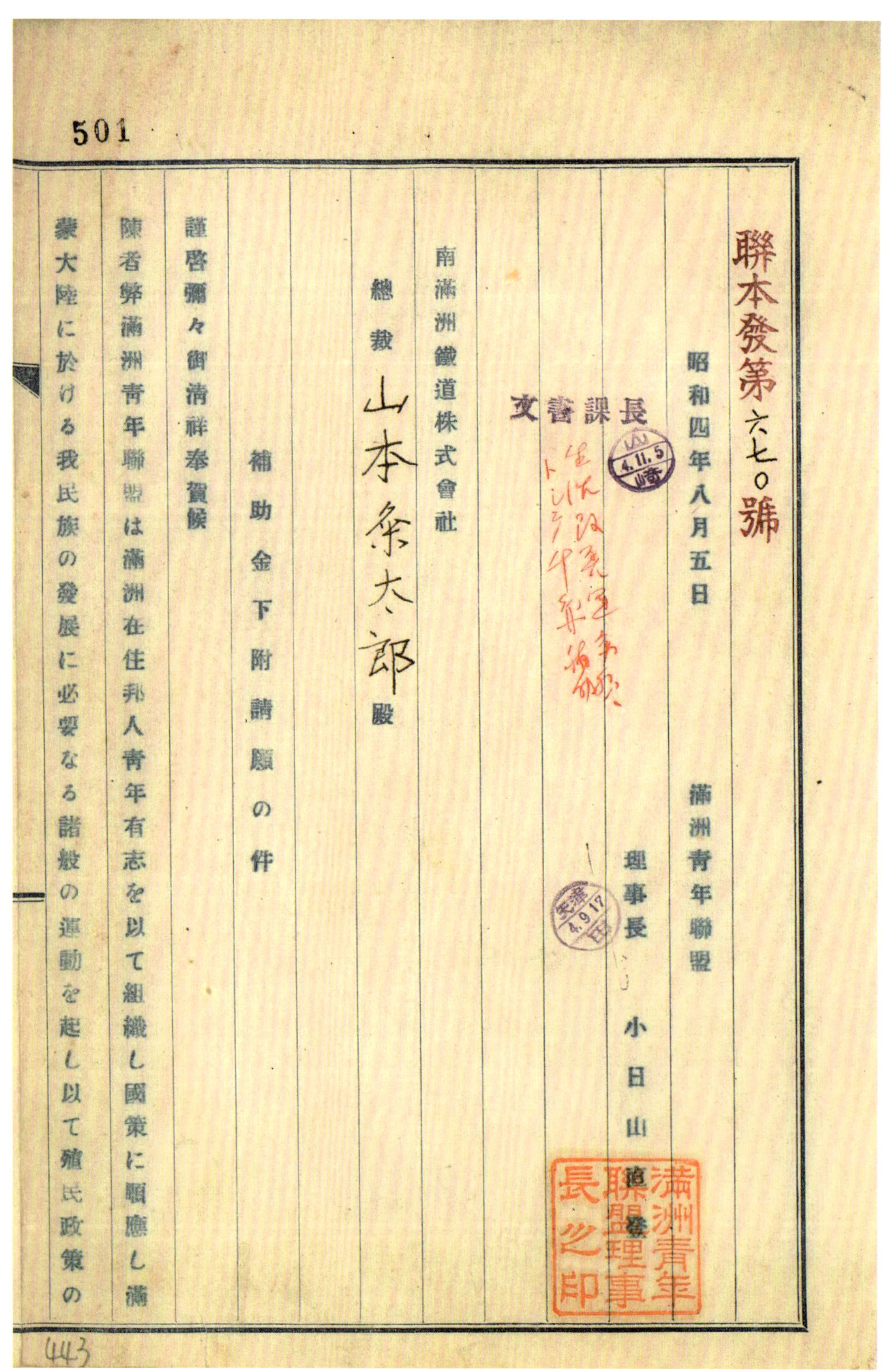

501

聯本發第六七〇號

昭和四年八月五日

滿洲青年聯盟
理事長 小日山直登

文書課長

南滿洲鐵道株式會社
總裁 山本条太郎殿

補助金下附請願の件

謹啓彌々御清祥奉賀候
陳者弊滿洲青年聯盟は滿洲在住邦人青年有志を以て組織し國策に順應し滿蒙大陸に於ける我民族の發展に必要なる諸般の運動を起し以て殖民政策の

滿洲青年聯盟理事長之印

443

遂行に寄與すると共に自ら滿蒙の地に永住發展の基礎を建設せむとするものに有之候以下弊聯盟の趣旨、組織、現狀會計狀態等御高覽を賜ひ微衷御洞察の上願意御聽許被下度候

惟に滿蒙の地は啻に帝國の國防上重要なる地域なるのみならす、我國家國民の經濟的存立發展を確保する上に必須唯一の產業原料の供給地てあり生產商品の好市場てあり、且過剩人口の移民地に有之之か得失は我帝國の產業の盛衰を意味する實に重要なる關係にあり、從つて滿蒙に於ける、邦人の健實なる發展と之に依つて起る滿蒙の產業的開發とは我國家國民擧國一般の要望と存せられ候

而して滿蒙に於ける內外の情勢を見れは、歐米諸列强の產業戰の鋒矛は漸く滿蒙の天地に集中し來り虎視耽々たる狀態に有之、外交上に於ては滿蒙鐵道中立問題、錦瑷鐵道問題、四國借款團の協定等稍もすれは我か帝國

が過去に於て幾十萬の尊き精靈と數十億の國帑とを犠牲にし國力を傾倒して確保したる正當なる權益をも侵害せむとし就中支那は國民革命の餘波を驅り民衆の氣勢を煽つて、公然打倒日本帝國主義のスローガンを揚げ、鐵道借款、商租細目協定、奉海鐵道の敷設等既存條約を無視し殊に近來は、無暴にも旅大回收、滿鐵回收、二十一箇條條約廢棄を叫ぶ等國際信義を無視し事毎に我が既得權益を蹂躪し去らむとする狀態に有之更に産業方面の實情は、獨乙商品の北滿方面進出は年一年其の勢を增し奉天哈爾濱を中心とする支那産業の勃興又侮り難きものあり、露國は東支、烏蘇里兩鐵道を利用し北滿貨物獨占政策を劃する等一として我産業政策の安逸を許さず、加ふるに近來支那の排日運動は益々熾烈露骨となり、鮮人農民壓迫問題、我警察權侵害問題、敎化問題、桝原農場問題、大石橋礦區問題等枚擧に遑あらず而して小學兒童にまで排日教育を施すと謂ふに至つては前途我等は

深く省察せざるべからざるものありと存ぜられ候

内外の實情の斯の如くにして今や在滿同胞は、協力一致して一に國策の示す處に從つて獻身的努力を致さざるべからざるの秋に有之と存ぜられ候

然るに在滿同胞の社會狀態を見るに、戰後以來の空虛なる優越感に陶醉し國權の擁護に慣れ、生活は徒に華美に流れ、享樂的弊風に浸り質實剛健の氣魄に乏しく殊に青年に然るもの有之大連を始め沿線各都市に於ける、運動競技の熱狂的盛況、音樂會舞踏會の賑盛、料理屋カフエーの繁榮等に觀ても其の一端は窺はれ候而して在滿青年指導の機關として一、二の團体無之に非ざれ共何れも或は宗教に偏し或は固定の主義教義に偏して實情に適せず故に在滿青年中には血氣に馳り現況に不滿を抱き社會主義思想に共鳴する者も尠からざる狀態に有之候

弊聯盟は以上に述べたる滿蒙の現狀に鑑み在滿同胞就中青年をして滿蒙

の重要性と在滿邦人の民族的責務とを明確に自覺せしむると同時に、滿蒙に於ける、內外の情勢を常に洞察せしめ、內には荒怠相誡めて質實剛健の美風を養ひ、協力一致心を一にして外勢の浸犯に衝り以て各自に步一步健實な產業發展の基礎を固めて邦人大陸發展の先驅者たるの責務を果し我が國家の要望たる滿蒙開發の大成に寄與せむとするものに有之候

而して昨年十月設立以來、別表の如く全滿各地に支部を設置し三千の青年を會員とし別項の如く斯の目的達成の爲の運動を持續致し居り候

弊聯盟は素より、自立自營を信條と致し會員の力と心とを以て其の目的を達成する覺悟に有之候得共組成員か青年である事と、設立後日尚淺き爲會員の悉くが貧力を斯の運動に傾倒する迄に遺憾ながら徹底し居らず、且各地方支部に於ても創立費等にて經費嵩みたる爲財政意の如くならず爲に尚幾多爲すべき事業も拱手するの狀態に有之候間甚だ乍勝手、弊聯盟が基

445

礎を形成するまで一兩年の間別途添付豫算書に依る經費不足額を御補助御

願申度茲に規約、會員名簿、會計報告、經費豫算書を具し此段奉懇願候

敬具

支部事業報告　昭和四年八月現在

旅　　順——戰跡研究・櫻樹移殖・早起會・市會傍聽・柳原事件報告演說會其他講演會三回

大　　連——金州三崎山三列士記念講演會開催・金州南山祭參列・柳原事件調查員派遣

金　　州——金州三崎山贈位紀念講演會開催・金州南山祭參列

瓦 房 店——市民慰安活動寫眞會開催・軍隊慰問並ニ演習等其他

熊 岳 城——農事實習・講演會其他

營　　口——公費賦課税問題ノ調停・其他講演會二回

鞍　　山——雄辯會・講演會等開催

撫　　順——背後地實地調查・報告會・柳原事件報告會・講演會其他三回

奉　　天——柳原事件調查・對支外交問題講演會等

開　　原——生活改善講演會・ポスター

四 平 街——時局批判演說會・生活改善・背後地視察等

公 主 嶺——時局批判演說會其他講演會三回

長　　春——商業會議所問題善處・柳原事件報告會・失業者數調查

沙河口支部——生活改善・柳原事件報告會其他講演會

安　　東——木材關税問題反對演說會・講演會其他

聯盟本部——三崎山三列士紀念講演會・柳原事件調查員派遣・大石橋滑石山事件調查員派遣・消費經濟運動・生活改善・日支親善會等其他

以　上

滿洲青年聯盟本部

№ 1

年 額 收 支 豫 算 表

會費收入——2·763·70（詳細第五表）

經費支出——8·804·00（詳細第二表）

差引不足額6·040·30

基金積立——2·579·00（詳細第四表）

509 特 別 費——1·175·00（詳細第三表）

447

No.2

經費豫算表

事業費

議會費 — 1500・00（年壹回議會開催費雜費其他）

講演費 — 600・00（沿線遊説年六回）

聯盟報 — 2400・00（月一回5000部トシテ月額200圓）

¥・4500・00

事務費

通信費 — 360 —（地方支部二十一ケ所通信費）

印刷費 — 1000 —（パンフレツト・ポスター其他印刷物）

消耗品費 — 600 —（文具其他費）

510

人件費 — 1800 —（事務員三名給料）

建物費 — 444・00（電話・電燈・水道・瓦斯其他 — 月額37・00）（家賃無償貸與サルモノトシテ計上セス）

備品費 — 100 —（机・書棚・修理費）

¥4・304・00

511

合計 8804・00

No.3

特別經費豫算

電話購入費 — 700・00

什器購入費 — 350・00

設備費 — 100・00

移轉雜費 — 20・00

合計 1175・00

448

No. 5

本部經費收入豫算

支部名	賛助員 並會員數	支部費納入金		會費並ニ賛助金	
旅順	15 60	60	00	150 18	00 00
大連	30 703	703	00	300 210	— 90
金州	5 21	21	00	50 6	— 30
瓦房店	6 38	38	00	60 11	— 40
熊岳城	5 55	55	00	50 16	00 50
營口	10 66	66	00	100 19	— 80
大石橋	5 32	32	00	50 9	— 60
鞍山	5 50	50	00	50 15	— 00
撫順	20 103	103	00	200 30	— 90
奉天	20 114	114	00	200 34	— 20
開原	5 104	104	00	50 31	— 20
四平街	10 207	207	00	100 62	— 10
公主嶺	10 208	208	00	100 62	— 40
長春	15 198	198	00	150 59	0- 40
哈爾賓	10 130	130	00	100 39	— 00
安東	15 204	204	00	150 61	— 20
鷄冠山	3 86	86	00	30 25	— 80
本溪湖	5 161	161	00	50 48	— 30
吉林	5 39	39	00	50 11	— 70
合計	199 2579	2579	00	1990 773	— 70

◎本部經費納入金ハ會員年額壹圓ノ三割（賛助會員賛助金）ヲ納入スルモノトス

滿洲青年聯盟本部

512

513

449

No.4

特別基金積立予算表

支部名		人員数	積立金	
旅順	——	60	60	00
大連	——	703	703	00
金州	——	21	21	00
瓦房店	——	38	38	00
熊岳城	——	55	55	00
營口	——	66	66	00
大石橋	——	32	32	00
鞍山	——	50	50	00
撫順	——	103	103	00
奉天	——	114	114	00
開原	——	104	104	00
四平街	——	207	207	00
公主嶺	——	208	208	00
長春	——	198	198	00
哈爾賓	——	130	130	00
安東	——	204	204	00
鷄冠山	——	86	86	00
本溪湖	——	161	161	00
吉林	——	39	39	00
合計		2579	2579	00

滿洲青年聯盟本部　　昭和四年

514

515

450

本部支部收支決算報告（昭和四年四月一日現在）

支部名	收入		支出		差引		殘高
旅順	84	420	85	090	—	670	
大連	116	000	98	580	17	420	
金州	25	000	21	270	3	730	
瓦房店	179	100	179	530	—	430	
熊岳城	55	000	5	650	49	350	
營口	62	000	6	160	55	840	
大石橋	112	000	102	600	9	400	
鞍山	80	520	80	520		——	
撫順	135	000	252	650	−117	650	
奉天	105	500	277	200	−171	700	
四平街	400	000	120	000	280	000	
公主嶺	167	070	167	170		——	
長春	168	000	160	570	7	430	
安東	480	000	539	780	−59	780	
鷄冠山	71	000	74	670	−3	670	
本溪湖	159	000	108	630	50	370	
聯盟本部	1746	890	1460	350	286	540	
	4146	500	3740	320	406	180	

满铁社长室文书课关于决定向满洲青年联盟支付经费事致满洲青年联盟理事长小日山直登的函

（一九二九年十一月十三日）

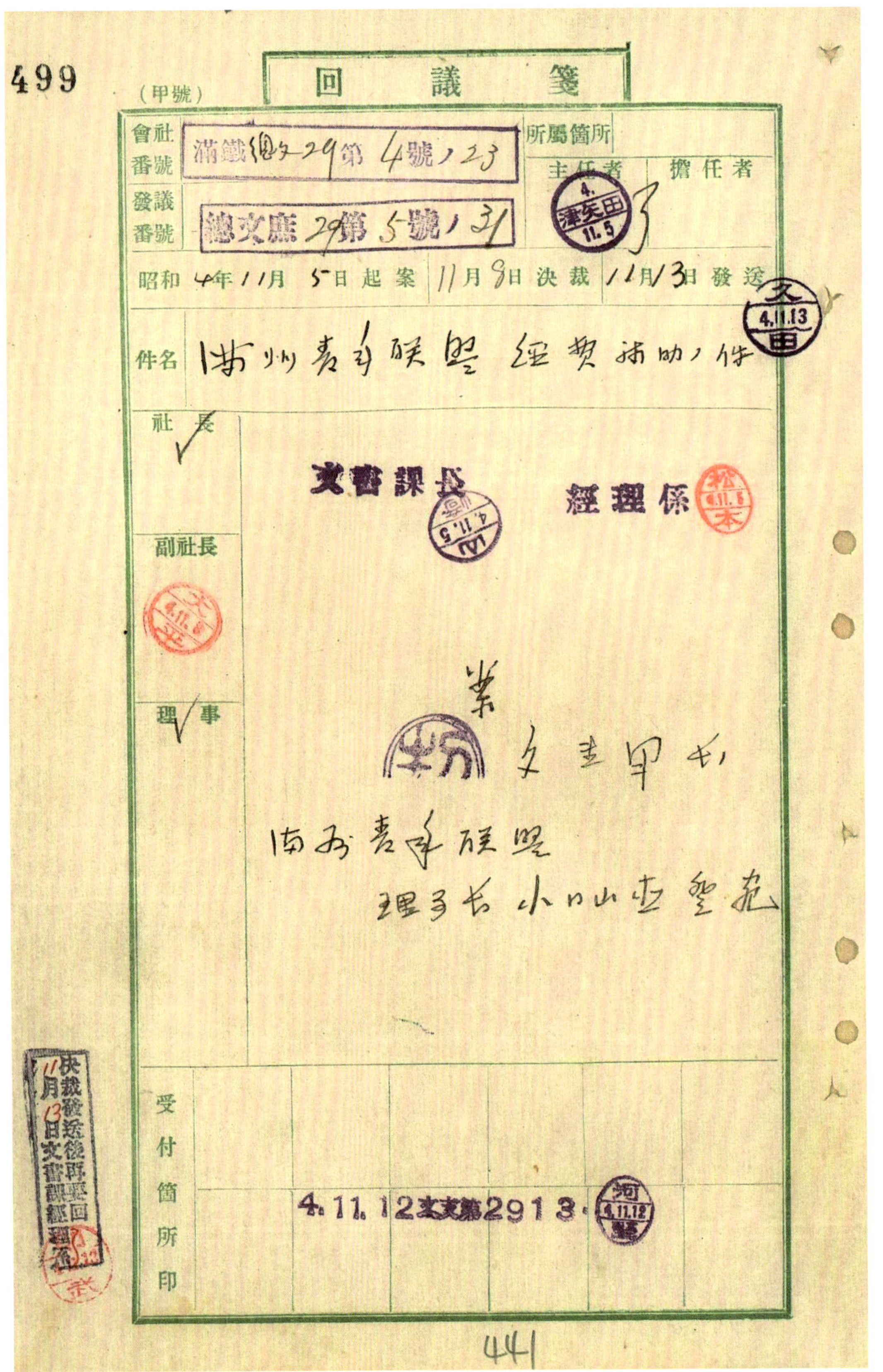

499

回議箋

（甲號）

會社番號	滿鐵總文29第4號ノ123	所屬箇所	
發議番號	總文庶29第5號ノ31	主任者	擔任者

昭和4年11月5日起案 11月8日決裁 11月13日發送

件名 満洲青年聯盟経費補助ノ件

社長

副社長

理事

文書課長　經理係

案

文書課長

満洲青年聯盟
理事長 小日山直登殿

受付箇所印

4.11.12 文第2913

決裁發送後再要回 11月13日 文書課經理係

441

南滿洲鐵道株式會社

(155-2)

件名

右復貴聯盟經費補助
ノ件ニ關シ曩ニ敝社總裁
宛ニ來意ノ趣有之候ハ
更ニ御申入ノ如ク貴聯盟
不足經費ノ全額補助ノ
義ハ貴意ニ副兼候ヘ共
貴聯盟事業中ノ生活
改善運動費補助トシ
テ金1000円也支出ノ事ニ
決定致候ニ付可然御
承知相成度也

满铁社长室文书课关于决定向第二届满洲青年议会支付经费事致满洲青年联盟理事长小日山直登的函

（一九二九年十一月二十日）

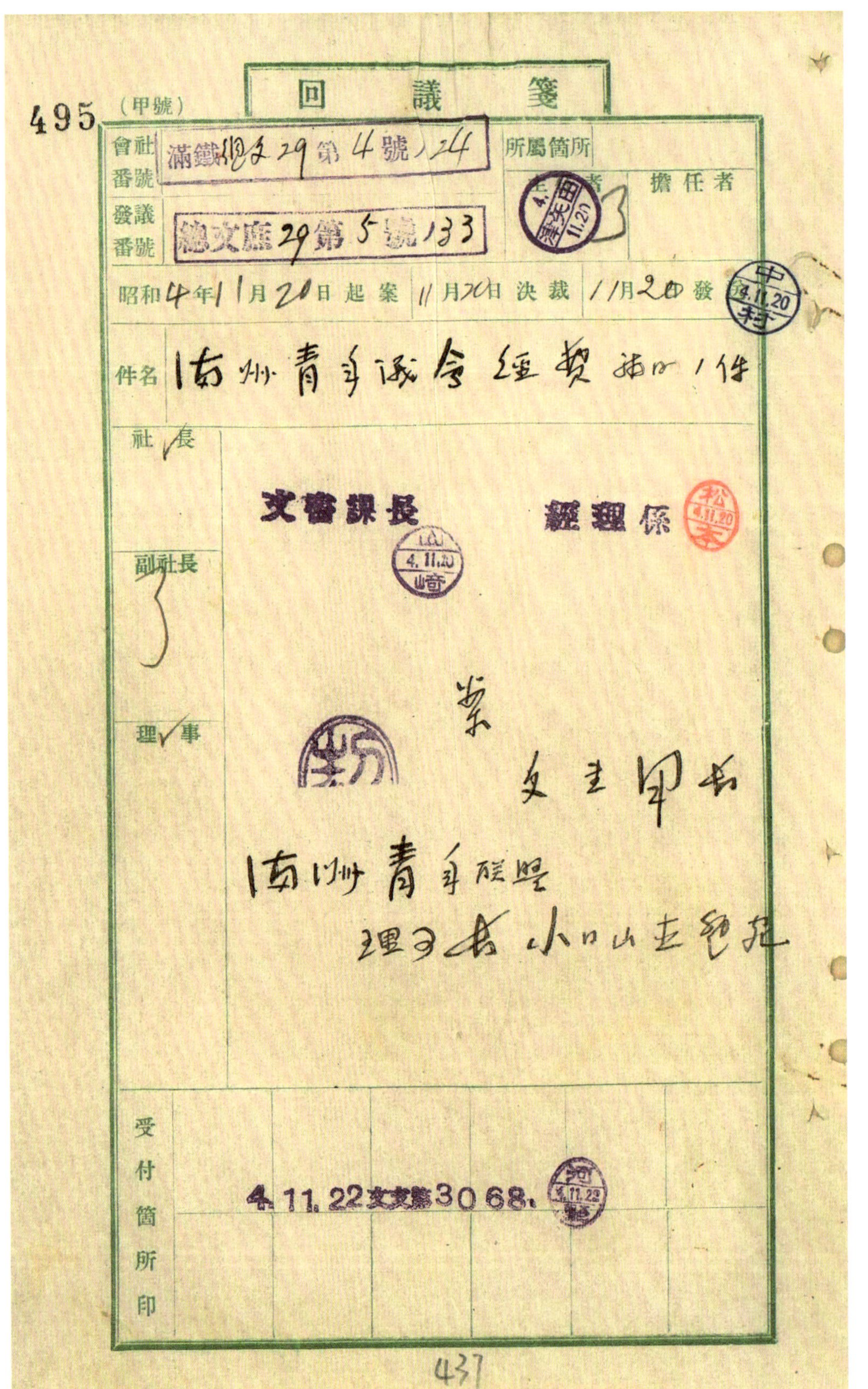
495 （甲號） 回議箋

會社番號	滿鐵總文29第4號124	所屬箇所	
發議番號	總文庶29第5號133	主任者	擔任者

昭和4年11月20日起案 11月20日決裁 11月20日發

件名 滿洲青年議會經費補助ノ件

社長

文書課長 經理係

副社長

理事

案

文書課長

滿洲青年聯盟

理事長 小日山直登殿

受付箇所印

4.11.22 文書 3068.

437

496

(155—2)

首題ノ件ニ関シ申入ノ貴
聯盟主催奉天ニ於テ
開催ノ第二回滿洲青
年議會經費補助ノ
件了承 金壹千円也
右經費トシテ支出ノ件ニ
決定致候ニ付右御承
知相成度此段及通知
申上候也

438

497

鉄道部営業課 山口重次 殿

聯本發第七〇號
昭和四年十一月十一日

満洲青年聯盟本部
理事長 小日山直登

第二回青年議會開催ノ件

陳者豫テ御報告致シマシタ首題ノ件ハ来ル十一月二十三日四日ノ両日奉天ニ開催致シマスカラ左記御含ノ上御盡力ヲ願ヒマス

一、旅費ハ満鐵パス所持者以外ノ議員ニ三等實費（パス所持者ノ急行料金ヲ含ム）ヲ本部ニテ負担致シマス

二、議員ノ宿泊料ハ奉天支部ニテ負担致シマス、

三、其他ノ経費ハ本部及奉天支部ニテ負担致シマス

四、出席通知

イ、乗車割引証送附ノ都合モアリマスカラ割引証ノ要否及ビ區間ヲ記シ十六日迄ニ本部ニ到着スルヤウ御通知ヲ願ヒマス

ロ、奉天支部ノ宿泊準備ノ都合モアリマスカラ二十日迄ニ奉天支部長宛御通知ヲ願ヒマス、（奉浪町八番地）

439

五、議案ノ提出

イ 矩イ期間ヲ有効ニ使イ度イト思ヒマスカラ議案ハ緊急重要ナモノノミヲ制限セラレタシ、

二、議案ハ各支部ノ分ヲ一括シテ各案毎ニ提案理由ノ簡矩ナル説明ヲ附シ本部宛議會當日持參セラレタシ

ロ建議案、請願案、其ノ他對外的ノ案件ハ建議書、請願書ノ案文マデ添付セラレタシ、

ハ日程勵行ノ都合上議案ハ成ル可ク緊急提出ヲ避ケ事前ニ御提出ヲ願ヒマス

ホ、出來得レハ各支部提出議案ヲ事前ニ新聞紙上ニ發表シタイト思ヒマスカラ十九日迄ニ三部宛本部宛御送附ヲ願ヒマス、

六、第一日（二十三日）午後六時ヨリ滿洲青年聯盟大演説會ヲ開催シ大イニ吾々ノ意氣ヲ示シ度イト思ヒマスカラ豫メ御用意ヲ願ヒマス

附：第二届满洲青年议会举办流程议事日程

第二回満洲青年議會開催次第

一、期日　昭和四年十一月二十三四日両日間

二、會場　奉天ニ於テ（追而通知）

三、第一日會議

四、第一日午後六時ヨリ演説會

五、第二日會議

六、懇親會

議事日程

第一日日程（十一月二十三日）

午前九時ヨリ受付開始

午前十時振鈴着席

一、開會式（君が代合唱）

一、理事長挨拶

一、来賓挨拶

一、經過報告本部支部約五分務メ要記ヲ提出ノコト

一、議案上程（提案説明討議採決）　以上

第二日日程（十一月二十四日）

一、午前八時ヨリ十時迄委員會

一、午前十時ヨリ本會議
一、委員會報告
一、議事
一、閉會式
一、理事長挨拶

以上

44

帝国在乡军人会满洲联合支部部长三宅光治关于请求担任联合支部顾问事致满铁副总裁大平驹槌的函（一九二九年十一月二十七日）

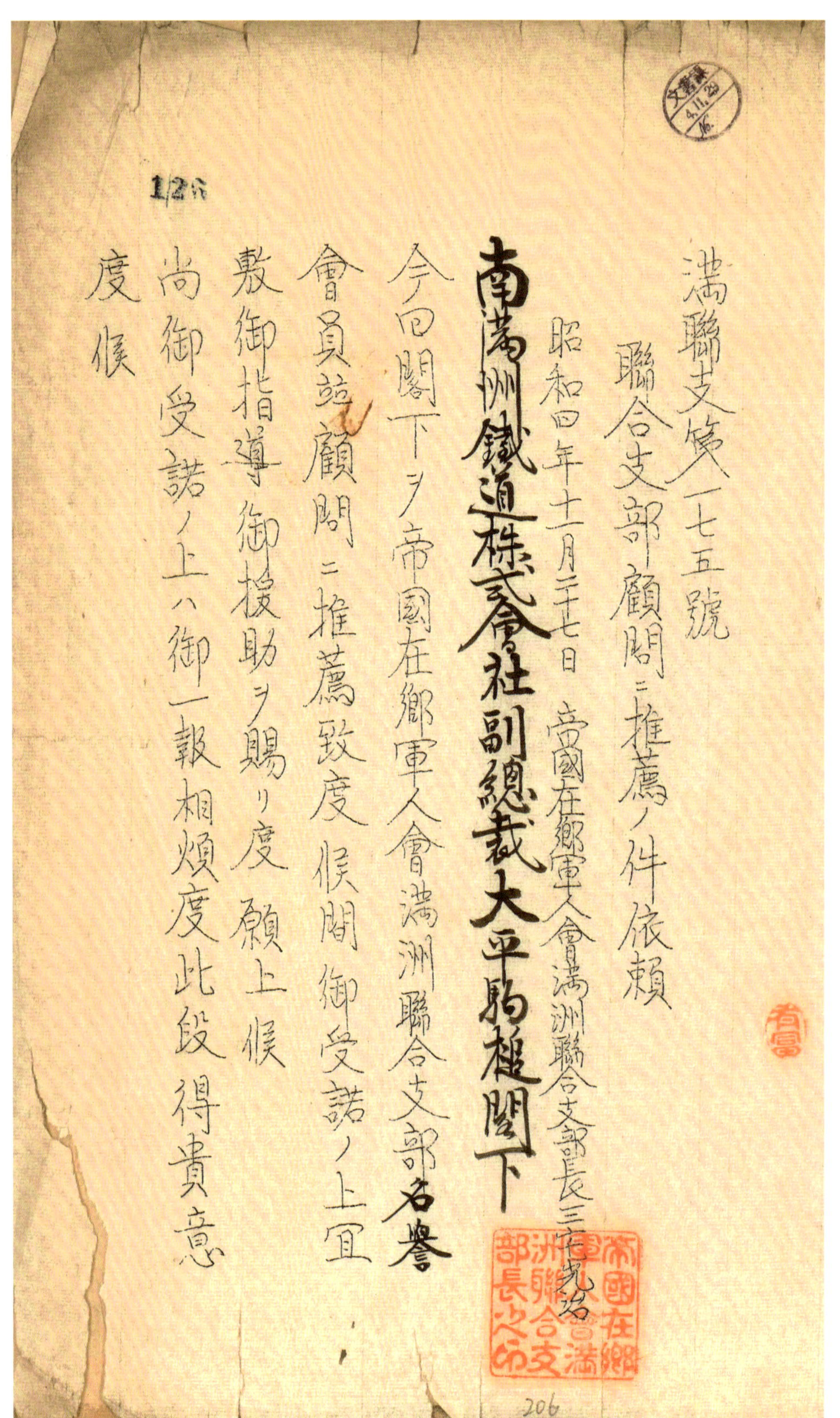
満聯支第一七五號

聯合支部顧問ニ推薦ノ件依頼

昭和四年十一月二十七日

帝國在郷軍人會満洲聯合支部長三宅光治

南満洲鐵道株式會社副總裁大平駒槌閣下

今回閣下ヲ帝國在郷軍人會満洲聯合支部名誉會員並顧問ニ推薦致度候間御受諾ノ上宜敷御指導御援助ヲ賜リ度願上候

尚御受諾ノ上ハ御一報相煩度此段得貴意度候

附：满洲联合支部下在乡军人会概况一览表

部外秘

滿洲聯合支部下在鄉軍人會概況一覽表

昭和四年八月二十日調

帝國在鄉軍人會滿洲聯合支部（大正十四年五月設立）

聯合支部長　現步將　三宅光治

聯合支部副長　現步大佐　坂垣征四郎　後步大佐　木下亮九郎

支部名	支部長	支部副長
公主嶺	現步中佐 三浦嘉門	同上 現步大尉 植松操
奉天	同 三島勝	同上 後步大佐 木下亮九郎、現憲少佐 三谷清
大石橋	同 高木義一	同上 現憲少佐 酒井周吉
連山關	同 山口金吾	同上 退砲大佐 明石東次郎、現步少佐 鈴木喜芳
旅順	同 高野正夫	同上 豫海中佐 砥川三[illegible]、現步少佐 荒木正二郎

支部名	分會名（事務所）	分會長役官氏名	分會副長役官氏名	將校 海	將校 陸	准士官 海	准士官 陸	下士 海	下士 陸	兵卒已 海	兵卒已 陸	兵卒未 海	兵卒未 陸	計 海	計 陸	支部計	自衛團有無	銃數	財產 基本金	財產 其他
公主嶺	長春（憲兵分隊內）	退步大尉 四戶友太郎	元步上兵 下德直助		48		8	12	124	15	417		347	27	914	1707	有	步 206	2.000.00	9.33
公主嶺	公主嶺（泉町一ノ四）	豫一獸醫 澤田壯吉	元步軍曹 片岡榮		11	1	6	2	33	4	126		62	7	238		有	拳 1 步 80	2.488.52	
公主嶺	四平街（四區中央大街四二）	元步一卒 佐藤龜記	豫步特曹 新名岩袈裟		13		3	8	42		212		175	8	445		有	步 150	1.200.00	
公主嶺	鄭家屯（領事館內）	後一軍醫 塚本由太郎	元二兵曹 山口雄造		4			1	4	1	19		9	2	36		有		500.00	49.00
奉天	昌圖（地方事務所內）	後衛伍長 木島久五郎			3				2		21		8		34	3987	有		36.000	341.98
奉天	開原（附屬大街二五）	後三軍醫 三田泰三	後步伍長 慶德敏夫		11		3	2	25	2	99		77	4	215			步 17	1.700.00	1.374.00
奉天	奉天聯合（浪速通三七）	後步大佐 木下亮九郎	後一軍醫正 小川勇、後騎中佐 中屋重業		91		22		205	3	734		857	3	1.909		有	步 200	20.114.00	5.167.04
奉天	奉天東（同右）	後步大佐 木下亮九郎	豫砲大佐 栗屋貫一、後二軍醫 西田謹一		49		6		85	3	228		298	3	666					
奉天	奉天西（松島町一六）	豫步少佐 土橋森吉	豫步少尉 佐奈木十郎、退步特曹 杉本政七		15		5		44		250		176		490					
奉天	奉天滿鐵（富士町）	豫步少佐 吉村雄	豫輜少尉 河本照雄、後砲伍長 宮澤浩		19		6		45		186		304		560					
奉天	奉天居留民（居留民會內）	退三軍醫 守田福松	後一軍醫 光瀨文志		8		5		31		70		79		193					
奉天	蘇家屯（近藤修平方）	退步少尉 近藤修平			2					2	36		22	2	60		有		222.00	740.00
奉天	撫順（炭礦事務所內）	退步少尉 伊東直	退砲少尉 山口武吉、元輜輸 大橋穎三		83		29	28	210	21	686		422	49	1.430		有	步 530	19.602.00	
奉天	鐵嶺（松島町）		豫步特曹 宮內新一		14	1	6	2	25	1	130		102	4	277		有	步 150	1.600.00	700.00
大石橋	遼陽（永町七）	後騎特曹 西正之	後步伍長 福永悅三郎		18		6		35	2	217		184	2	460	2155		步 3	3.995.16	
大石橋	鞍山（製鐵所內）	後工中尉 久留島秀三郎	後步中尉 奧村四郎	1	18		6	16	62	11	367	1	206	29	659		有	步 200	11.500.00	
大石橋	大石橋（地方事務所內）	後步少尉 山下義明	後三主計 松富保明、元工一卒 寺岡石太郎		8		3	4	18	3	129		93	7	251			キ 50 拳 30	603.40	587.03
大石橋	營口（花園街五四）	豫三軍醫正 前田利實	豫步少尉 淺井勳、後憲特曹 樋口親藏	1	15		3	4	35		138		131	5	322		有	步 40 キ 10		700.00
大石橋	海城（地方事務所內）	退步少尉 淺井初	豫一軍醫 矢島將雄、後步少尉 小安顥正		3					1	17		16	1	36			步 2	310.00	430.00
大石橋	蓋平（地方事務所內）	元步上兵 平岡猛	未補步 諸井庫之助						4		10		9		23				334.42	354.28
大石橋	熊岳城（千代田街）	後步少尉 石原正規	後輜少尉 高杉英男		5		2		6		28		24		65		有	步 30	489.40	
大石橋	瓦房店（地方事務所內）	予輜上兵 清水徹	後步特曹 藤井辨助		6		2	3	15	6	112		135	9	270				1.000.00	
大石橋	錦州（警察官派出所內）	元工一卒 佐野正夫	後步一卒 古閑倉吉								8		8		16				130.55	
連山關	安東聯合（六番通五）	退砲大佐 明石東次郎	後憲少佐 大野幸作、後兵中尉 佐藤猛雄		36		5	9	73	4	288		248	13	650	1132	有	步 125	547.69	家屋 3棟
連山關	安東第一（同右）	後憲少佐 大野幸作	後三主計 金井周次		26		2	3	47	3	176		147	6	398				22.90	
連山關	安東第二（同右）	後步中尉 佐藤猛雄	退憲特曹 中田市之助		10		3	6	26	1	112		101	7	252				22.90	
連山關	鷄冠山（警察官吏派出所內）	後步伍長 石田武			1			1	7		57		37	1	102		有	步 45	597.91	家屋 [illegible]
連山關	橋頭（地方事務所內）	國一番長 桝田良男	後步軍曹 和田久四郎、元工上兵 加藤六兵衛					1	10	4	50		60	5	120		有	步 35	650.72	
連山關	本溪湖（地方事務所內）	豫步少尉 增田增太郎	後工伍長 山根留、後砲上兵 中井仲右衛門		13	1	1		28	3	112		83	4	237		有	步 50	3.000.00	
旅順	大連市聯合（佐渡町二二）	豫步將 岩井勘六	豫工中佐 鍋島五郎、後步少佐 穗刈十一郎	4	317	6	55	47	568	52	1.990		2.080	109	5.010	6380	有		14.100.00	防具 20、723.68
旅順	大連第一（濱町二九）	後一軍醫 脇屋次郎	元步上 香川義忠、後步少尉 甲斐秀三		39		4		63		106		195		407				11.50	281.94
旅順	大連第二（大山通三五）	後步少尉 古賀元	豫三主計 足立幸一、後憲伍長 星長藏		25		2		11	1	107		204	1	349				500.00	23.40
旅順	大連第三（磐城町一五）	退二軍醫 辻慶太郎	後步特曹 佐藤豐、後三藥官 林房吉		9	1	4		28	2	138		182	3	361				96.00	
旅順	大連第四（壹岐町七七）	退步中尉 田村彥三郎	豫一軍醫 山領東一、同步軍曹 東博		17		2		21		151		183		374				100.00	244.73
旅順	大連第五（聖德街五）	後步大尉 若月太郎	豫步少佐 杉山虎雄、豫步少佐 松嶋貞良		17	1	2	7	38		140		152	8	349				11.50	98.00
旅順	大連市大廣場（民政署內）	退砲中尉 寺山屯	退步特曹 島村敏夫	2	40	2	17	7	102	2	355		205	13	719				84.06	517.39
旅順	大連東公園（滿鐵本社人事課內）	豫海主計中佐 二村光三	豫海大尉 關根四男吉、後二主計 小野寺清雄	2	150	2	23	20	242	27	624		660	51	1.699				15.18	2.699.38
旅順	沙河口（沙河口工場內）	退工少尉 高野氣次郎	豫砲大尉 奧村博		12		1	6	38	13	279		153	19	483			步 3	3.000.00	300.00
旅順	大連電氣（四通一一七）	後工少尉 栗山藤二	後工少尉 前川和		8			6	25	4	90		146	10	269				11.40	
旅順	旅順（旅順民政署內）	後砲大佐 大塚乾一	後步少佐 青木範藏、豫海少佐 古藤金次郎	4	61	8	36	55	117	18	317		99	85	630		有		6.000.00	
旅順	貔子窩（民政支署內）	後步少尉 山口義雄	後步少尉 川島省三、元上看卒 藤田秀雄		8		2		32	4	121		22	4	185				400.00	452.00
旅順	金州（民政支署內）	退三獸醫 浦江八百顯	國騎軍 松尾佐市				4	5	19	2	96		61	7	180				461.50	523.82
旅順	普蘭店（民政支署內）	元六現 高田九郎	元騎上 峰島新	1	5		2	5	24	2	67		43	8	141				449.26	
旅順	柳樹屯（警察官吏派出所內）	元海一兵曹 難波寅之助	後步一 納富虎雄					3			16		2	3	18				57.59	家屋 1
聯合支部直屬分會	吉林（居留民會內）	豫步少尉 花田孫平	後步軍曹 平井道弘		5				8		29		27		69	553			1.000.00	379.17
聯合支部直屬分會	窰門（窰門站附屬地）		後步看長 井口英一				1		1		2		2		6				111.50	
聯合支部直屬分會	哈爾濱 誠志會（居留民會內）	豫步大尉 岡本帆平	後砲少尉 大澤皐		43		2	1	40	3	139		204	4	428		有		5.000.00	361.40
聯合支部直屬分會	齊々哈爾 至誠會（滿鐵公所內）	後步伍長 佐藤鶴龜人							4		14		28		46		有		100.00	防具 4、44.50
總計	支部 五、聯合分會 三、分會 四五（聯合分會內分會ヲ含ム）			11	842	17	207	209	1.776	164	6.804	1	5.883	402	15.512	15.914	20	步 1866 キ 63 拳 31	104.502.00	17.107.97

備考

一、聯合分會ノ會員數ハ聯合分會下各分會ヲ計上セルモノトス

二、聯合分會ノ財產ハ聯合分會下各分會ノ分ヲ含マス

三、財產ノ單位ハ圓トス

四、銃數步ハ步兵銃、キハ騎銃、拳ハ拳銃ヲ示ス

207

帝国在乡军人会满洲联合支部部长三宅光治关于提交补助金请求书事致满铁的函（一九三〇年四月一日）

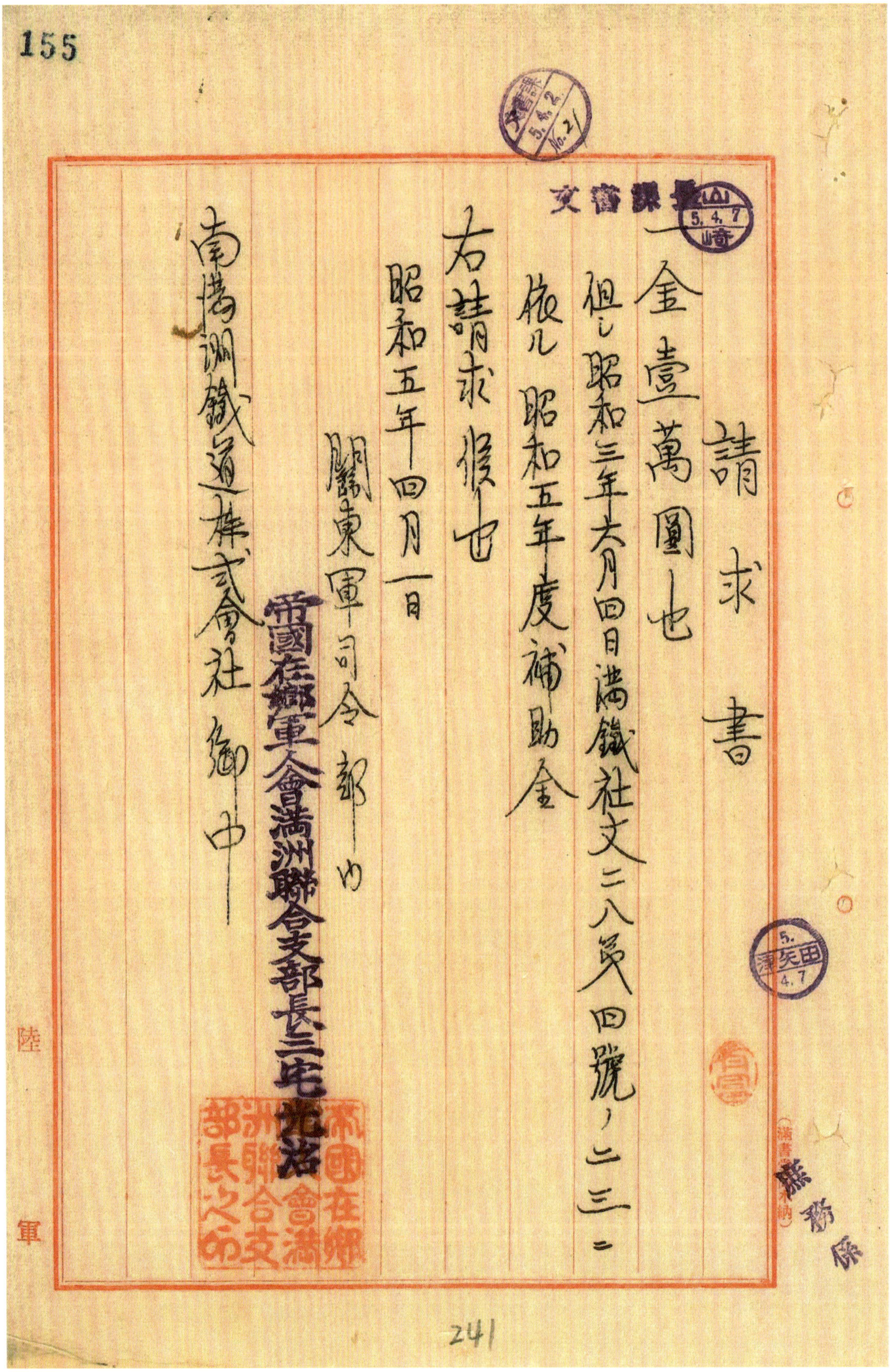

155

請求書

一金壹萬圓也

但シ昭和三年六月四日満鐵社文二八第四號ノ二三二

依ル昭和五年度補助金

右請求候也

昭和五年四月一日

關東軍司令部内

帝國在鄉軍人會満洲聯合支部長三宅光治

南満洲鐵道株式會社御中

241

帝国在乡军人会满洲联合支部部长三宅光治关于报告昭和四年（一九二九年）度事业成绩概况及收支决算事致满铁总裁仙石贡的函（一九三〇年四月十一日）

111

長課書文

滿聯支第五六號

事業概況報告竝收支決算報告ノ件

昭和五年四月十一日

帝國在鄉軍人會滿洲聯合支部長 三宅光治

南滿洲鐵道株式會社總裁 仙石貢殿

昭和四年度ニ於テ當聯合支部ニ對シ下付セラレタル補助金ニ對スル同年度事業ノ概況竝收支決算別紙ノ通報告致候也

追テ關東廳ヨリ下付セラレタル補助金ト共ニ一括使用致シ候ニツキ申添候

庶務係

陸軍

190

附一：事业成绩概况书

事業成績概況書

昭和四年度ニ於テ下付セラレタル補助金ハ其ノ大部ヲ管下支部、分會ニ分配シ會員ヲシテ應召準備ヲ整頓シ官署ノ召集實施業務ヲ容易ナラシムルコト並未教育補充兵ヲ誘掖指導スルコトノ使途ニ充當セシメタリ右ニ對シ各支部、分會ニ於テハ各補助金ヲ善用シ官署ト連繫シテ召集模擬演習ヲ實施シ或ハ未教育補充兵ノ軍事訓練ヲ實施シ或ハ又會員ノ官署ニ對スル諸願届等ヲ容易ナラシムルノ手段方法等ヲ講シ夫々相等ノ成績ヲ擧ケツツアリ又聯合支部ニ於テハ一般會員特ニ未教育補充兵教育ノ目的ヲ以テ活動寫眞ノ巡回映寫ヲ實施シ或ハ補助金下付ノ趣旨ト概ネ同樣ノ目的ヲ以テ聯合支部報（まんしう）ヲ毎月發行シテ普ク之ヲ會員ニ購讀セシムル爲之カ發行費ノ一部ニ補助金ヲ充當スル等補助金下付ノ目的

陸軍

達成ニ努力スルトコロアリ之カ爲未教育補充兵ノ軍事能力漸次向上シ且一般在鄉軍人ノ法規ノ履行モ亦漸次確實トナリ延テ之ニ關スル官署ノ召集事務ヲ容易且的確ナラシムルニ大ナル好果ヲ齎シツツアル事ヲ確認ス

然レトモ關東軍管下ニ於ケル在鄉軍人ハ其ノ何レノ地タルヲ問ハス異動頗ル頻繁ナルヲ以テ此種補助事業ハ絕ヘス之ヲ實施スルノ必要切ナルモノアルヲ認ム

陸軍

附二：昭和四年度关东厅及满铁会社补助金相应收支决算书

115

昭和四年度關東廳、滿鐵會社補助金ニ對スル

收支決算書

一、收入ノ部

關東廳補助金	三、〇〇〇円〇〇
滿鐵會社補助金	一〇、〇〇〇〇〇
計	一三、〇〇〇〇〇

二、支出ノ部

事業補助トシテ管下各支部及分會ヘ配布	一一、七八七円四一
聯合支部事業費	一、二一二五九
計	一三、〇〇〇〇〇

3

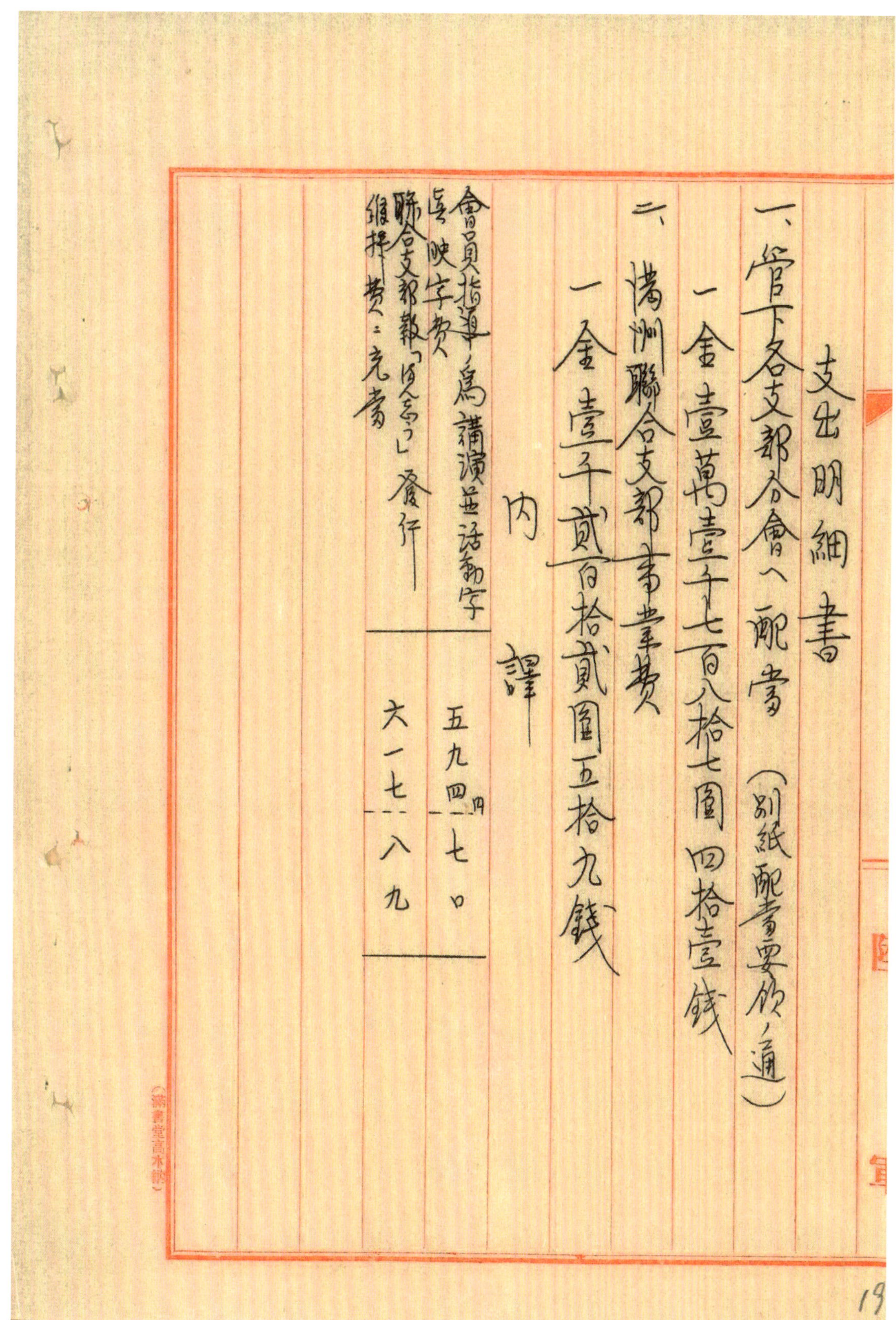

支出明細書

一、管下各支部分會ヘ配當（別紙配當要領ノ通）

一金壹萬壹千七百八拾七圓四拾壹錢

二、滿洲聯合支部事業費

一金壹千貳百拾貳圓五拾九錢

内譯

會員指導ノ爲講演並活動写眞映写費	五九四・七〇
聯合支部報「ほんぶつ」發行維持費ニ充當	六一七・八九

附三：昭和四年度关东厅及满铁会社补助金分配要点

昭和四年度關東廳並満鐵會社補助金配當要領

満洲聯合支部

一、本補助金ハ満洲聯合支部ニ對シ昭和四年度事業費補助トシテ關東廳廳ヨリ金參千円也、南満洲鐵道株式會社ヨリ金壹萬円也ヲ受ケタルモノニ付昭和三年度補助金配當要領ニ準シテ配當スルモノトス

（但シ正會員數ハ昭和四年四月一日調トス）

二、各團體配當ノ基礎左ノ如シ

イ、聯合支部ニ對シテハ　壹千貳百円也、

ロ、支部ニ對シテハ一支部壹百六拾円ニ支部内分會數ニ應シ事業ニ對スル通信費補助（一分會ニ七円宛）ヲ加算シタルモノニ依ル

3. 聯合分會ニ對シテハ事業費（正會員数ニ依ルモノ）、庶務費補助（一聯合分會四十八円）及該分會内分會ノ分會数ニ應シ事業ニ對スル通信費（一分會五円宛）ヲ加算シタルモノニ依ル

4. 聯合分會ヲ組織セサル分會ニ對シテハ事業費（正會員数ニ依ルモノ）ニ庶務費補助（一分會參拾円宛）ヲ加算シタルモノニ依ル

三、昭和四年四月一日現在調査ニ依ル諸統計左ノ如シ

1. 正會員数　一、五七八一名
2. 聯合支部　一個
3. 支部　五個
4. 聯合分會　二個

117

5、聯合分會内分會　一一個

6、聯合分會ヲ組織セサル分會　三一個

四 前各項ニ依リ計算セシ配當額左ノ如シ

1、配當金總額　一三、〇〇〇、〇〇円

2、會員數ニ依ル配當（一人平均六十八銭）　九、六二六、四一

3、聯合支部配當（拾貳円五拾九銭配當残ヲ加算）　一、二一二、五九

4、支部配當　八〇〇、〇〇

5、支部内分會數ニ應スル通信費補助　二八〇、〇〇

6、聯合分會配當　九六、〇〇

7、聯合分會内分會數ニ應スル通信費補助　五五、〇〇

8、聯合分會ヲ組織セサル分會ニ対スル庶務費補助　九三〇、〇〇

五、各團體配當額

團體名	管下分會數	正會員數	庶務費	通信費	正會員數ニ依ル事業費	計
		名	円	円	円	円
聯合支部			1212.59			1,212.59
旅順支部	15		160.00	105.00		265.00
大連市聯合分會	9	4,907	48.00	45.00	2,993.27	3,086.27
旅順分會		690	30.00		420.90	450.90
金州分會		192	30.00		117.12	147.12
普蘭店分會		153	30.00		93.33	123.33
貔子窩分會		183	30.00		111.63	141.63
柳樹屯分會		21	30.00		12.81	42.81

113

公主嶺支部	4		160 00	28 00		188 00
長春分會		947	30 00		577 67	607 67
公主嶺分會		242	30 00		147 62	177 62
四平街分會		453	30 00		276 33	306 33
鄭家屯分會		31	30 00		18 91	48 91
奉天支部	6		160 00	42 00		202 00
奉天分會		2092	30 00		1,276 12	1,306 12
蘇家屯分會		58	30 00		35 38	65 38
撫順分會		1432	30 00		873 52	903 52
鐵嶺分會		303	30 00		184 83	214 83
開原分會		221	30 00		134 81	164 81

111

團體名	管下分會數	正會員數	庶務費	通信費	正會員數ニ依ル事業費	計
昌圖分會		38	30 00		23 18	53 18
大石橋支部	9		160 00	63 00	[illegible]	223 00
遼陽分會		462	30 00		281 82	311 82
鞍山分會		677	30 00		412 97	442 97
大石橋分會		249	30 00		151 89	181 89
海城分會		36	30 00		21 96	51 96
營口分會		314	30 00		191 54	221 54
蓋平分會		22	30 00		13 42	43 42
熊岳城分會		76	30 00		46 36	76 36
瓦房店分會		275	30 00		167 75	197 75

196

119

錦州旭樓會		15	30.00		9.15	39.15
連山關支部	6		160.00	42.00		202.00
安東聯合分會	2	704	48.00	10.00	429.44	487.44
鶏冠山分會		105	30.00		64.05	94.05
本溪湖分會		226	30.00		137.86	167.86
橋頭分會		116	30.00		70.76	100.76
哈爾濱誠志會		419	30.00		255.59	285.59
吉林分會		72	30.00		43.92	73.92
寨門分會		6	30.00		3.66	33.66
齊々哈爾至誠會		44	30.00		26.84	56.84

合計 13000.00

满铁社长室文书课关于向帝国在乡军人会满洲联合支部发放补助金事致帝国在乡军人会满洲联合支部部长三宅光治的函（一九三〇年四月二十八日）

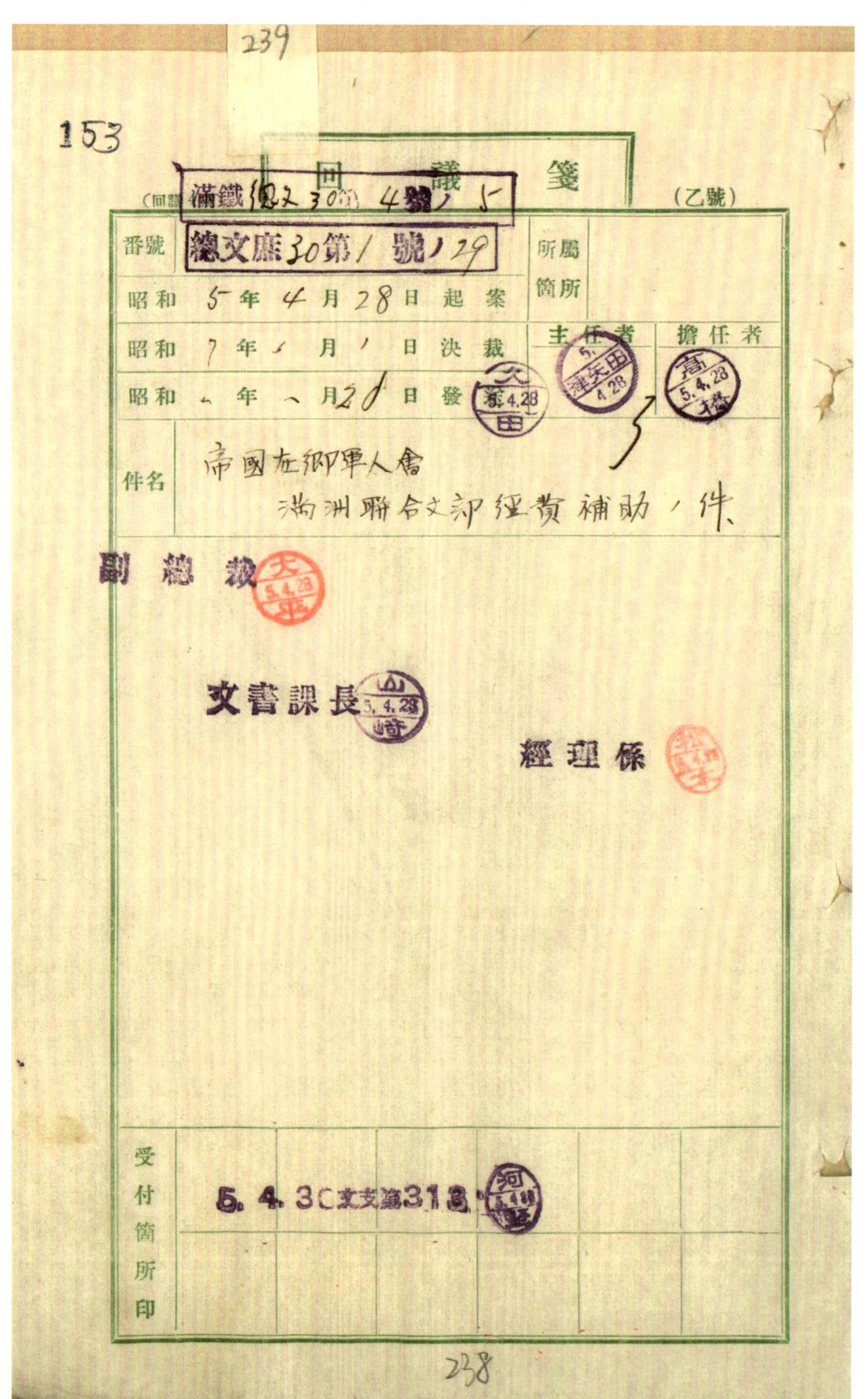
239

153

回議箋

（回議）満鐵總文30第4號ノ5　（乙號）

番號	總文庶30第1號ノ29	所屬箇所	
昭和	5年4月28日起案	主任者	擔任者
昭和	7年　月　日決裁		
昭和	年　月28日發送	5. 4.28	高 5.4.28
件名	帝國在鄉軍人會 滿洲聯合支部經費補助ノ件		

副總裁

文書課長

經理係

受付箇所印　5. 4. 30 文支第313

238

154

南滿洲鐵道株式會社

(155—2)

来

文書課長

関東軍司令部内

帝國在郷軍人會滿洲支部長

三宅光治宛

件名

首題補助金昭和5年度分金10,000圓也別途銀行為替ヲ以テ送金致候間御査收ノ上ハ受領証御回送相成度此段御通知申上候也

(23 鮎川洋行納)　(300,000)

240

帝国在乡军人会满洲联合支部部长三宅光治关于感谢满铁补助事致满铁总裁仙石贡的函（一九三〇年五月七日）

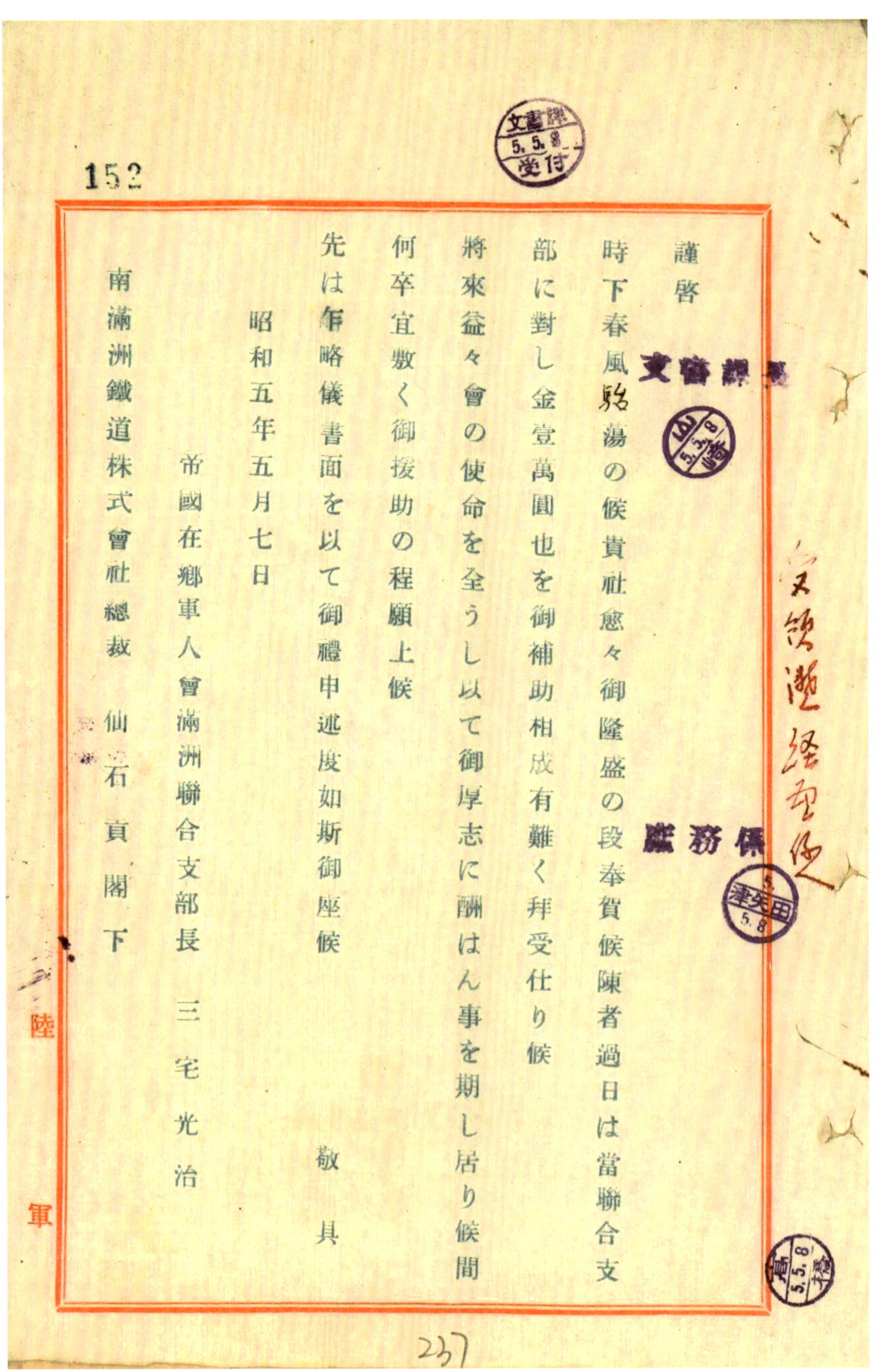

152

謹啓

時下春風駘蕩の候貴社愈々御隆盛の段奉賀候陳者過日は當聯合支部に對し金壹萬圓也を御補助相成有難く拜受仕り候

將來益々會の使命を全うし以て御厚志に酬はん事を期し居り候間何卒宜敷く御援助の程願上候

先は乍略儀書面を以て御禮申述度如斯御座候　敬具

昭和五年五月七日

帝國在鄉軍人會滿洲聯合支部長　三宅光治

南滿洲鐵道株式會社總裁　仙石貢閣下

陸軍

237

满洲青年联盟理事长小日山直登关于举办铁道守备队慰安会及青年议会请予补助事致满铁总裁仙石贡的函
（一九三〇年六月二日）

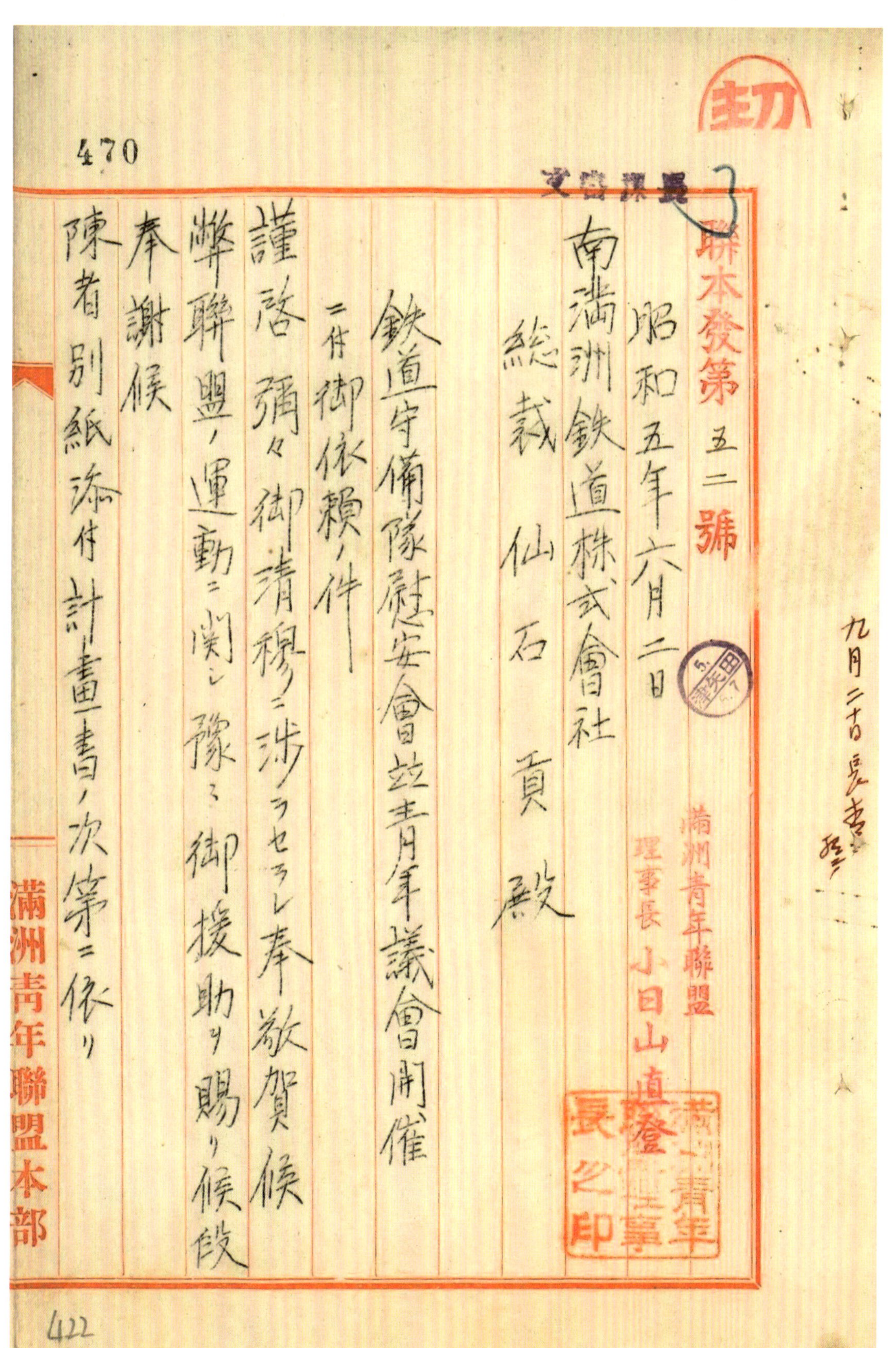
470

聯本發第五二號

昭和五年六月二日

満洲青年聯盟
理事長　小日山直登

南満洲鉄道株式會社
総裁　仙石貢殿

鉄道守備隊慰安會並青年議會開催ニ付御依頼ノ件

謹啓　彌々御清穆ニ渉ラセラレ奉敬賀候　
弊聯盟ノ運動ニ関シ隊ニ御援助ヲ賜リ候段奉謝候
陳者別紙添付計畫書ノ次第ニ依リ

満洲青年聯盟本部

九月二十日　長　書

422

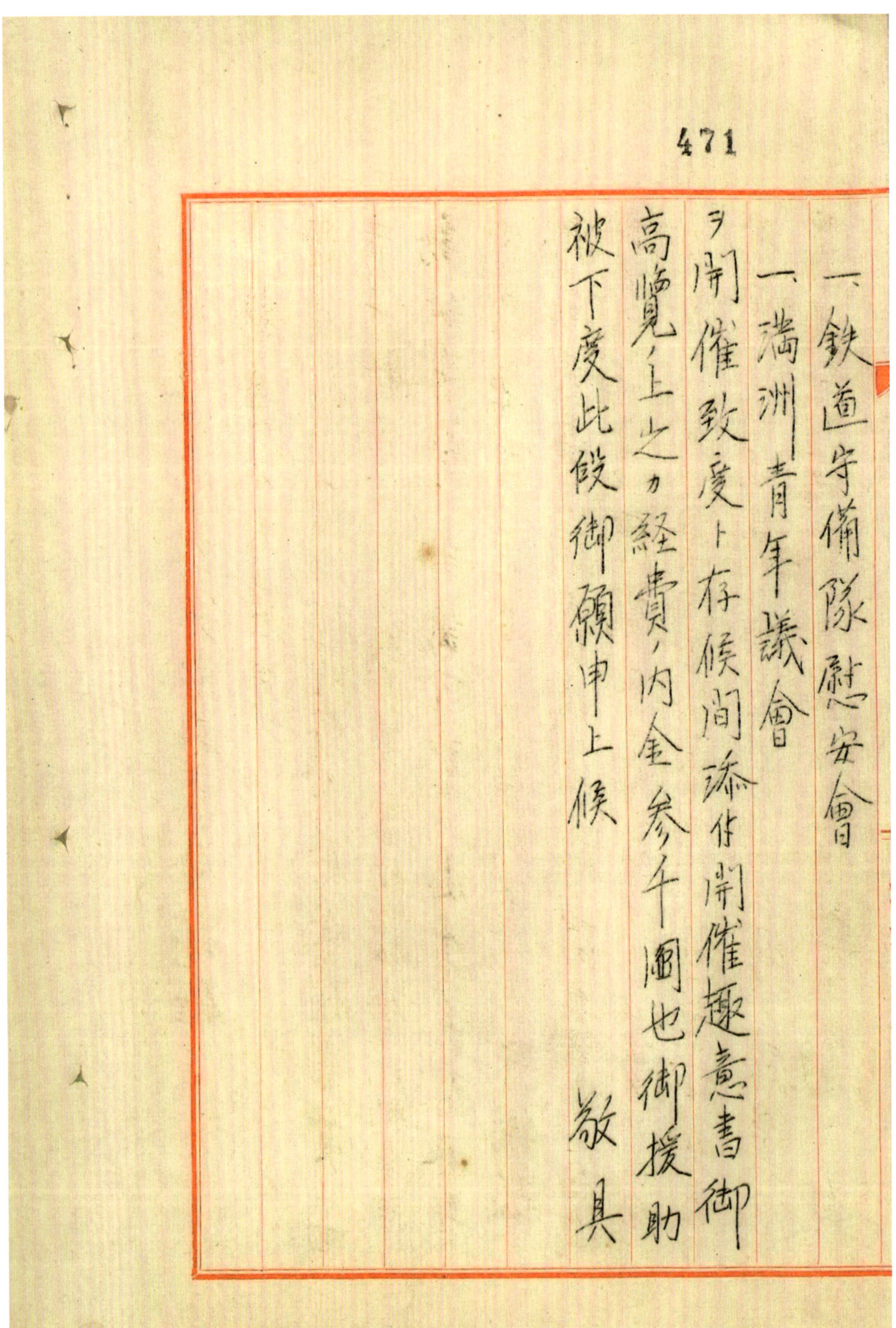
471

一、鉄道守備隊慰安會
一、満洲青年議會
ヲ開催致度ト存候間添付開催趣意書御
高覧ノ上之カ経費ノ内金参千圓也御援助
被下度此段御願申上候　敬具

472

鉄道守備隊兵員慰安會開催ノ
趣意並計畫書

趣意

昨年十一月奉天ニ於テ開催セル第二回青年議會ニ於テ警察官後援會創立運動促進ノ議ヲ討議可決セル處憲兵隊及守備隊要路ノ方ヨリ「青年聯盟テハ守備隊ニ就テモ考慮ヲ願度殊ニ守備隊兵員ト在滿邦人トノ間ニ接觸ノ機會カ全ク無イノハ甚タ遺憾テアル」トノ内意ヲ洩ラサレタルニ鑑ミ在滿駐屯軍慰安會ヲ開催シ僻陬ノ奥地ニ在ツテ寒暑ヲ冒シ土匪ト闘ヒ守備隊將卒ノ勞ヲネギラフ旁

滿洲青年聯盟本部

423

473

在满邦人青年ト軍隊トノ接觸ヲ計リ嚴肅ナル軍隊ニ近接スルコトニ依ツテ剛健ナル思想ノ普及ニ資スルハ現下ノ狀勢ニ鑑ミ最モ意義深キコトト考ヘ試ニ旅順及柳樹屯ニ於テ軍隊慰安會ヲ催シタルニ軍隊及市民ヨリ絶大ノ好感ヲ以テ迎ヘラレ豫期以上ノ効果ヲ收メ得タリ其後軍隊側ヨリノ要望モアリ次記計畫ニ基キ全滿各地ニ亘ツテ開催セムトスルモノナリ。

計畫

沿線二十六箇所ノ守備隊ノ所在地ノ区分ニ從ヒ各聯盟支部ニ分担シ各支部ノ手配及費用ヲ以テ順次軍隊慰安會ヲ開催スルモノトシ

474

余興ニ要スル映画ヲ聯本部ヨリ派遣スルモノトス
慰安會ハ守備隊兵員及地方市民就中青年ヲ招キ講演ハ懇談ヲ爲シ余興トシテ映画講談琵琶ヲ演スルモノトス

慰安隊定ノ主催支部ト其個所

主催支部名	慰安個所名
撫順支部	守備二大隊第二中隊
開原支部	〃 第一中隊
〃	昌図守備五大隊第二中隊
鉄嶺支部	守備五大隊第三中隊及第四中隊
〃	歩兵第三十八聯隊第一中隊及第二中隊

滿洲青年聯盟本部

424

475

四平街支部	郭家店守備五大隊第一中隊
	四平街守備独立司令部第一中隊五大隊本部
公主嶺支部	独立司令部一大隊第二中隊第三中隊
旅順支部	旅順九聯隊第一及二大隊
瓦房店支部	瓦房店守備三大隊第四中隊
大石橋支部	大石橋守備三大隊第二中隊
〃	海城砲兵二十二聯隊
鞍山支部	鞍山守備六大隊第二中隊
奉天支部	奉天守備二大隊第四中隊
〃	〃 歩兵第三十三聯隊
〃	遼陽工兵八第十六大隊

満洲青年聯盟本部

〃　〃第十六師団
〃　虎石台守備二大隊第三中隊
〃　煙台守備六大隊第一中隊
長春支部　歩兵第三十八聯隊
〃　独立守備第一大隊第四中隊
本渓湖支部　守備第四大隊第一中隊
〃　連山関守備四大隊第二、三中隊
安東支部　守備第四大隊第四中隊
〃　〃第六大隊本部及第四中隊

計　弐拾六個所

477

各支部ノ費用ハ支部ノ負担トシテ本部ヨリ派遣スル映画ニ要スル費用ハ概算次ノ如シ

予算額	摘要
六五〇〇〇	旅費（汽車賃、馬車、人車、自働車、運搬費等交通ニ要スルモノ）
六〇〇〇〇	宿泊料（本部派遣員延日数六十日ノ宿泊及予備ヲ含ム）
三〇〇〇〇	給料（弁士、技師給料及出演者ニ対スル謝礼）
四五〇〇〇	雑費（フィルム損料、機械ノ賃貸料、通信費其ノ他）
計二〇〇〇〇〇	

478

第三回満洲青年議會

満洲青年議會ノ趣旨ニ付テハ曩ニ御諒解ヲ賜ハリタル如ク弊聯盟ノ目的「満蒙ニ於ケル吾カ民族ノ発展運動」ノ實行ヲ議シ併セテ在満邦人青年ノ大同團結ヲ計ルモノニ有之今回ハ其第三回ヲ本月下旬長春ニ於テ開催スルモノナリ實行方法招集人員等ハ前回ト同様トシ其經費概算次ノ如シ

予算額	摘要
一〇五〇	印刷費 投票用紙、案内状、議員名簿、議事日程
三〇〇	通信費 切手代、電報料、電話料

満洲青年聯盟本部

426

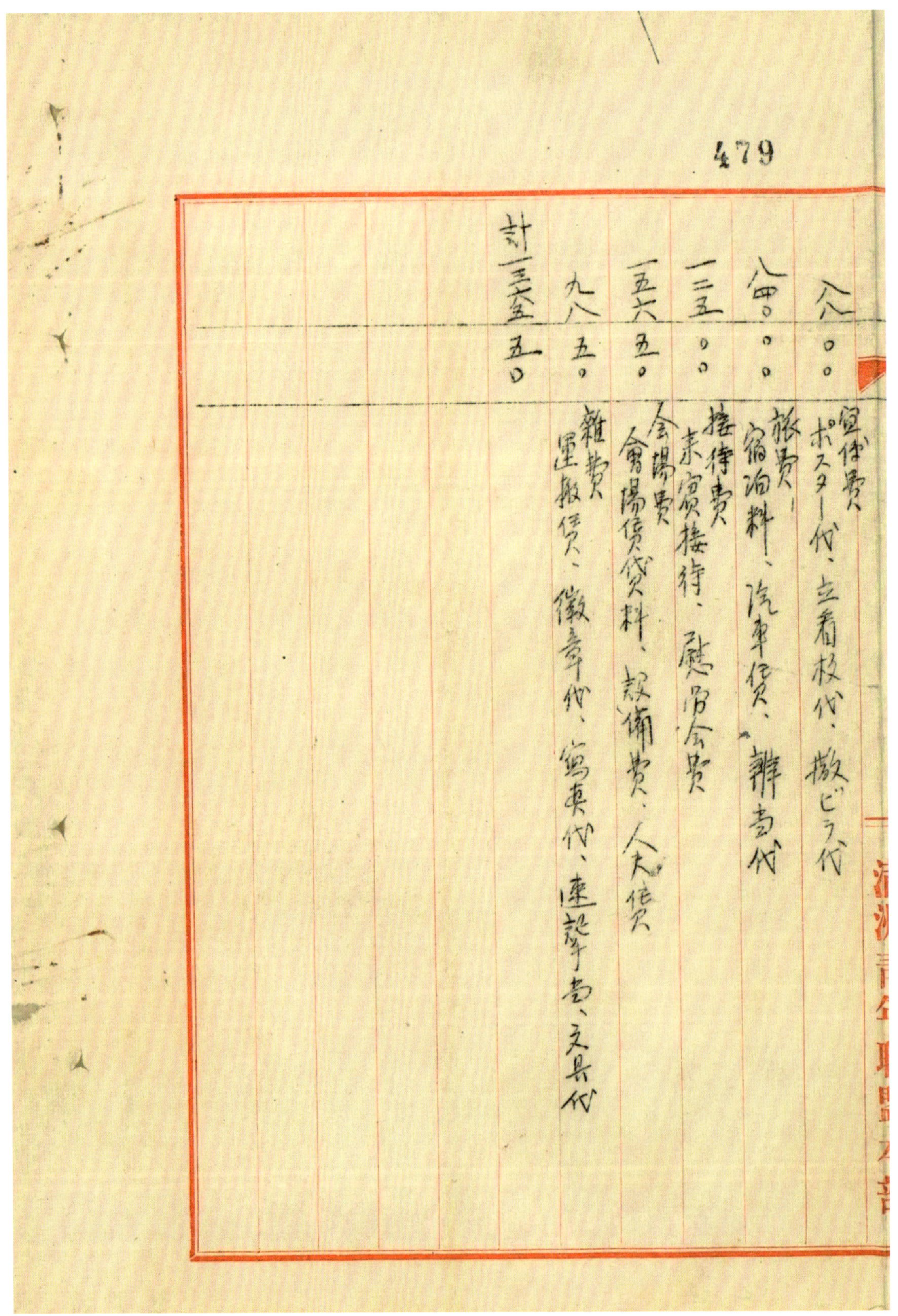
479

金額	内訳
八〇〇	宣伝費　ポスター代、立看板代、撒ビラ代
八四〇〇	旅費　宿泊料、汽車賃、雑費代
一三五〇〇	接待費　来賓接待、慰労会費
一五六五〇	会場費　會場借貸料、設備費、人夫賃
九八五〇	雑費　運搬賃、徽章代、写真代、速記料費、文具代
計一三六五五〇	

满铁总务部庶务课关于向满洲青年联盟提供补助事致满洲青年联盟理事长金井章次的函（一九三〇年九月九日）

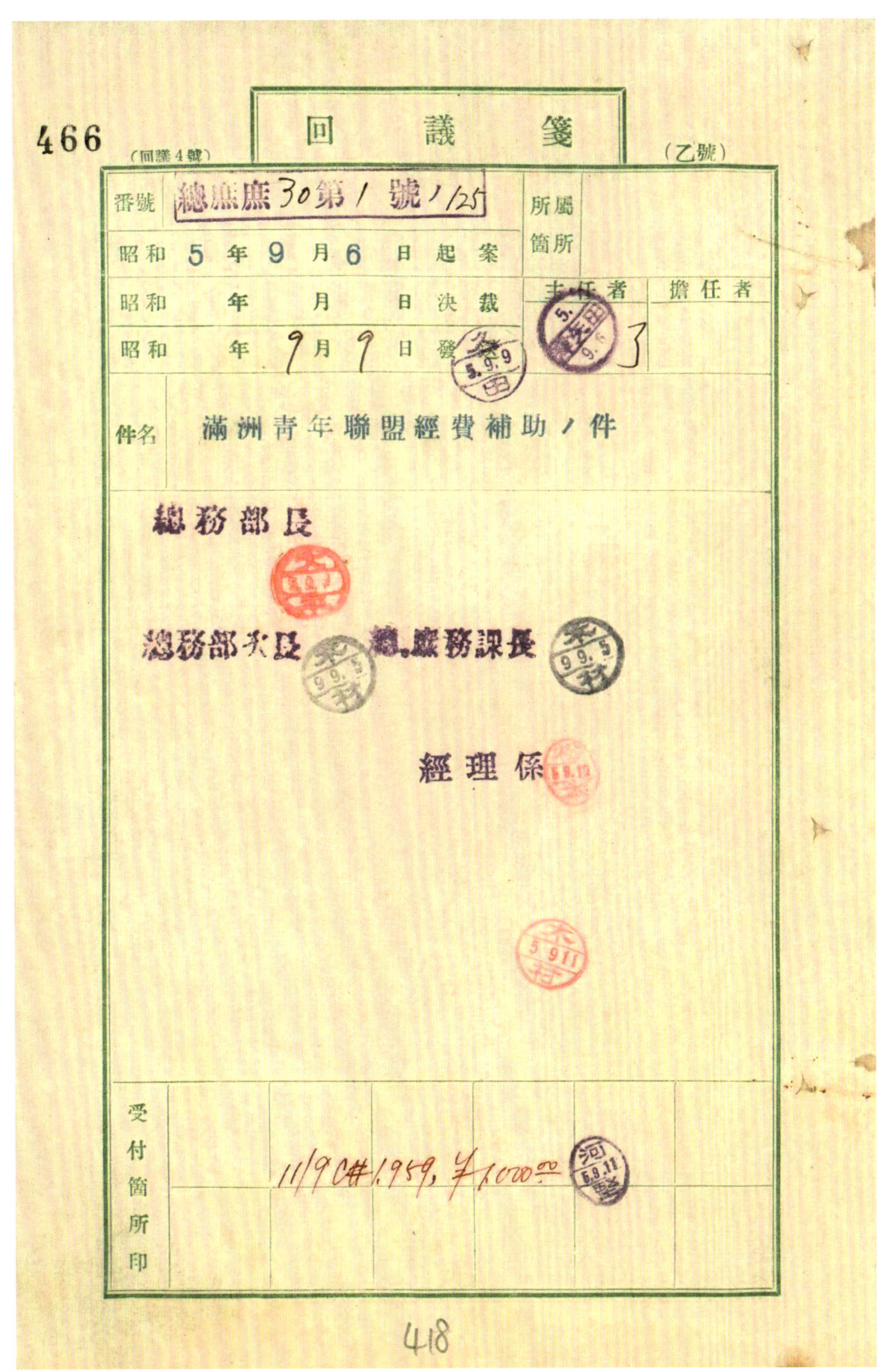

466

（回議4號） 回議箋 （乙號）

番號	總庶庶30第1號ノ125	所屬箇所	
昭和	5年9月6日起案	主任者	擔任者
昭和	年 月 日決裁		
昭和	年9月9日發	了	

件名 滿洲青年聯盟經費補助ノ件

總務部長

總務部次長 總庶務課長

經理係

受付箇所印 11/9 C# 1959, ¥1000.00

418

467

(タイプ紙1號) 南滿洲鐵道株式會社

案

總、庶務課長

滿洲青年聯盟
理事長　金井章次　宛

拜復昭和5年度貴聯盟事業費補助ノ件ニ關シ御來意ノ趣拜承致候處~~當社ニ於テモ種々都合有之不足額ノ全部ヲ負擔致候事ハ詮議致難ク就テハ~~経費節減ノ折ニ之アリト雖モ金1,000圓也補助致候ニ付右ニ御承知相成度此ノ段御通知申上候也

(5. 6. 共和號納)

419

满铁总务部庶务课关于向中日国民感情融合运动提供补助事的回议笺（一九三一年一月二十一日）

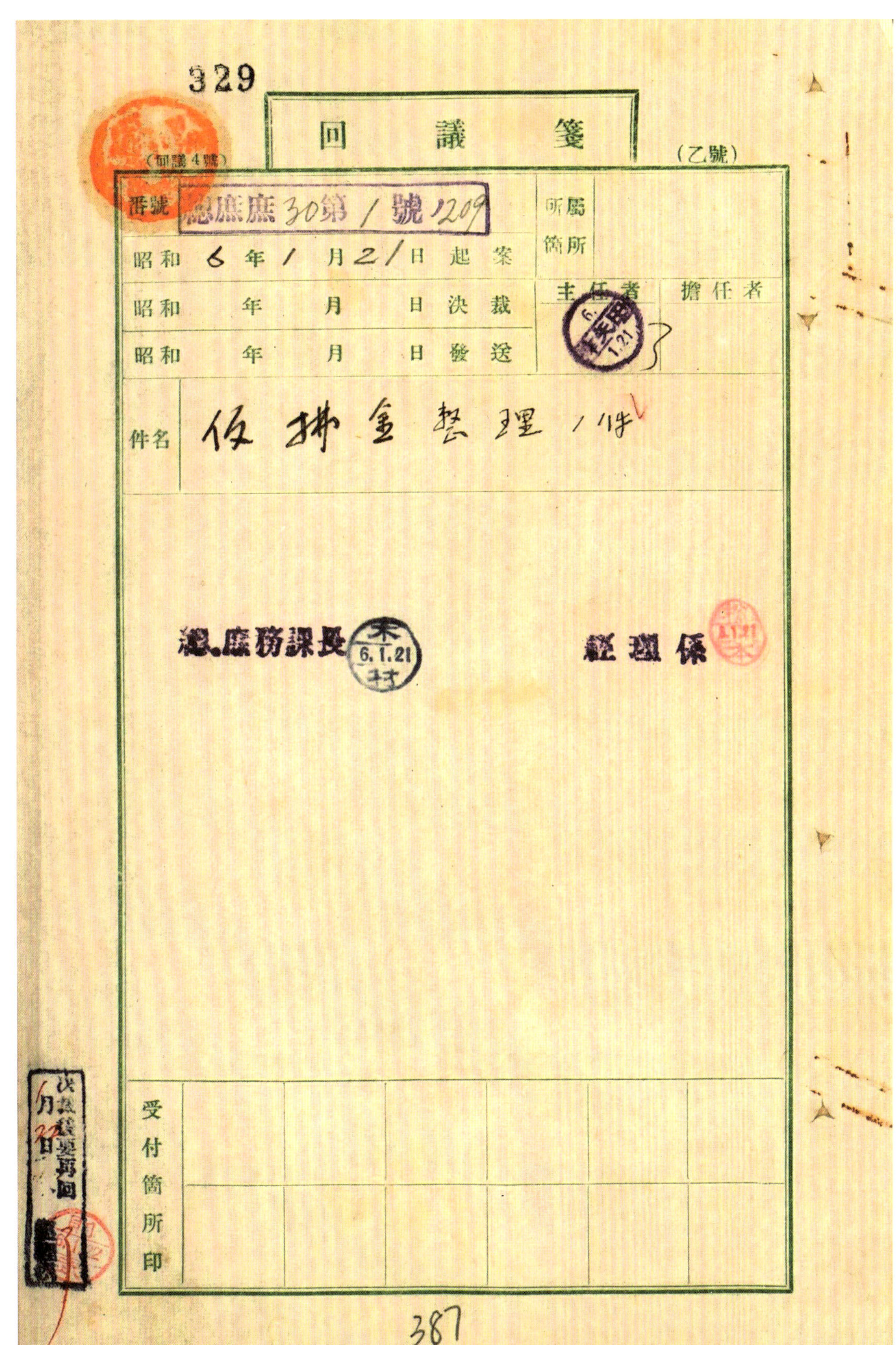
329

回議箋

（回議4號）　　（乙號）

番號	總庶庶30第1號1209	所属箇所	
昭和6年1月21日起案		主任者	擔任者
昭和　年　月　日決裁			
昭和　年　月　日發送			
件名	仮拂金整理ノ件		

總.庶務課長　　經理係

受付箇所印

387

330

（罫紙２號）　南滿洲鐵道株式會社

畏ニ日支両民感情融和
運動資金トシテ石光真臣
氏ニ對シ支出セル金8,000円
也ハ支出ニ充テ仮払金トシ
テ支出セルガ本支出ハ臨時
費支辨トシテ整理方取
計成度

22/1/1総理j7862号
臨時費ニ振替済

中川
6.1.22
裏

（5.5. 共和號納）

388

帝国在乡军人会满洲联合支部关于事业概况报告及收支决算报告事致满铁的函（一九三一年四月十日）

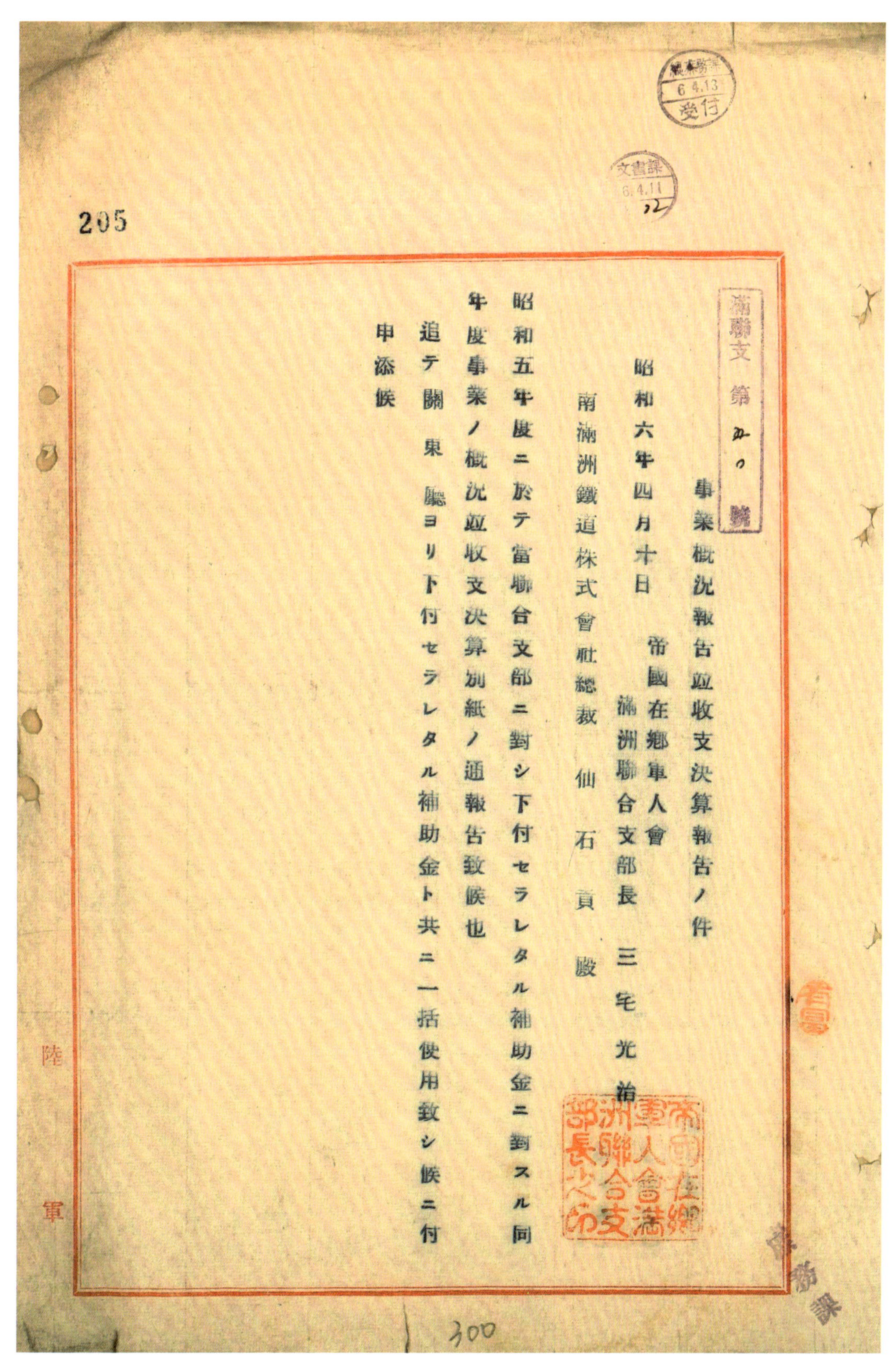

205

滿聯支第四〇號

事業概況報告竝收支決算報告ノ件

昭和六年四月十日

帝國在鄉軍人會
滿洲聯合支部長 三宅光治

南滿洲鐵道株式會社總裁 仙石貢殿

昭和五年度ニ於テ當聯合支部ニ對シ下付セラレタル補助金ニ對スル同年度事業ノ概況竝收支決算別紙ノ通報告致候也

追テ關東廳ヨリ下付セラレタル補助金ト共ニ一括使用致シ候ニ付申添候

附一：事业成绩概况书

206

事業成績概況書

昭和五年度ニ於テ下付セラレタル關東廳並滿鐵會社ノ補助金ハ指令ノ趣旨ニ基キ其ノ使途ヲ示シテ別紙配當要領ノ通リ其ノ一部ヲ聯合支部ニ又其ノ大部ヲ夫々支部、分會ニ分配セリ而シテ事業成績ノ概況次ノ如シ

一、聯合支部ニ於テハ在郷軍人ノ軍事能力ヲ增進シ精神修養ニ資シ其ノ責務ヲ自覺セシムル目的ヲ以テ毎月聯合支部報「まんしう」一萬七千部ヲ發行シ普ク全滿在留ノ會員ニ購讀セシム之カ發行費ノ補助トシテ聯合支部ニ配當ノ補助金全額ヲ使用セリ

二、各支部ニ於テハ未教育補充兵ノ軍事教育ヲ企畫シ支部ノ指導ノ下ニ各分會ヲシテ之ヲ實施セシメ以テ軍隊教育ノ一端ヲ會得シ且規律節制等ノ諸德ヲ涵養セシムル等彼等ヲシテ軍人タルノ自覺ヲ促シ服役上ノ義務履行ニ資スル處アリ其ノ成績逐年向上進歩シ軍事ニ貢獻スル所頗ル大ナリ

三、各分會ニ於テハ各地官署ト連繫シテ在郷軍人ノ服役上ノ義務履行ヲ

陸軍

301

207

確實ナラシムルノ手段ヲ講シ以テ官署ノ召集實施業務ヲ援助スルト共ニ官署ト連合シテ時々模擬召集演習又ハ警備演習ヲ實施シ召集業務ノ實績ヲ向上スルト共ニ地方警備ノ補助手段ヲ確立ス

右ノ如ク本會ハ本補助金ニ依リ前記ノ事業ヲ計畫實施シ會員ノ指導誘掖ニ努力スル所アリ從テ在郷軍人殊ニ未教育補充兵ノ軍事能力ヲ増進シ義務心ヲ喚起シ法規ノ履行漸次確實トナリ延テ之ニ關スル官署ノ召集事務ヲ容易且的確ナラシムルニ大ナル効果ヲ齎シツツアルヲ確認ス

然レトモ關東軍管下ニ於ケル在郷軍人ハ其ノ何レノ地タルヲ問ハス異動頗ル頻繁ナルヲ以テ此種ノ事業ハ絶ヘス之ヲ實施シ一層其ノ成績ノ向上ヲ計ルノ要大ナルモノアルヲ認ム

陸軍

302

附二：昭和五年（一九三〇年）度关东厅满铁会社补助金收支决算书

208

昭和五年度関東廳満鉄会社補助金ニ對スル收支決算書

帝國在郷軍人會満洲聯合支部

一、收入ノ部

科目	金額	備考
関東廳補助金	二、五〇〇円〇〇	
満鉄会社補助金	一〇、〇〇〇〇〇	
計	一二、五〇〇〇〇	

二、支出ノ部

科目	金額	備考
聯合支部ヘ配當	六〇〇円〇〇	はんまう發行費ニ充當ス
管下各支部分会ヘ配當	一一、九〇〇〇〇	別紙配當要領ニヨリ配當ス
計	一二、五〇〇〇〇	

303

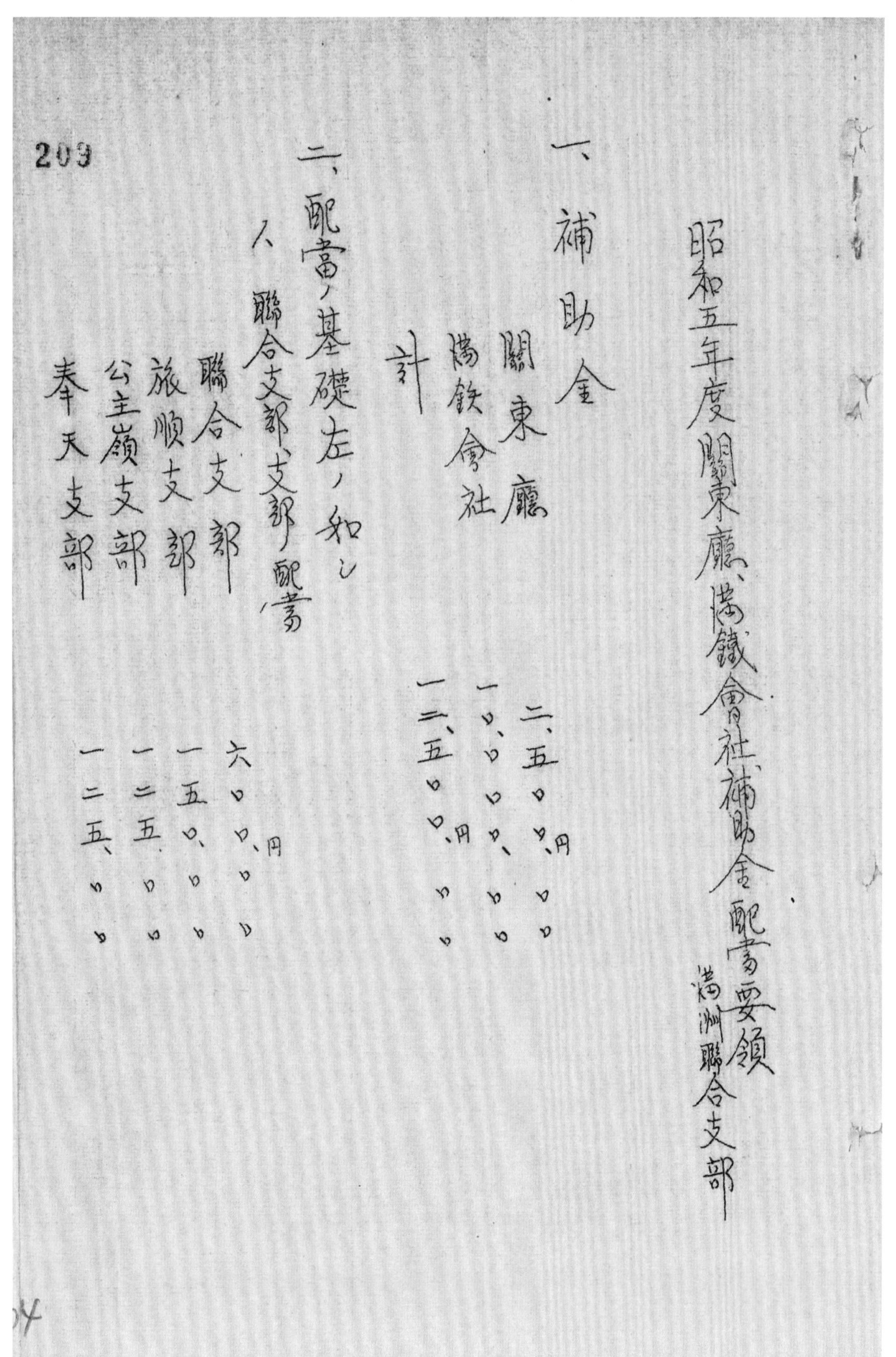

209

昭和五年度関東廳、満鐵會社、補助金配當要領

満洲聯合支部

一、補助金

関東廳	二、五〇〇、〇〇円
満鉄會社	一〇、〇〇〇、〇〇
計	一二、五〇〇、〇〇円

二、配當ノ基礎左ノ如シ

イ、聯合支部、支部ノ配當

聯合支部	六〇〇、〇〇円
旅順支部	一五〇、〇〇
公主嶺支部	一二五、〇〇
奉天支部	一二五、〇〇

204

大石橋支部　一二五、〇〇円
連山関支部　一二五、〇〇

2、十一月一日ヨリ新設スヘキ支部ノ配當
鐵嶺支部　六〇、〇〇円
鞍山支部　六〇、〇〇

3、聯合分會ニ対スル配當
大連市聯合分會　一〇〇、〇〇円
奉天聯合分會　五〇、〇〇
安東聯合分會　四〇、〇〇

4、聯合分會ヲ組織セサル分會ニ対シテハ一分會三十円宛

5、前各號ニ依ル金額ヲ扣除シタル残ヲ正會員數ニ比例シ各分會ニ配當ス（一人平均約六十三銭五厘）

三、前記配當ノ基礎ニ依ル各團體ノ配當額別表ノ如シ（正會員數ハ本年四月一日調トス）

30

210

各團體補助金配當表

團体名 / 区分	正會員數	正會員數ニ対スル事業費ノ配當款	事業費補助	計
	名	円	円	円
聯合支部			600.00	600.00
旅順支部			150.00	150.00
大連市聯合分會			100.00	100.00
大連第一分會	387	241.00		241.00
大連第二分會	340	213.00		213.00
大連第三分會	338	211.00		211.00
大連第四分會	376	234.00		234.00
大連第五分會	360	224.00		224.00
大連市大廣場分會	731	457.00		457.00
大連東公園分會	1,654	1035.00		1,035.00
沙河口分會	555	348.00		348.00
大連電氣分會	307	192.00		192.00

團体名 / 区分	正會員數	正會員數ニ対スル事業費ノ配當款	事業費補助	計
	名	円	円	円
旅順分会	700	439.00	30.00	469.00
貔子窩分会	201	126.00	30.00	156.00
金州分会	181	114.00	30.00	144.00
普蘭店分会	141	88.00	30.00	118.00
柳樹屯分会	21	13.20	30.00	43.20
公主嶺支部			125.00	125.00
長春分会	975	610.00	30.00	640.00
公主嶺分会	281	176.00	30.00	206.00
四平街分会	463	290.00	30.00	320.00
鄭家屯分会	41	25.00	30.00	55.00
奉天支部			125.00	125.00
奉天聯合分会			50.00	50.00
奉天東分会	692	433.00		433.00

305

奉天西分会	480	300.00		300.00
奉天満鉄分会	560	350.00		350.00
奉天居留民分会	203	126.00		126.00
蘇家屯分会	60	37.00	30.00	67.00
撫順分会	1533	958.00	30.00	988.00
鉄嶺分会	313	196.00	30.00	226.00
開原分会	268	167.00	30.00	197.00
昌図分会	33	20.00	30.00	50.00
大石橋支部			125.00	125.00
遼陽分会	[illegible]	290.00	30.00	320.00
鞍山分会	645	404.00	30.00	434.00
大石橋分会	272	170.00	30.00	200.00
海城分会	38	23.00	30.00	53.00
営口分会	308	193.00	30.00	223.00

211

区分 / 団体名	正会員数	正会員数ニ対スル事業費ノ配当額	事業費補助	計
蓋平分会	26名	16円30	30円00	46円30
熊岳城分会	77	48.00	30.00	78.00
瓦房店分会	291	182.00	30.00	212.00
錦州分会	14	8.80	30.00	38.80
連山関支部			125.00	125.00
安東聯合分会			40.00	40.00
安東第一分会	432	271.00		271.00
安東第二分会	268	167.00		167.00
鶏冠山分会	120	75.00	30.00	105.00
本渓湖分会	237	148.00	30.00	178.00
橋頭分会	124	78.00	30.00	108.00
ハルビン[illegible]支会	426	267.00	30.00	297.00
吉林分会	70	44.00	30.00	74.00

306

塞門分会	6	3.70	30.00	33.70
4、八、九 至誠会	45	28.00	30.00	58.00
鐵岑支部			60.00	60.00
斯山支部			60.00	60.00
合計	名 16056	円 10,040.00	円 2,460.00	円 12,500.00

212

307

帝国在乡军人会满洲联合支部部长三宅光治关于申请补助事致满铁的函（一九三一年六月四日）

193

請求書

一金八千圓也

但シ昭和六年五月二十九日総庶庶三一第一号ノ六二ニ依ル昭和六年度補助金

右請求候也

昭和六年六月四日

關東軍司令部内

帝國在鄉軍人會滿洲聯合支部長三宅光治

南滿洲鐵道株式會社 御中

帝國在鄉軍人會滿洲聯合支部

293

帝国在乡军人会满洲联合支部部长三宅光治关于请满铁向该支部提供补助事致满铁总务部庶务课课长土肥颢的函
（一九三一年六月五日）

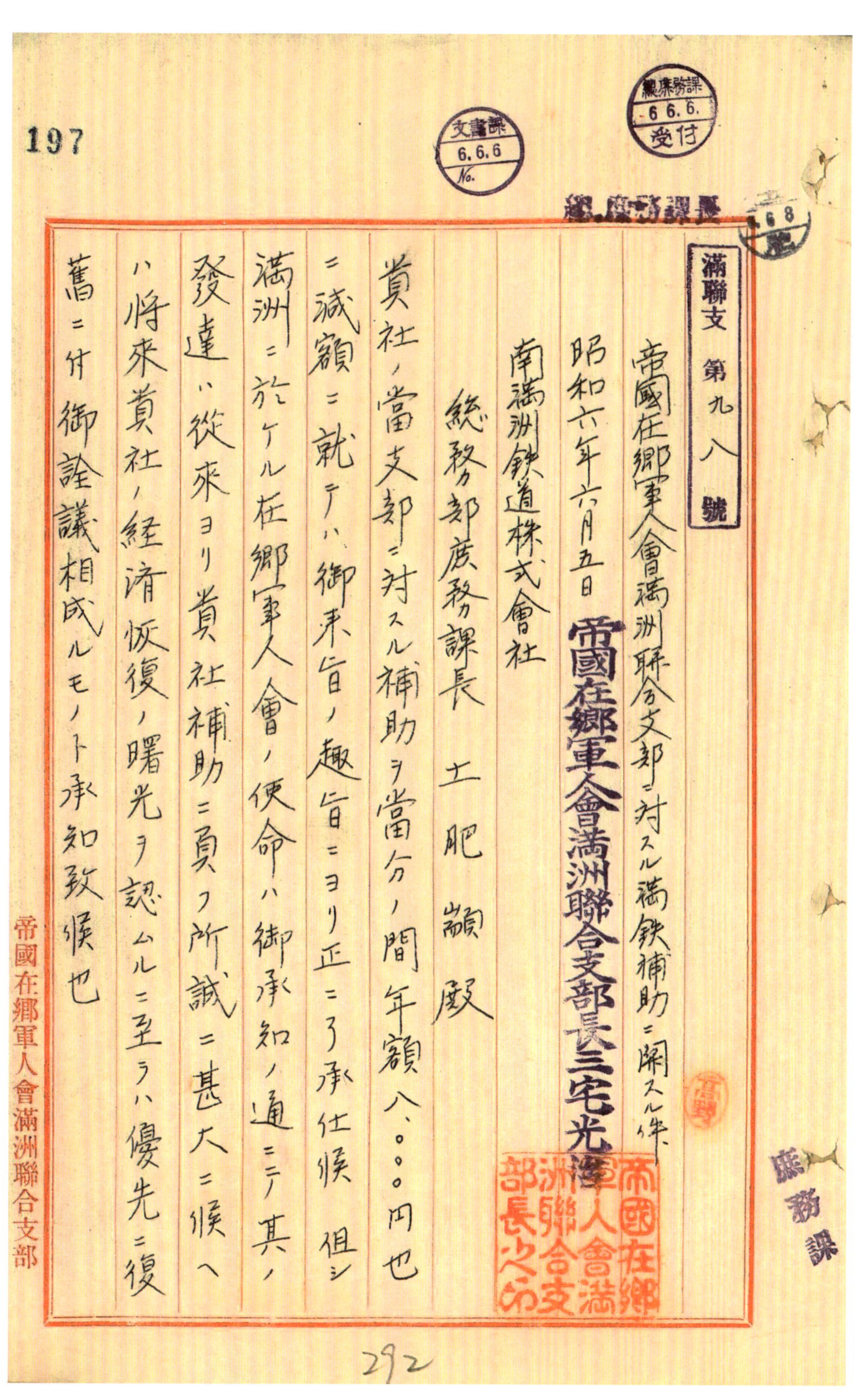

滿聯支 第九八號

帝國在鄉軍人會滿洲聯合支部ニ対スル滿鉄補助ニ関スル件

昭和六年六月五日

帝國在鄉軍人會滿洲聯合支部長三宅光治

南滿洲鉄道株式會社

総務部庶務課長 土肥顓殿

貴社ノ當支部ニ対スル補助ヲ當分ノ間年額八、〇〇〇円也ニ減額ニ就テハ御来旨ノ趣旨ニヨリ正ニ了承仕候 但シ滿洲ニ於ケル在鄉軍人會ノ使命ハ御承知ノ通ニテ其ノ發達ハ從來ヨリ貴社補助ニ負フ所誠ニ甚大ニ候ヘハ将來貴社ノ経済恢復ノ曙光ヲ認ムルニ至ラハ優先ニ復舊ニ付御詮議相成ルモノト承知致候也

帝國在鄉軍人會滿洲聯合支部

满洲青年联盟代理理事长金井章次关于请向在满日本人士气振兴运动提供补助事致满铁总裁仙石贡的函（一九三一年六月六日）

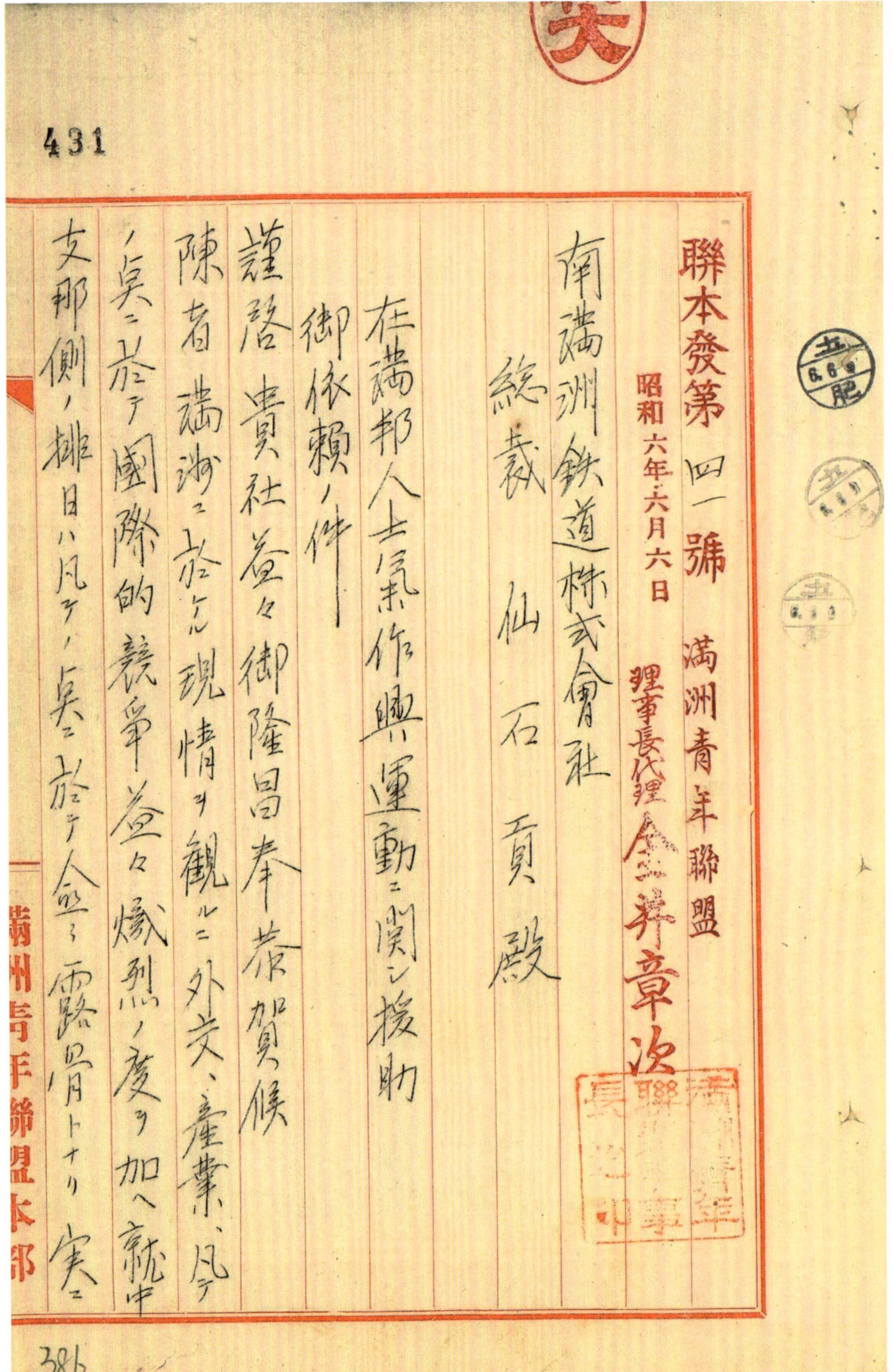

431

聯本發第四一號

昭和六年六月六日

滿洲青年聯盟
理事長代理 金井章次

南滿洲鉄道株式會社
總裁 仙石貢殿

在滿邦人士氣作興運動ニ關シ援助御依頼ノ件

謹啓 貴社益々御隆昌奉恭賀候

陳者滿洲ニ於ケル現情ヲ觀ルニ外交、産業、凡テノ点ニ於テ國際的競爭益々熾烈ノ度ヲ加ヘ就中支那側ノ排日ハ凡テノ点ニ於テ全ク露骨トナリ実ニ

滿洲青年聯盟本部

386

重要ナル時機ニ向ヒツヽアルコトハ茲ニ贅言ヲ要セス、在満邦人ハ官民上下一致シテ局面打開ニ専念スベキ緊急ナル時機ト存セラレ候

然ルニ在満邦人ノ現況ヲ観ルニ俸給生活者ハ不況馘首ノ声ニ怖レ、商工業者ハ目前ノ小利ニ齷齪シ萎微敗頽ノ気分ニ浸リ一面華美淫蕩ノ風ハ全満邦人都市ニ漲リ亘リ、之ヲ支那側カ小学生迄ニモ排日精神ヲ吹キ込ミ「国権回収」「旅大回収」ノスローガンノ下ニ国民ヲ挙ゲテ優生運動ニ精進シツヽアル旺盛ナル士気ニ比スレバ其ノ差霄壌モ啻ナラズ実ニ邦人ノ前途憂フベキモノアリ、而シテ

433

國民精神ノ指導ニ當ル當局ノ處置ヲ觀ルニ現内閣成立ノ當時ニ於テコソ國債償還、生活改善ノ標語ノ下ニ緊縮節約ノ宣傳ナサレタルモ今日ニ於テハ殆ド夢ノ如ク忘レ去ラレ候

「大和民族ノ大陸發展」ヲ目的トスル弊聯盟ハ叙上ノ如キ滿蒙現下ノ情勢ニ鑑ミ滿蒙ノ時局ニ對シ日本國民ノ正當ナル輿論ヲ喚起スル爲「パンフレツト」一万部ヲ自力ニ依リテ發行シ日本全國ノ諸團隊ニ配布スル計畫ヲ樹テ目下配布中ニ有之候

之ト同時ニ滿洲ニ在リテハ時局ヲ正當ニ認識シ士氣ノ作興ニ努ムルト同時ニ浮華輕佻ノ風ヲ一掃シ私

滿洲青年聯盟本部

387

301部（750円）

434

経済ヲ健實ニスル生活改善ノ実行運動ヲ併セテ起シ度ト存候

而シテ右運動方法トシテハ別紙添付計畫書ノ次第ニ依リ全満一切ニ講演会ヲ開催致ス所存ニ有之候　就テハ微衷ニ御賛成ノ上左記御援助ヲ仰キ度此段奉願候也

記

一、満鉄全線鉄道便乗券（期間三十日）　八枚

~~一、運動費補助金壱千円也~~

一、「満蒙問題ト其ノ実相」壱千部買上ゲ方

以上

435

計畫書

一、パンフレット発行配付

第一回「満蒙問題と其ノ真相」ト題セルパンフレット五千部ヲ発行シ内二千部ヲ内閣要路、貴衆両院議員、各種言論機関、満蒙関係各団体ニ無料配付ス

印刷費 六〇〇円

送料 五〇円

第二回 更ニ五千部ヲ印刷シ其他各団体及一般ニ無料配付ス

印刷費 六〇〇円

送料 一〇〇円

満州青年聯盟本部

388

二、本部並各支部ニ於テ講演会開催

イ、本部ニ於ケル講演会

六月十三日歌舞伎座ニ於テ開催ス

開催費 三〇〇円

ロ、支部ニ於ケル講演会

全満二十支部ニ亘リテ六月中ニ順次開催ス

開催費 八〇〇円

旅費 五〇〇円

総計 一九五〇円

満洲青年聯盟本部

满铁总务部庶务课关于支付帝国在乡军人会满洲联合支部补助事致该支部的回议笺（一九三一年六月八日）

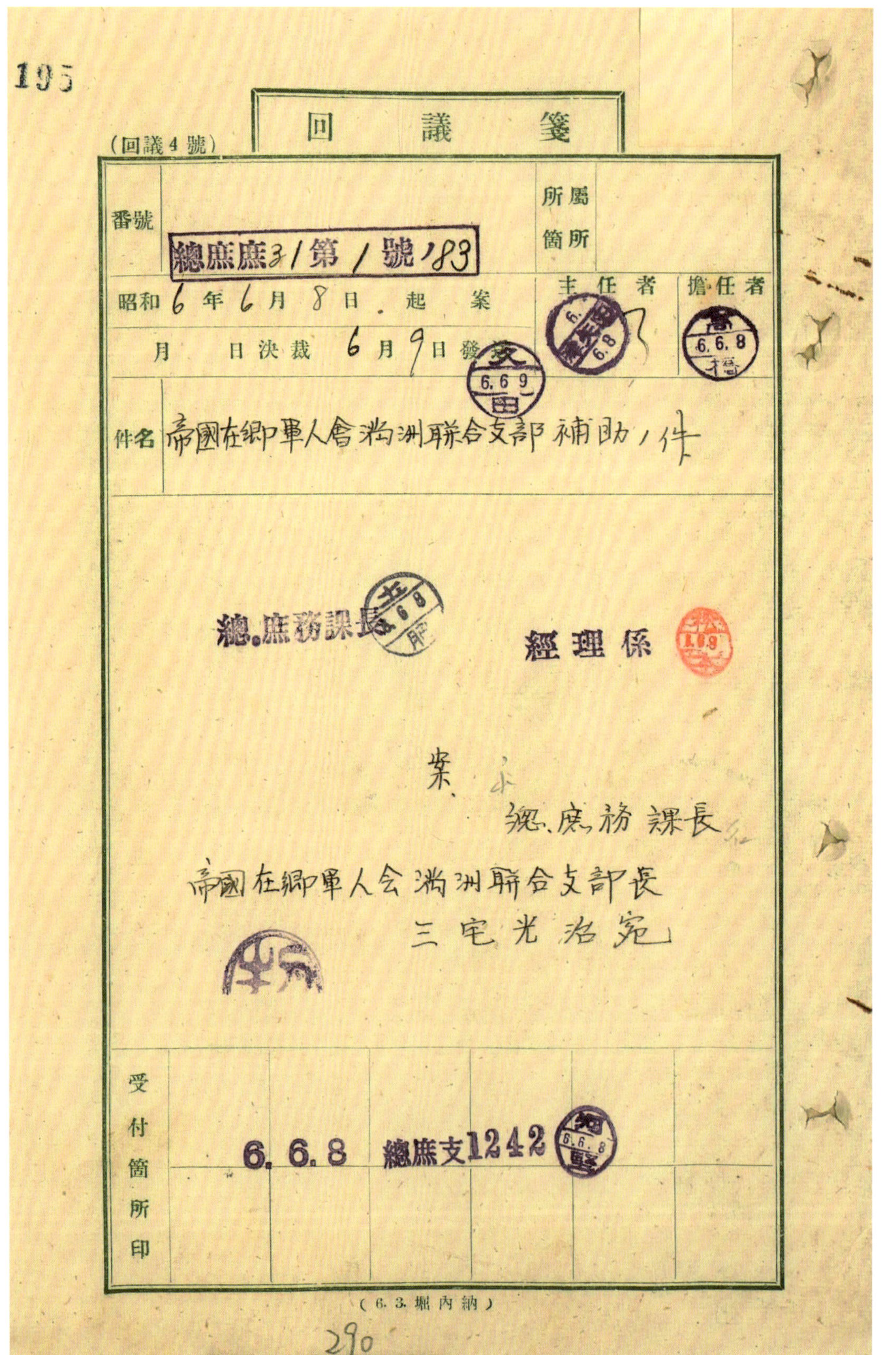
195

回議箋

（回議4號）

番號	總庶庶31第1號183	所屬箇所	
昭和6年6月8日 起案		主任者	擔任者
月 日決裁 6月9日發			
件名	帝國在鄉軍人會滿洲聯合支部補助ノ件		

總.庶務課長　　經理係

案

總.庶務課長

帝國在鄉軍人会滿洲聯合支部長

三宅光治宛

受付箇所印　6.6.8　總庶支1242

（6.3.堀內納）

290

196

南滿洲鐵道株式會社

(155—2)

件　名

6月5日附満聯支第98號ヲ以テ御申越

ノ首題補助金昭和6年度分8,000円也

~~別途~~銀行為替~~ヲ以テ~~日封御送附申上候間

御査收相成度此ノ段御通知申上候也

補助金

(2.3 鮎川洋行納)　(300.000)

291

满铁总务部庶务课关于资助满洲青年联盟事致满洲青年联盟代理理事长金井章次的函（一九三一年六月八日）

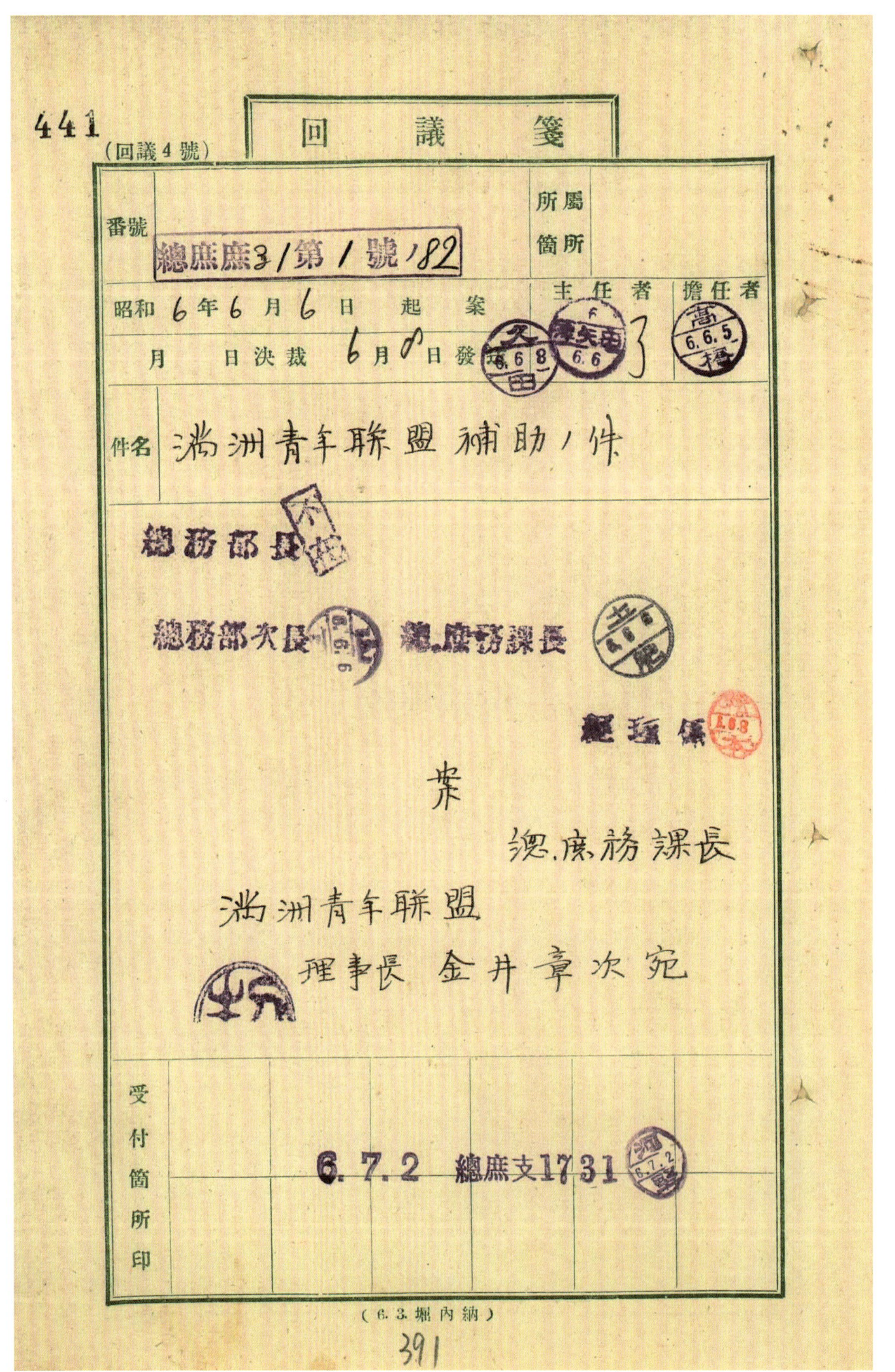
441
（回議4號）
回議箋

番號 總庶庶31第1號182
所屬箇所
昭和6年6月6日起案
主任者
擔任者
月 日決裁 6月8日發送
件名 満洲青年聯盟補助ノ件

總務部長
總務部次長
總庶務課長
經理係

案

總庶務課長

満洲青年聯盟
理事長 金井章次宛

受付箇所印
6.7.2 總庶支1731

（6.3.堀内納）
391

442

南滿洲鐵道株式會社

(155—2)

件　名

貴聯盟昭和6年度補助金ハ目下敝社諸経費緊縮ノ折柄不本意ニハ候ヘ共金800円支出ノコトニ決定相成候間右ニ御諒承被下度此段御通知申上候也

支弁科目　補助金

前年度補助　1,000円

(2.3 鮎川洋行納)　(300,000)

392

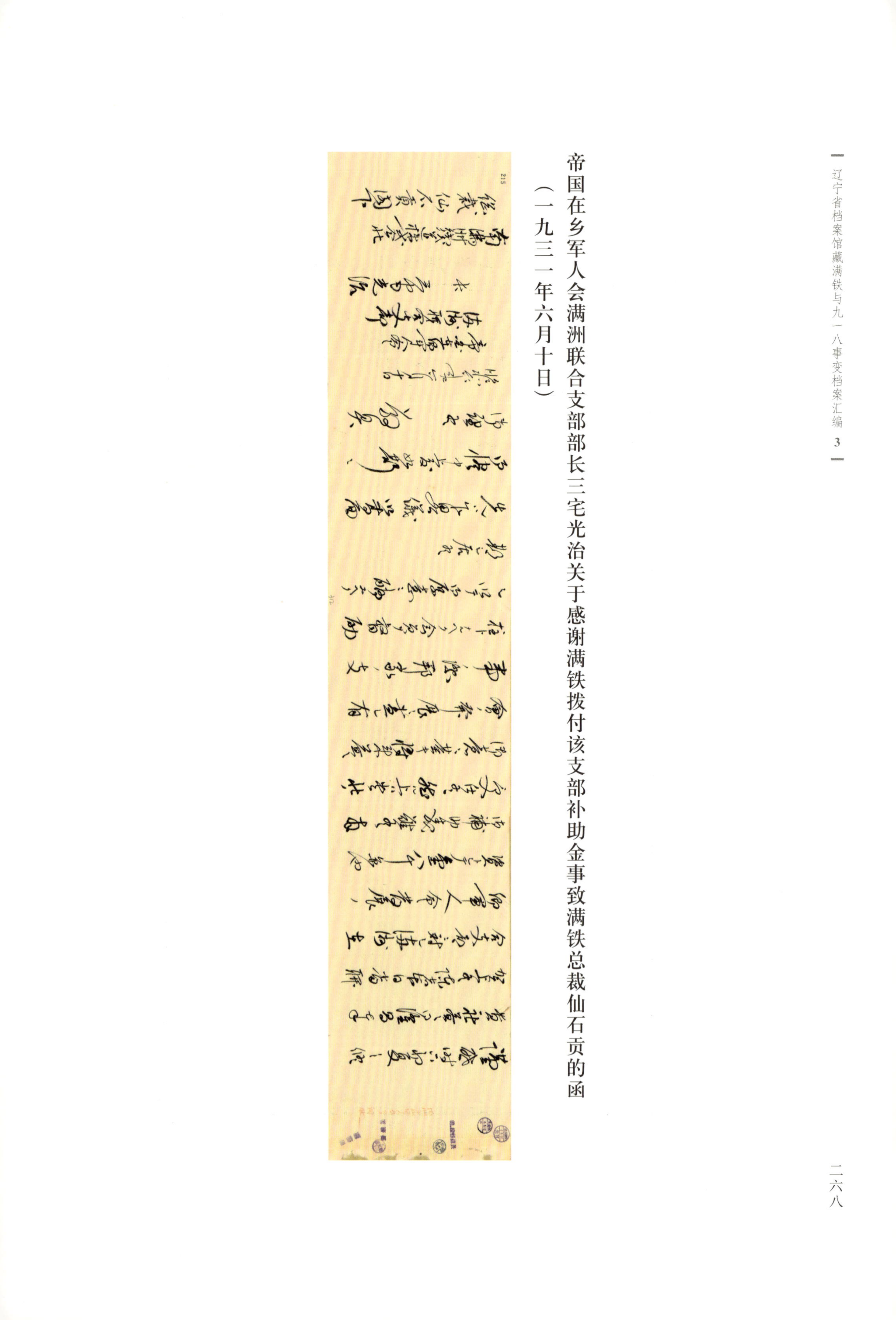

帝国在乡军人会满洲联合支部部长三宅光治关于感谢满铁拨付该支部补助金事致满铁总裁仙石贡的函
（一九三一年六月十日）

满洲青年联盟代理理事长金井章次关于请求发放补助费事致满铁总裁内田康哉的函（一九三一年六月三十日）

443

聯本發第八二號

昭和六年六月卅日

満洲青年聯盟

理事長代理 金井章次

南満洲鉄道株式會社

総裁 内田康哉殿

満洲青年聯盟補助金交附願ノ件

謹啓益御清穆奉賀候

陳者六月八日附総庶庶三一第一号ノ八ノ二ヲ以テ

御指令相成候聯盟ニ對スル貴社補助金

御交附相願度受領証相添ヘ此段願上候

敬具

満洲青年聯盟本部

393

附：满洲银行开具补助费入账证明

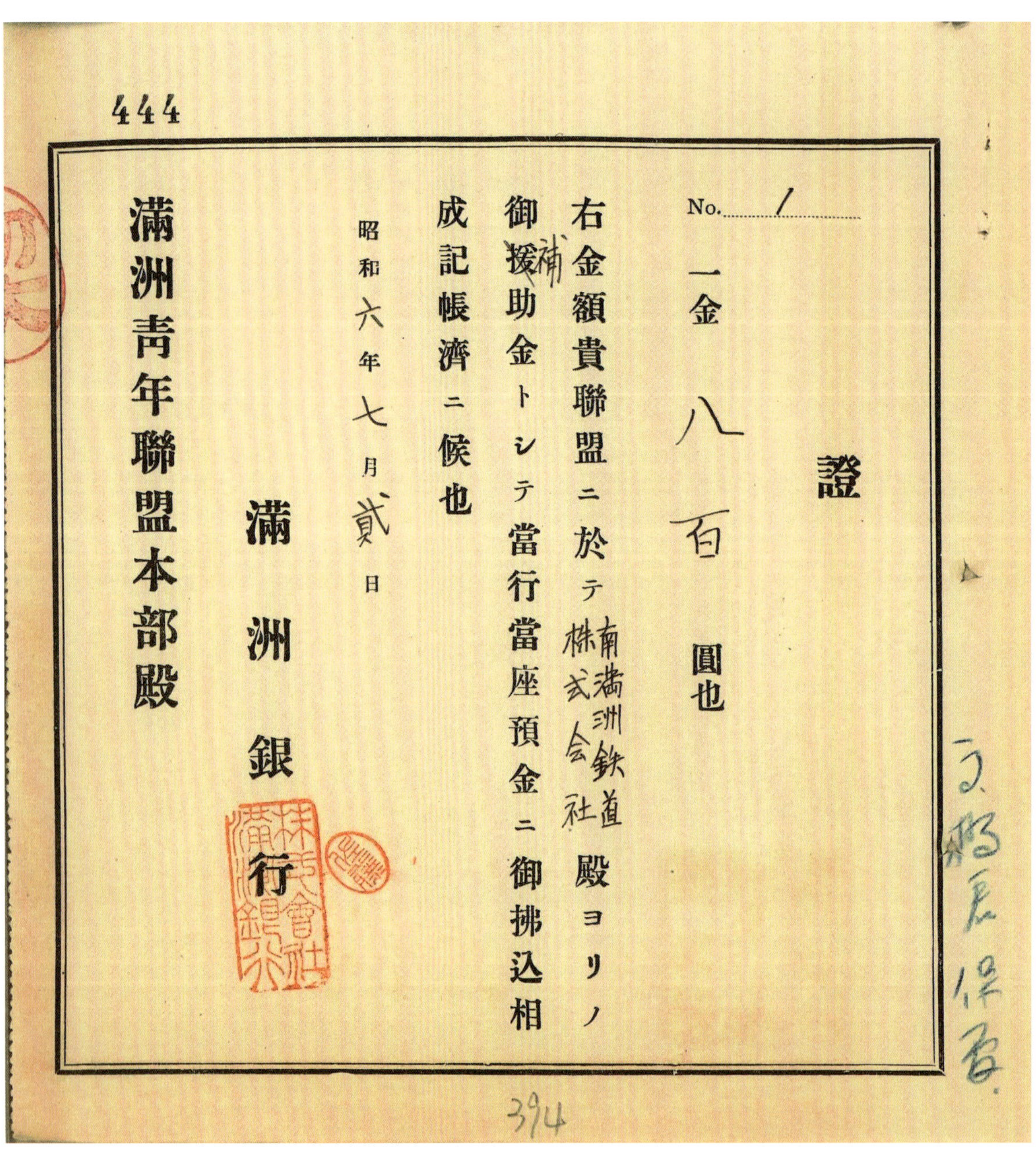
444

No. 1

證

一金 八百 圓也

右金額貴聯盟ニ於テ南満洲鉄道株式会社殿ヨリノ御~~援~~補助金トシテ當行當座預金ニ御拂込相成記帳濟ニ候也

昭和六年七月貳日

滿洲銀行

滿洲青年聯盟本部殿

394

445

證

No. 10

一金壹千圓也

右金額貴聯盟ニ於テ南満洲鉄道株式会社総裁内田康哉殿ヨリノ御援助金トシテ當行當座預金ニ御拂込相成記帳濟ニ候也

昭和六年七月拾参日

滿洲銀行

滿洲青年聯盟本部殿

395

『满洲青年联盟』代理理事长金井章次关于感谢满铁提供补助事致满铁总裁内田康哉的函

（一九三一年七月十七日）

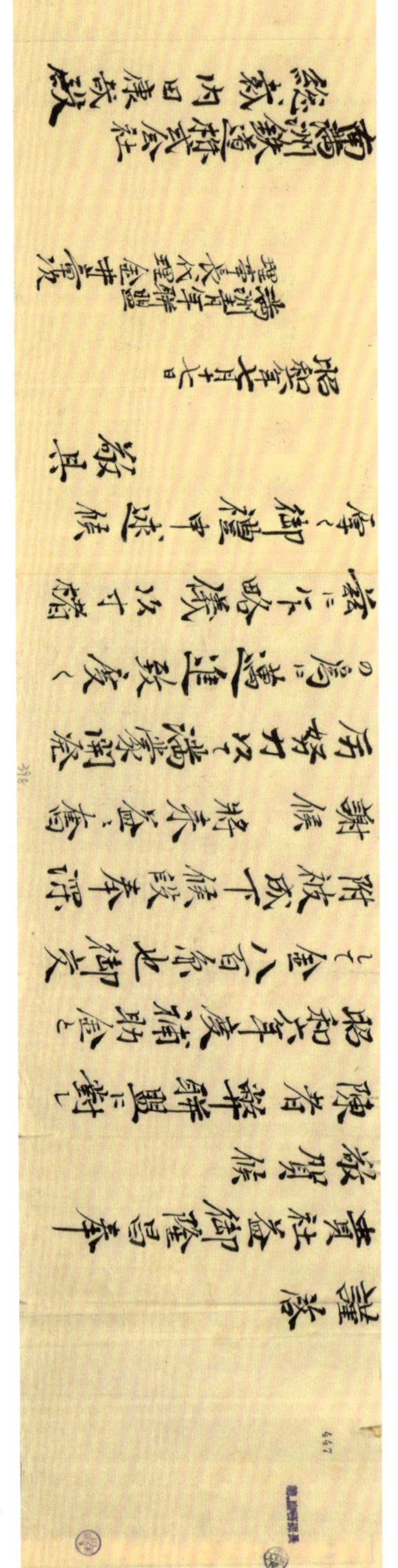

謹啓
貴社益御隆昌奉敬賀候
陳者昭和六年度青年聯盟ニ對シ補助金トシテ金八百圓也御交附被成下候段奉深謝候
將來益々奮勵努力以テ滿蒙開發ノ為ニ邁進致度ク存居候
右不取敢略儀乍ラ以寸簡御禮申述候
敬具

昭和六年七月十七日

滿洲青年聯盟理事長代理 金井章次

南滿洲鐵道株式會社總裁 內田康哉殿

满铁东京支社庶务课关于汇报开辟满蒙局面代表团访问日本相关活动事致满铁总务部庶务课的函
（一九三一年八月十一日）

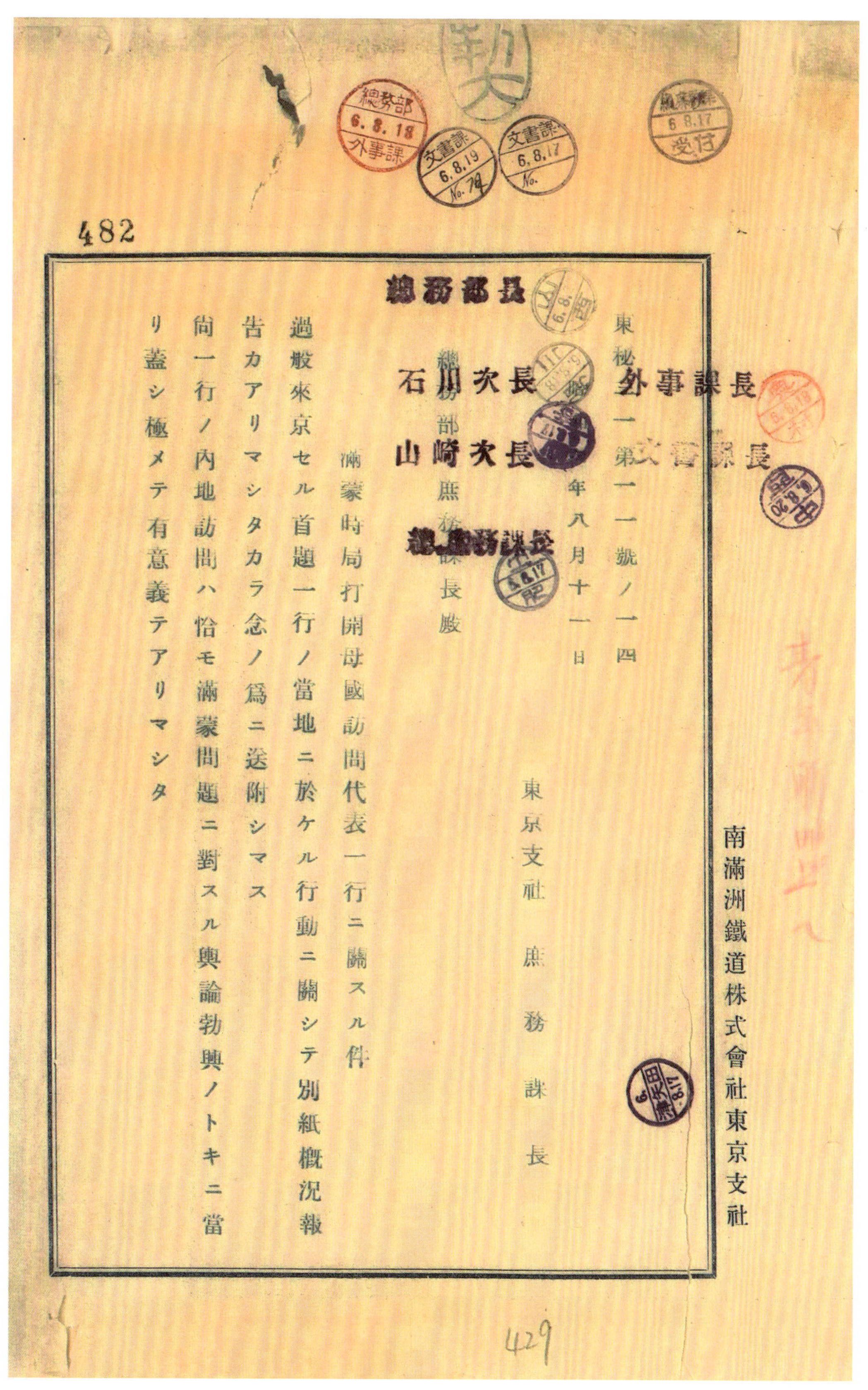
482

南滿洲鐵道株式會社東京支社

外事課長　文書課長

東秘一第一一號ノ一四

年八月十一日

東京支社庶務課長

總務部庶務課長殿

石川次長　山崎次長

總務部長

滿蒙時局打開母國訪問代表一行ニ關スル件

過般來京セル首題一行ノ當地ニ於ケル行動ニ關シテ別紙概況報告カアリマシタカラ念ノ爲ニ送附シマス

尚一行ノ內地訪問ハ恰モ滿蒙問題ニ對スル輿論勃興ノトキニ當リ蓋シ極メテ有意義テアリマシタ

429

附：开辟满蒙局面代表团访问日本行动概况

483

満蒙時局打開母国訪問代表行動ノ概況

代表者氏名

佐井令虎（満洲代表）

高塚謙一（仝）

岡田猛馬（満洲青年聯盟代表）

小澤開策（仝）

永江亮二（仝）

出発

昭和六年七月十三日大阪商船ホンコン丸ニ乗船多数ノ見送リヲ受ケ午前十時大連港解纜。十四日夜船客ニ対シ満蒙ノ実情ト吾等ノ使命ヲ明ニシ船客各自ノ郷里若クハ行先地ニ於テ実情ヲヨリ多数ノ人ニ傳声サレン事ヲ乞フ。

十五日午前七時門司着 各記者團ト共ニ會見 満蒙ノ真相ト

431

吾等ノ使命ヲ率直ニ傳フ

十六日午前七時神戸上陸 同地在留実業家並ニ商工會議所ヲ訪問挨拶ノ上十一時大阪ニ向ヒ 大阪毎日、大阪朝日、其他各言論機関並ニ商工會議所ヲ始メ各実業有力團体ヲ訪問 帰途同地ニ於テ運動ノ便宜ヲ与ヘラレタキ旨懇請ス

十七日午前七時三十分發東京ニ向ヒ同日午后四時五十分着多數出迎ヘ裡ニ下車直ニ宿舎神田楼隣今城館ニ入リ運動本部ヲ同旅館ニ置キ 前川良三、内海安吉、手島毅夫、遠藤傳儀、金柳桂吾、佐藤栄志、氏等ト今後ノ運動方針ヲ協議ス

在京中ノ行動概況

七月十八日 午前六時一行ハ齋戒沐浴 手島氏ト共ニ宮城二重

485

橋前ニ両皇居ヲ遥拝シ之ヨリ明治神宮参拝

同日午前十時卅分　永田町首相官邸ニ於テ　若槻首相、山村秘書官ト會見約一時間ニ亘リ　満蒙ノ現況ヲ率直ニ披瀝シ首相ノ意見ヲ問フ、　首相ハ極メテ熱心ニ現政府ノ對満蒙政策ノ強調シ言明セラレタリ　尚ホ充分ノ時間アリセバ一行ノ報告ヲヨリ詳細ニ聴取シタキ希望ナリシモ　当日秋田郷ニ於ケル大會ニ出席ノ時間切迫セルヲ以テ詳細ハ各主務大臣ニ能フ限リ説明ニ這カレタシト切望セラレタリ、　斯テ吾等一行ハ官邸内ニ於テ山村秘書官ト共ニ記念撮影ノ上辞去ス

午后一時ヨリ上野自治會館ニ於ケル東亞振興會主催ノ満鮮問題国民大會ニ出席

午后三時　大久保利武侯ヲ訪問　貴族院研究會ト會見

432

日時決定方依頼。

尚一行ハ東京日日、東京朝日、其他都下言論機関ヲ訪問挨拶ス。　今後ノ運動上警視庁及房主事、高等係長ヲ訪問シ了解ヲ求ム

七月十九日　日曜ノ為メ運動ノ方法ナリ日程ノ打合セ其他ヲ協議

午后三時　黒龍会ヲ訪問　今後ノ打合セヲナス

来客多数應接ニ遑ナシ

七月廿日　午前七時　内田、遠藤両氏ト共ニ　犬養政友会総裁ヲ四谷南町ノ私邸ニ訪ヒ　会談約一時間。紀念撮影ノ上辞去ス

午前十時半　陸相官邸ニ南陸相ト会見　軍部ノ強硬ナル態度ヲ知ルヲ得テ　我々ノ力強サヲ感ズ

487

No. 3

零時 拓務省ニ於テ 原拓相、堀切次官ト会見 吾等ハ満蒙ノ
真相ヲ訴ヘタル上 拓務大臣トシテノ今後ノ問題ニ対シ一層ノ努
力ヲ望ミ 拓相ハ近ク時ヲ得テ 満鮮視察ノ希望アリ 勿論重
要ナル問題ナルヲ以テ 極力善処スベク努力スト言明アリタリ
之ヨリ東京日日新聞社訪問 満蒙会常任ノ交換ヲナシ帰
途内務省ニ次田警保局長ヲ訪ヒ 言論統制ニ就キ要望ス
午后三時 外務省ニ幣原外相ト会見 二時間ニ亘リ意見
ノ交換ヲナス 外相ハ吾等ノ率直ナル真相報告ヲ熱心ニ聴取
リ既得権益擁護ノ為メ飽クマデモ正当ナル主張ニ基キ諸君ノ
要望ヲ満ス所存デアル。満州ノ特権撤廃ニ対シ吾等ノ意見ヲ
質シタルニツキ 吾等ハ言下ニ中国ノ現状ニ鑑ミ 絶対ニ撤廃反
対ヲ主張セルニ 外相ハ縷々自説ヲ述ベタル 結論トシテノ凡ソ外

433

交ノ要締ハ国際ノ環境ヲ充分考慮シ採ルベキヲ採リ捨ツベキヲ捨テ即チソロバン勘定ニ合ッテ始メテ決スベキデアリ 治外法権ノ撤廃モ此ノ見地ニ立チ 諸君ノ要望ヲ無視スルガ如キ事ハ絶対ナイコト言明アリ、 在満鮮農ノ窮状ニ就キテハ至急最善ヲ尽クベキ旨縷々真情ヲ吐露セラレ午后五時過キ辞去、 別室ニ於テ谷亜細亜局長ト会見シタルモ外相トノ会見時間永ガカリシ為メ会談ノ時間少ナク 斯クテハ 吾等ノ重要使命遂行ノ上ニ遺憾ナル旨ヲ通ジ 二十二日午前十時ヨリ会見ヲ約シ亜局ヲ辞去、

午后五時 青山会館ニ於ケル 対外同志会ノ歓迎会ニ出席 席上五代表ヨリ満蒙現下ノ実相ヲ率直ニ愬ヘ 晩餐後更ニ同志会員ト腹蔵ナキ意見ノ交換ヲナシ午后十時辞去

489

No.4

七月廿日 午前十時東日訪問 仁壽播堂ニ於ケル代表懇談會開催ニ就キ協議決定（午后三時）

午后一時 陸軍省ニ小磯軍務局長ヲ訪ヒ二時間ニ亙リ同局長ト會談相互胸襟ヲ開キテ満蒙時局打開策ニ就キ談シ辭去

午后五時 民政黨本部ニ佐藤情報部長ト会見

午后七時 上野精養軒ニ於ケル満蒙問題解決有志大會ニ臨ミ出席者六百餘名盛會ヲ極メ各代表ヨリ満蒙ノ實相ヲ判ス

七月廿一日 午前十時外務省ニ谷アジア局長ヲ訪問二時半ニ亙リ同局長ノ對満蒙具体的對策ヲ聞キ吾人等モ満蒙ノ實情ニ就キ率直ニ意見ヲ相傳ヘ遺憾ナキ對策ニ出ン事ヲ懇請シテ辭去

434

十二時半 日本倶楽部ニ於ケル日華倶楽部主催歓迎会
ニ臨ミ 原嘉道、水野錬太郎、松田源治、床次竹二郎
外在京朝野ノ名士多数出席アリ 代表交々起テ挨拶、
午後二時辞去

七月廿三日 午前ハ接客会見
午後一時 日本倶楽部ニ於ケル 木曜会（東京代表新聞通信
社ノ幹部ヨリナル）午餐招待会ニ臨ミ 座談的ニ 時局現時ノ実
相ヲ傳ヘ意見ノ交換ナシ三時辞去
午後三時来、山本条太郎氏私邸訪問
午後六時 青山会館ニ於ケル座談会ニ出席、

七月廿四日 正午 電気倶楽部ニ於テ 経国聯盟主催ノ
座談会ニ出席 時局ノ実相ヲ傳ヘ意見交換

491

No.5

午后一時半 東洋協会理事会ノ招請ニヨリ同会ニ臨ミ講演、午后六時ヨリ日比谷陶々亭ニ於ケル内田良平氏ノ招宴ニ臨ミ意見ノ交換ヲナス

六月廿五日、参謀本部ニ建川第二部長ヲ訪ヒ意見交換

更ニ陸軍省ニ井上調査課長、西尾少将、杉山次官ヲ訪ヒ同様ノ実相ヲ伝ヘ意見交換

午后二時 早川鉄也ヲ私邸ニ訪ヒ意見交換

午后六時 浅草開盛座ニ満蒙問題国民同盟演説大会ニ出席 代表講演ス

七月廿六日 午前中日程及行動方針打合セ会

午后六時 松岡洋右氏招待会ニ臨ミ意見交換

七月廿七日 午前八時 岡田、佐竹両代表 随大久保侯ト共ニ

435

鎌倉ニ牧野内大臣ヲ訪問満蒙現下ノ実相ヲ審ニ傳フ
小澤、永江、高橋ノ三代表ハ午前九時東京商工會議所ニ
渡辺理事ヲ訪ヒ意見交換
正午ヨリ電氣供業部主催講演會ニ臨ミ代表講演
午后二時陸軍研究會ノ招請ニヨリ同會幹部ト會見
意見交換ヲナス
午后三時ヨリ經團聯盟幹部ト會見
午后五時ヨリ大連新聞社東京支社ノ招宴ニ臨ム
七月廿八日、午前十時　土岐子爵邸ヲ訪問一時半意見
交換
午后四時政友幹事會ヲ訪ヒタルモ時間其他ノ都合ニヨリ意見
交換ヲナサズ辞去

493

午后六時　藤監主催ノ仁寿講堂ニ於ケル講演会出演　聴衆
約六百、　岡田、佐竹両代議士ハ　芝協調会館ニ於ケル　満鮮
問題演説会ニ出席。
七月廿九日、　午前十時貴族院研究会七部常務委員会ニ出席　真相
報告ト意見交換　十二時辞去
正午　民政党総務会ノ招待ニ依リ丸の内常盤ニ山道幹
事長其他数氏ト会見
午后六時ヨリ　東京日日新聞社招待茶話会ニ臨ム
午后六時ヨリ　日比谷東洋軒ニ於ケル在京各民会同歓
迎会ニ臨席　代表各自所見開陳
午后四時　七府会幹事ノ演説会出演
七月卅日　午前八時頭山満翁及池田長康男訪問

436

各自関係方面ニ離京挨拶ス

午后七時ヨリ永井柳太郎モ訪問、意見交換ス、議論九時半ニ及ヒ永井邸ヨリ直ニ東京駅ニ向ヒ多数ノ見送リヲ受ケ[illegible]経ニ九時四十五分東京駅発大阪ヘ向フ

满铁长春地方事务所关于范家屯附属地警备事致满铁地方部的函（一九三一年九月十八日）

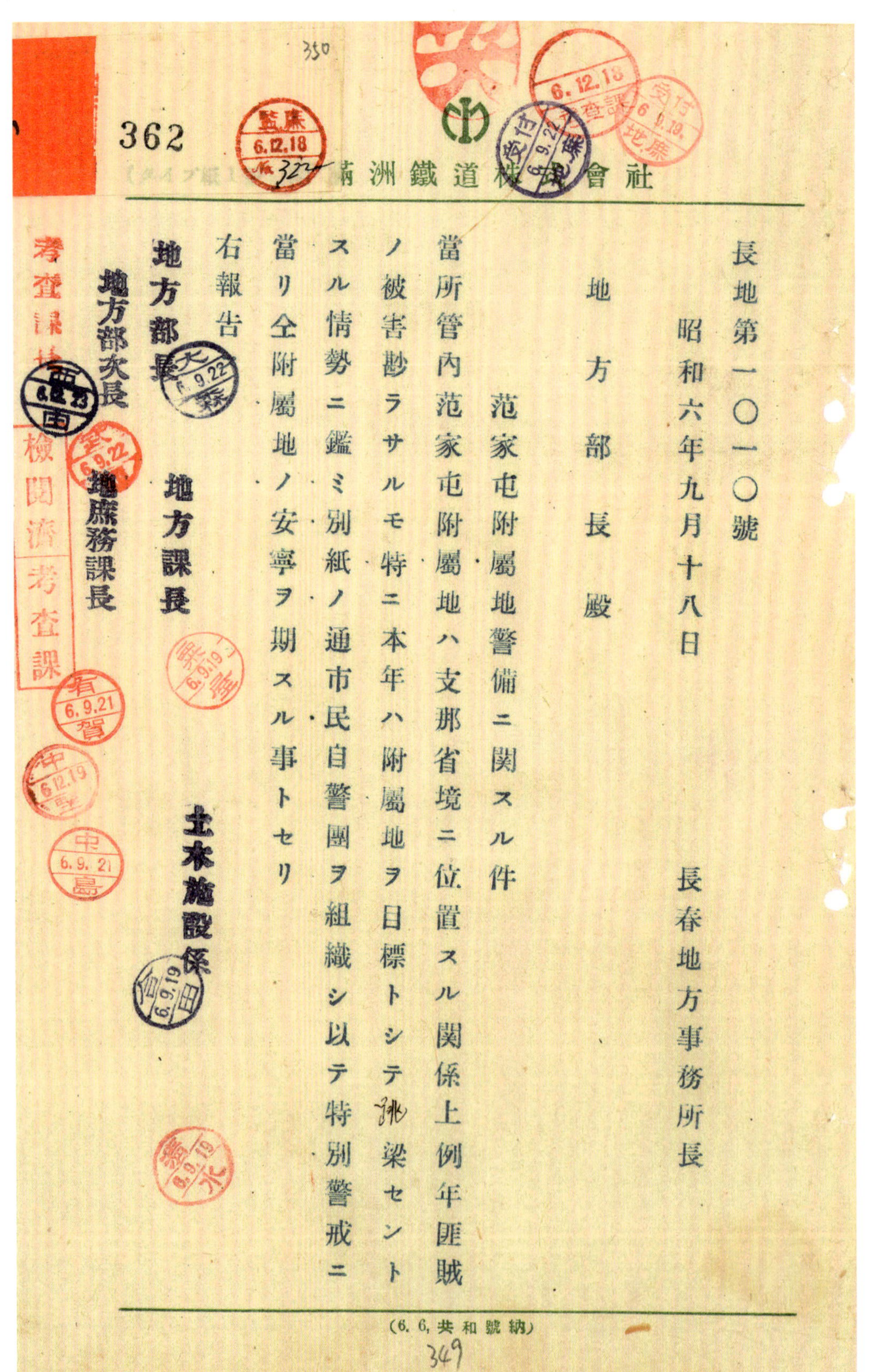

362

【タイプ紙1】南満洲鐵道株式會社

長地第一〇一〇號

昭和六年九月十八日

長春地方事務所長

地方部長殿

范家屯附屬地警備ニ關スル件

當所管內范家屯附屬地ハ支那省境ニ位置スル關係上例年匪賊ノ被害尠ラサルモ特ニ本年ハ附屬地ヲ目標トシテ跳梁セントスル情勢ニ鑑ミ別紙ノ通市民自警團ヲ組織シ以テ特別警戒ニ當リ全附屬地ノ安寧ヲ期スル事トセリ

右報告

地方部長

地方部次長

地庶務課長

地方課長

土木施設係

考查課

檢閲濟 考查課

(6. 6. 共和號納)

363

回覧

近来益々匪賊ノ横行繁ク特ニ邦人ノ被害尠カラザル状態ニ鑑ミ今回関東庁警務局長官ヨリ各警察署長ニ対シ特ニ被害ノ多キ高梁繁茂期間ハ其土地配置警察官ノミニテ警備力ノ不安トスルムキハ其土地ノ自警団、義勇団或ハ青年団等所謂市民自衛団体ノ応援協力ヲ得テ其ノ土地ノ警備力ヲ充実セヨトノ訓電アリタルヲ以テ長春警察署長ヨリ当范家屯ノ警備ニ就テ之ガ応援方依頼ニテ参リマシタカラ有志相寄リ協議ノ上義勇団員ヨリ毎夜二組ノ市内巡察ヲ派シテ附属地ヲ警戒スルコトニ致シマシタ就キマシテハ各々御多忙ナル御職務ヲ持ケ居ラルヽ事トテ誠ニ御迷惑トハ存ジマスカ何卒附属地安寧ノ為メ市民相互ノ義務トシテ御承認下サレ度特ニ御願申上ます

追テ勤務者事故アル時ハ次回勤務者ト各自相談ノ上交代サル、コトハ差支ヘアリマセン

364

記

一、特別警戒期間　九月八日ヨリ約二十日間

二、勤務時間　午後六時ヨリ九時ニ至ル間

三、市内巡察　一組ヲ四名トス（巡察長ハ警察官ニ依頼ス）

四、巡察服務内規

1. 市内巡察ノ任務ハ附属地内ノ治安維持ヲ目的トシ挙動不審者誰何審問ニ努ム
2. 巡察服務者ハ可成軽装ニテ指定時間ニ警察派出所ニ集合スベシ
3. 巡察服務者ハ警察派出所ニ於テ武装スベシ
4. 巡察服務者ハ服務中ハ静粛ヲ旨トスベシ
5. 巡察服務者ハ服務中挙動不審者ニ対シ誰何審問スル時ハ特ニ細心ノ注意ヲ払フベシ
6. 巡察服務者ハ服務中万一ノ場合ハ可成警察官ト協力シ沈着ニ努ムベシ

昭和六年九月七日

范家屯義勇団長

義勇団員各位

義勇團編成表

團長　竹田繁藏
副團長　宮原常好
情報係　小松六郎　岩尾君治　橋本茂三郎
兵器係　久保寺久四郎　三川仙助　牧殿二
救護係　江田謙助　狩野茂　田辻和平

分隊

第一分隊
(長)久保寺久四郎
(副)松村浪衛
小沢三四枝
明石助治
竹中保
[illegible]

第二分隊
(長)荒木伊三吉
(副)伊部農治
白武傳市
余田一郎
平山文俊

第三分隊
(長)三川仙助
(副)丸井松次
古川簇四郎
河合宮一
池田亀七

352

366

西村益次郎
佐野虎重
秋駿二

第四分隊
(長) 駅長
駅員
保線区員
保安区員
給水所員

原專司
宮崎満馬
前田玉治

第五分隊
(長) 局長
局員全部

愛甲慶二
南條隆范
原泰三郎

第六分隊
(長) 電気會社事務取締役
同會社員全部

367

范家屯非常内規

一、非常信號

1. モーターサイレンノ長音二分間以上

2. 駅舎ノ屋根ニテ半鐘或ハ太鼓ノ乱打（ハサイレン不能ノ場合）

一、集合場所　范家屯駅待合室

一、救援打電箇所

公主嶺守備隊長　長春守備隊長　長春警察署長　長春憲兵隊長

長春地方事務所長

一、義勇團編成

范家屯義勇團規約

一、本團ハ范家屯義勇團ト稱シ附屬地在住邦人ヲ以テ組織ス

二、本團ハ附屬地ニ於ケル一朝有事ノ際官憲指示ノモトニ在住邦人ノ自衛防禦並ニ

353

368

避難者ノ救護ニ任ズルヲ以テ目的トス
三、本團ヲ六ヶ分隊ニ編成シ左記役員ヲ置ク

記

團長、一名
副團長、一名
各係（情報、兵器、救護）若干
分隊長

四、義勇團長ハ本團ヲ指揮統轄ス
五、副團長ハ團長ヲ補佐シ團長事故アル時ハ之ヲ代理ス
六、情報係員ハ團長ノ命ヲ受ケ官憲ト連絡ヲトリ附属地一般ノ偵察ヲ担當スベシ
七、兵器係員ハ團長ノ命ヲ受ケ守備隊ニ保管シアル銃器弾薬ヲ受領シ各分隊ニ配給スベシ
八、救護係員ハ團長ノ命ヲ受ケ避難者ノ收容ニ努メ負傷者及病人ヲ救護スベシ
九、分隊長ハ團長ノ命ヲ受ケ分隊ヲ指揮シ在住邦人ノ自衛防禦ニ努ムベシ
一〇、義勇團員ハ非常信号ヲ耳ニスルト同時ニ猟銃弾薬又ハ自衛用武器ヲ携帯可成近隣人ヲ呼ビ合セテ速カニ駅待合室ニ集合スベシ
一一、義勇團長ハ情況ニヨリ土嚢ヲ（冬期間ハ大豆麻袋）以テ集合所周囲ニ防禦工事ヲ施スベシ

369

一二　義勇團長ハ情況ニ依リ支那商務會ニ貸與シアル銃器彈藥ヲ回收スベシ

一三　義勇團長ハ情況ニ依リ消費組合其他ノ箇所ヨリ食糧品其他必需品ヲ收集スベシ

一四　一般市民（團員家族）ハ非常信号ヲ耳ニシタル時ハ團員タル男子ノミニ頼ルコトナク火災盗難ノ憂ヒナキ様戸締リヲヨクシ老人子供ヲ引キツレテ速カニ駅待合室ニ避難スベシ

一五　就学中非常信号ヲ耳ニシタル時ハ兒童ヲ歸宅セシムルコトナク教師引率ノモトニ駅待合室ニ避難スベシ

一六　義勇團長ハ一般市民中避難シ遅レタルモノアル時ハ情況ノ許ス限リ決死隊ヲ組織シテ救助スベシ

354

满铁总务部关于满洲青年联盟派遣代表赴东京事致满铁东京支社的电报（一九三一年九月二十八日）

464 般 168

電報伺議箋

會社番號		所屬箇所	
發議番號		主任者	擔任者
昭和6年9月28日午前後 時 分起案			
月 日 午前後 時 分決裁		9月28日午前後 10時20分發送	
件名			

山崎次長 3

總.庶務課長

宛名：东京支社长

發信者：総务部长

满洲青年联盟内地派遣代表4名本日发上京ス　便宜供与乞フ

463

滿洲青年聯盟母國派遣代表

中央班　岡田猛馬　井藤榮　大沼幹三郎

九州班　景山盛之助　中尾優　太田藤三郎

中國四國班　關利重　榊原増雄

關西班　安藤武　紀井一　富田開助

東北班　西川高嶺　小川増雄　美坂擴三

奥村莊五郎

滿洲青年聯盟本部　大連市山城町七番地

母國派遣代表中央本部　東京神田橋際今城館

45

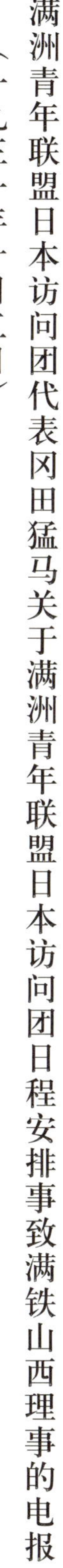

满洲青年联盟日本访问团代表冈田猛马关于满洲青年联盟日本访问团日程安排事致满铁山西理事的电报

（一九三一年十月二日）

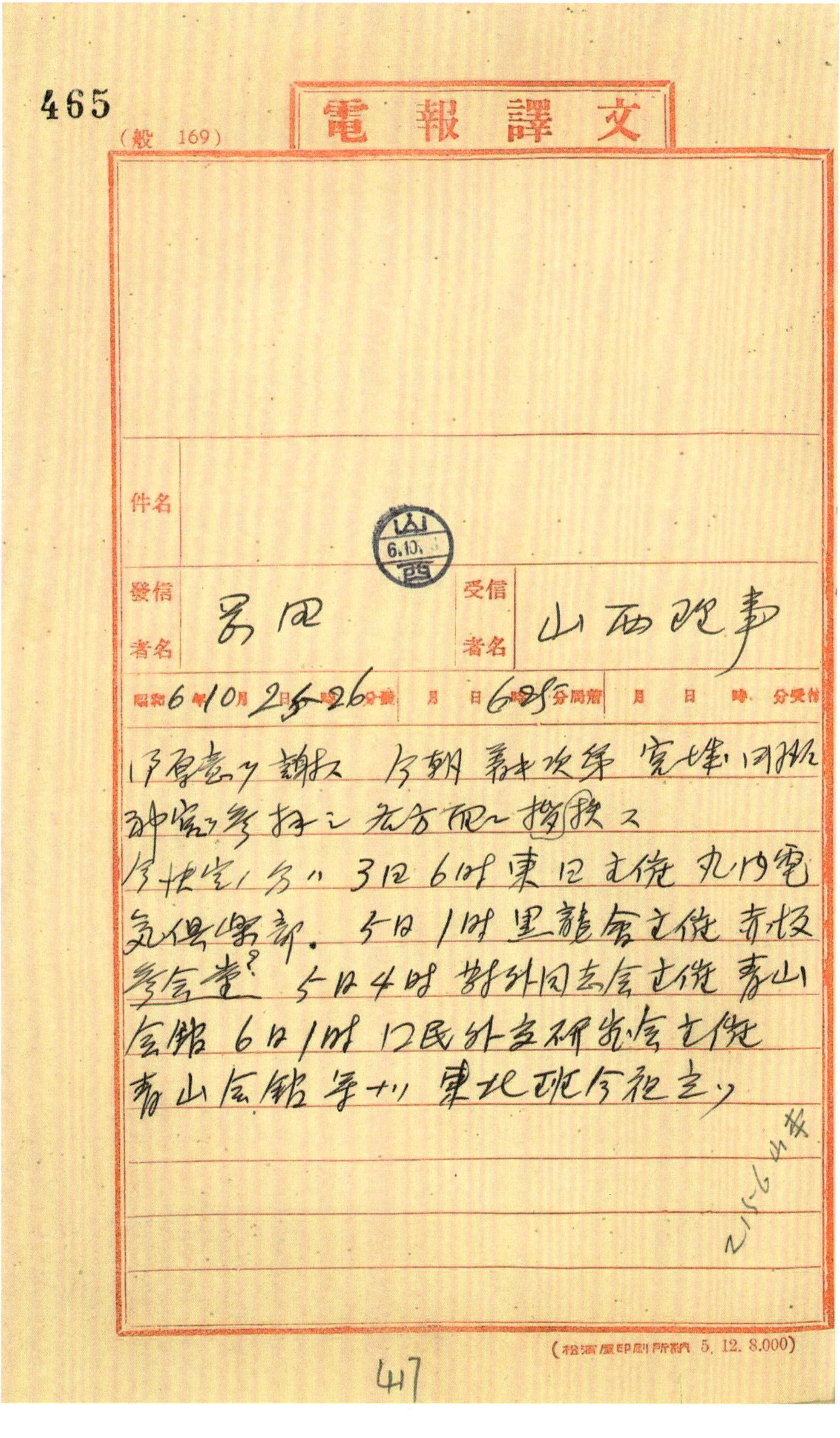

465

（般 169）

電報譯文

件名	
發信者名	岡田
受信者名	山西理事

昭和6年10月2日5時26分發　月　日6時25分局着　月　日　時　分受付

御厚意ヲ謝ス　今朝着キ次第　宮城明治
神宮ヲ参拝シ　元気旺ニ挨拶ス
今決定ノ分ハ　3日6時　東日主催　丸ノ内電
気倶楽部．5日1時　黒龍会主催　赤坂
参会堂？　5日4時　対外同志会主催　青山
会館　6日1時　国民外交研究会主催
青山会館　等ナリ　東北班今夜立ツ

（松浦屋印刷所納 5. 12. 8.000）

417

帝国在乡军人会会长铃木庄六对在华会员的慰问词（一九三二年二月）

295

慰問の辭

在支會員諸君は多年暴戻なる支那官民の排斥壓迫を受け精神上物質上多大の苦痛を忍びて海外第一線に活動せられ最近滿洲事變勃發の後は幾多の危險裡に於て毅然として義勇奉公の精神を發揮し自己の生命財産を顧みず種々公共の爲め盡力せられ特に動亂地に於ては整然たる統制の下に或は軍の行動を援助し或は武器を執つて戰鬪に參與し或は居留民の保護に任じ克く會員の眞價を發揚せられましたのは平素御修養になつた軍人精神の發露であると信じ誠に感激に堪へざる所であります茲に會員を代

表して深甚なる謝意を表し特に死傷者及其家族の方々に滿腔の同情を捧げます就ては此の際慰問の微意を表する爲め會員より醵出しました所の寸志を贈呈致したいと存じます幸に御受納あらんことを希望致します。

惟ふに時局の前途は尚遼遠でありまして引續き諸君の御活動を願はなければならぬことゝ考へます諸君折角自重自愛せられまして國家の爲め御盡力あらんことを切に希望する次第であります。

昭和七年二月

帝國在鄕軍人會會長　鈴　木　莊　六

载仁亲王对帝国在乡军人会的慰问词（一九三二年二月）

294

昭和七年二月關東軍及在支會員慰問使ヲ派遣ノ際
總裁載仁親王殿下ヨリ賜ハリタル

御言葉

帝國在鄉軍人會在支會員ハ今次ノ時局ニ際シ奮ツテ公共ノ爲メニ努力シ特ニ動亂地ニ於テハ或ハ警備ニ任シ或ハ軍事行動ヲ援助シ至誠奉公ノ實ヲ擧ケタリ予深ク之ヲ欣ヒ其勞ヲ多トシ死傷者ニ對シテハ深厚ナル同情ヲ表ス

惟フニ時局ノ前途ハ尚遼遠ナリ諸子各々自愛シテ協力一致會員タルノ責務ヲ全クセンコトヲ望ム

401

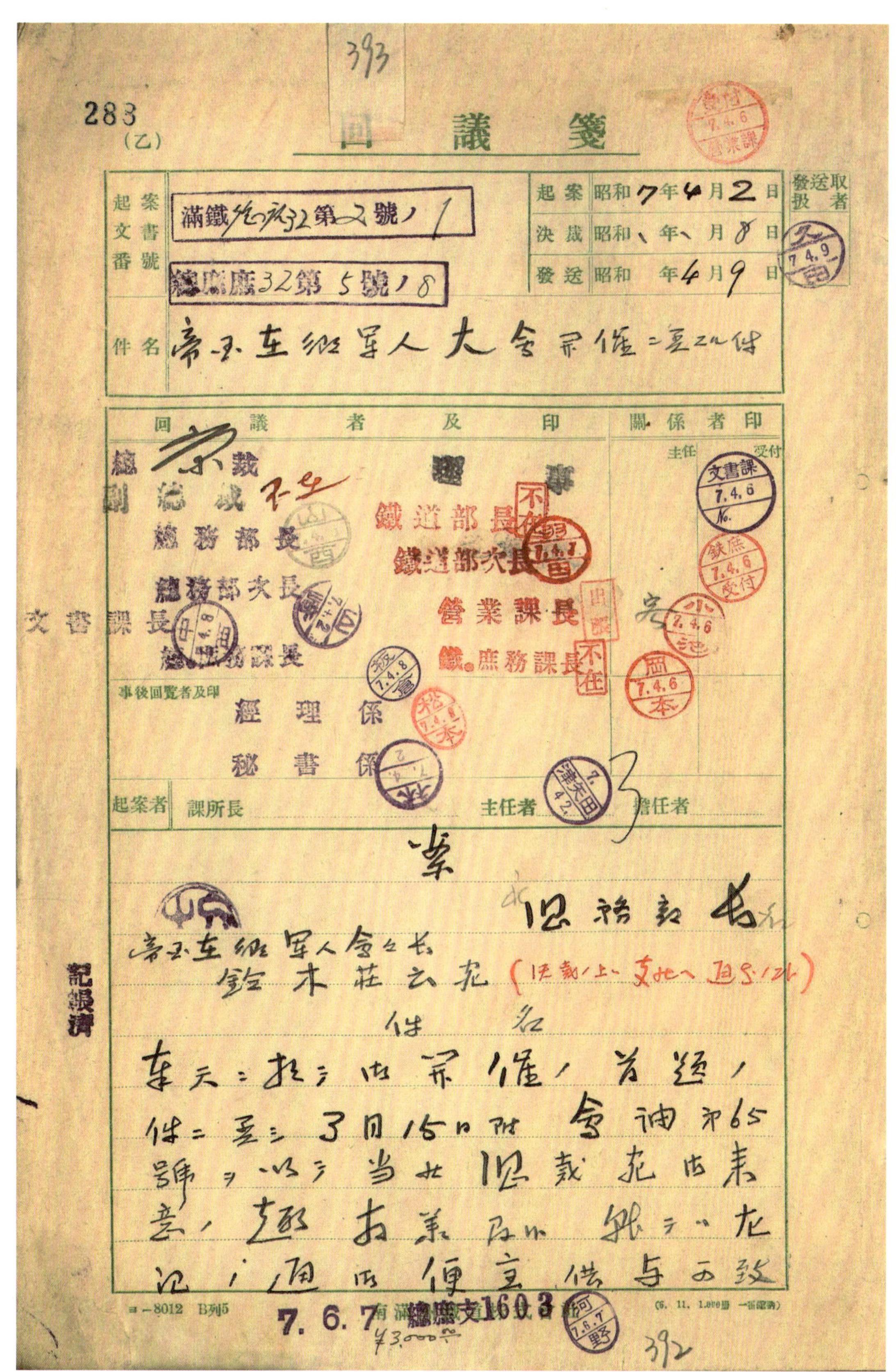

393

283
（乙）

回議箋

起案文書番號	滿鐵総祕32第2號ノ1 總庶庶32第5號ノ18	起案	昭和7年4月2日	發送取扱者
		決裁	昭和〃年〃月8日	
		發送	昭和 年4月9日	
件名	帝国在郷軍人大会開催ニ関スル件			

回議者及印	關係者印
總裁 副總裁 總務部長 總務部次長 文書課長 庶務課長 鐵道部長 鐵道部次長 營業課長 鐵道部庶務課長	主任 受付 文書課 7.4.6
事後回覧者及印 經理係 秘書係	
起案者 課所長 主任者 擔任者	

案

總務部長

帝国在郷軍人会々長
鈴木荘六殿

件名

本夫ニ於ケル開催ノ首題ノ件ニ関シ3月15日附会訓第65號ヲ以テ……

7. 6. 7 總庶文1603

满铁总务部关于为帝国在乡军人大会提供便利事致帝国在乡军人会会长铃木庄六的函（一九三二年四月九日）

289

コトニ決定致候ニ付左様御承知相成度此段御通知申上候也

記

1. 内地及朝鮮側本大会参加会員約1,000名ニ対シ安東、奉天間社線2等往復運賃8割引トス

2. 内地及朝鮮側本大会参加会員ノ満洲各地視察旅行ニ要シ社線内

団体旅行ノ場合　2等運賃ノ5割引

個人旅行ノ場合　安東ヲ起点トシ往復ニ限リ2等運賃5割引

3. 在満会員ノ本大会出席者ニ要シテハ居住地奉天間ニ限リ2等往復運賃5割引トス

4. 在満会員カ内地及朝鮮側会員ノ団体旅行案内ノ為メ同一行動ヲトル場合ハ第2項ニ準シ2等運賃5割引トス

5. 外ニ大会開催援助ノ意味ヲ以テ右経費中ヘ金3,000円也補助

註 第2及第3項ノ個人乗車ノ場合ハ在郷軍人会長又ハ便宜満州聯合支部長ノ証明書引換ニ割引ヲ為ス

備考

第5項経費3,000円ハ臨時費支弁トス

帝国在乡军人会满洲联合支部部长桥本虎之助关于请求增加帝国在乡军人会满洲联合支部事业补助金事致满铁总裁内田康哉的函（一九三二年六月八日）

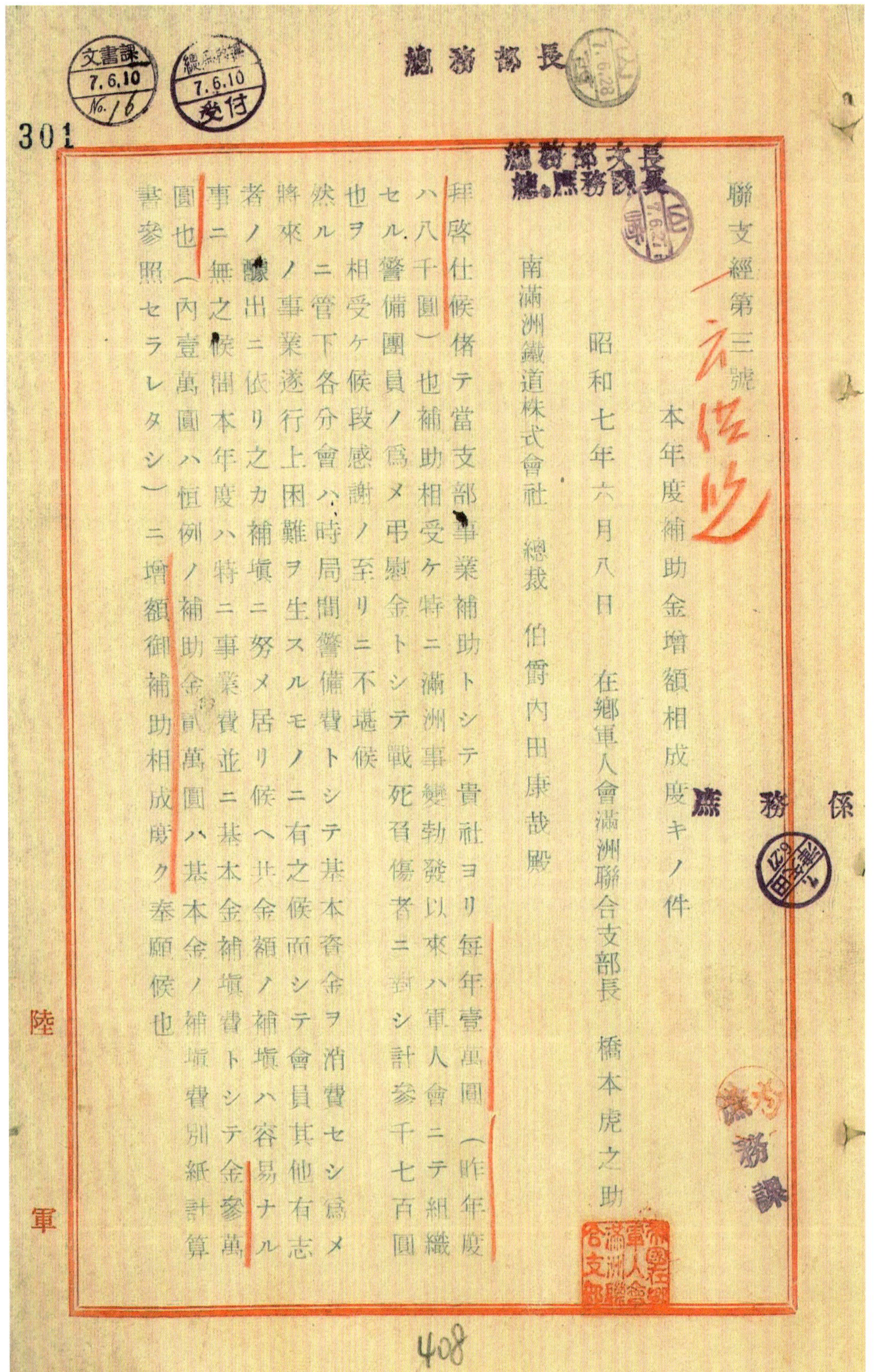

總務部長

301

庶務係

聯支經第三號

本年度補助金增額相成度キノ件

昭和七年六月八日　在鄉軍人會滿洲聯合支部長　橋本虎之助

南滿洲鐵道株式會社　總裁　伯爵内田康哉殿

拜啓仕候陳者當支部事業補助トシテ貴社ヨリ每年壹萬圓（昨年度ハ八千圓）也補助相受ケ特ニ滿洲事變勃發以來ハ軍人會ニテ組織セル警備團員ノ爲メ弔慰金トシテ戰死負傷者ニ對シ計參千七百圓也ヲ相受ケ候段感謝ノ至リニ不堪候

然ルニ管下各分會ハ時局間警備費トシテ基本資金ヲ消費セシ爲メ將來ノ事業遂行上困難ヲ生スルモノニ有之候而シテ會員其他有志者ノ醵出ニ依リ之カ補塡ニ努メ居リ候ヘ共金額ノ補塡ハ容易ナル事ニ無之候間本年度ハ特ニ事業費並ニ基本金補塡費トシテ金參萬圓也（内壹萬圓ハ恒例ノ補助金貳萬圓ハ基本金ノ補塡費別紙計算書參照セラレタシ）ニ增額御補助相成度ク奉願候也

陸軍

408

3)2

事變ノ為使用セシ經費一覽表

支部	分會名	支出額（円）	支出額（銭）	收入額（円）	收入額（銭）	差引額（円）	差引額（銭）
公主嶺	支部	一〇	〇〇			（一〇	〇〇）
公主嶺	長春	一六三三	二三	一一五二	〇五	（四八一	一八）
公主嶺	公主嶺	一三六七	七七			（一三六七	七七）
公主嶺	吉林	四〇二	一五	四一〇	九六	八	八一
公主嶺	窰門						
奉天	支部	七四五	三〇			（七四五	三〇）
奉天	聯合	六四九八	四七	六八〇〇	〇〇	（四六九八	四七）
奉天	奉天東						
奉天	奉大西						
奉天	奉天滿鐵						
奉天	奉天北						
奉天	撫順	六九八七	二〇	六八一七	三四	（一六九	八六）
大石橋	支部						
大石橋	大石橋	七二三	一八	七二三	一八	〇	
大石橋	營口	一〇六六	七一	一〇六六	七一	〇	
大石橋	海城	九九	四四			（九九	四四）
大石橋	蓋平	九七	四四			（九七	四四）
大石橋	熊岳城	一一三	二〇	一一三	二〇	〇	
大石橋	瓦房店	八〇一	七一	八六一	一八	五九	四七
大石橋	錦州						
連山關	支部	五	〇〇			（五	〇〇）
連山關	聯合	五二一七	六五	五三五六	六〇	一三八	九五
連山關	安東第一						
連山關	安東第二						
連山關	鷄冠山						
連山關	橋頭	二五四	二〇			（二五四	二〇）
鐵嶺	支部						
鐵嶺	四平街	六三一	三八	五五九	九〇	（七一	四八）
鐵嶺	昌圖	一五	四一			（一五	四一）
鐵嶺	開原	三四四	九九			（三四四	九九）
鐵嶺	鐵嶺	四一九	五八			（四一九	五八）
鐵嶺	鄭家屯	二一五	〇〇			（二一五	〇〇）

409

393

部	支部分會名	支出額	收入額	差引額
鞍山	支部		八一三.三一	八一三.三一
鞍山	蘇家屯	一三三.四七	一三三.四七	〇
鞍山	遼陽	一、〇〇七.〇二	八一.〇〇	（九二六.〇二）
鞍山	鞍山	八一三.三一	八一三.三一	〇
鞍山	本溪湖	一、〇四七.二七	九八五.八三	（六一.四四）
旅順	支部	二〇.〇〇	一二四.〇〇	一〇四.〇〇
旅順	聯合	四、四九三.二六	四〇〇.〇〇	（四、〇九三.二六）
旅順	大連第一	三六六.四〇	五七〇.〇〇	二〇三.六〇
旅順	大連第二			
旅順	大連第三	一、六五八.三〇	一、六五八.三〇	〇
旅順	大連第四	一、六四六.五一		（一、六四六.五一）
旅順	大連第五			
旅順	大連廣場	三二五.〇九		（三二五.〇九）
旅順	大連公園			
旅順	沙河口			
旅順	大連埠頭	五五四.三一		（五五四.三一）
旅順	大連電氣	三九一.五〇		（三九一.五〇）
旅順	旅順	九一三.五四	九一三.五四	〇
直屬	貔子窩	二二五.〇八		（二二五.〇八）
直屬	金州	一二八.九一		（一二八.九一）
直屬	普蘭店	一八八.〇〇	一八八.〇〇	〇
直屬	柳樹屯			
直屬	哈爾賓誠志會	一三、六五八.五〇	二二五.六八	（一三、四三二.八二）
直屬	齊々哈爾至誠會			
合計		五五、二一九.四八	二五、七七七.六〇	（三〇、七七〇.〇六〇）

備考

右不足額二九、四四一.九二ノ内九、四四一.九二ハ分會員ノ醵出ニ依リ補塡スヘキニ付不足額二〇、〇〇〇.〇〇トス

410

满铁总务部关于补助帝国在乡军人会满洲联合支部事致帝国在乡军人会满洲联合支部部长冈村宁次的函（一九三二年九月三十日）

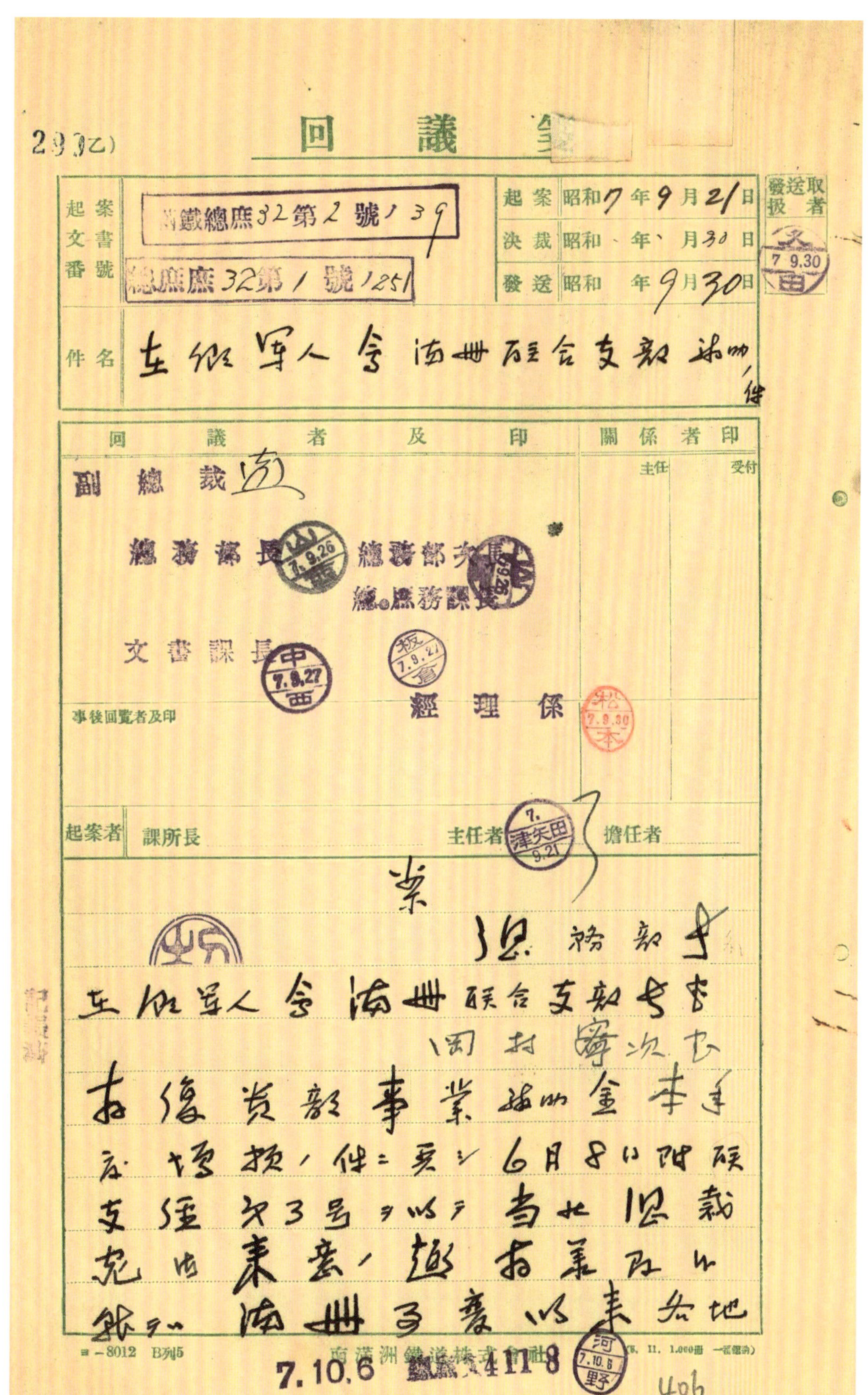

29（乙）

回議案

起案文書番號	滿鐵總庶32第2號139 總庶庶32第1號1251	起案	昭和7年9月21日	發送取扱者
		決裁	昭和 年 月30日	
		發送	昭和 年9月30日	
件名	在郷軍人会満洲聯合支部補助ノ件			

回議者及印 | 關係者印（主任 受付）

副總裁

總務部長　總務部次長

總庶務課長

文書課長

經理係

事後回覽者及印

起案者　課所長　主任者　擔任者

案

總務部長

在郷軍人会満洲聯合支部長

岡村寧次殿

ヨ－8012 B列5　南滿洲鐵道株式會社

7.10.6　總庶411-8

406

300

治安ノ維持ニ付テハ貴部ノ諸活
動ニ俟ツベキモノ尠カラズ武州藩主
ハルモ更ニ前記ニ本年度ニ限
リ諸申入ノ通リ経費補助ト
シテ金10,000円也并ニ基
本金補助トシテ金20,000円也合
計金30,000円也支出ノコトニ
決定相成候條右御承知相
成度此段通知候也

[illegible]

帝国在乡军人会满洲联合支部部长冈村宁次关于感谢满铁发放补助金事致满铁总裁林博太郎的函
（一九三二年十一月二十九日）

謹啓時局多端の折柄
閣下益々御清榮之段邦
家之為め慶賀至極と存じ
奉り候
扨て今般在滿唯一の精神
團体たる滿洲聯合支部
管下二萬餘の郷軍のため
特別の御詮議を辱ふし多
額の金額を御恵與下され
有難く存じ奉り候
此の上は益々一致協力粉骨
碎身克く郷軍の本分を
守り只管皇國のため
努力奮斗致すべき所存
に有之候
茲に謹んで郷軍一同を代
表して御禮申上度
如斯御座候
謹言
昭和七年十一月二十九日
帝國在郷軍人會滿洲聯合支部長
岡村寧次
滿鐵總裁
林博太郎閣下

帝国在乡军人会满洲联合支部部长冈村宁次关于发送事业成绩报告及补助金收支报告事致满铁总裁林博太郎的函（一九三三年五月八日）

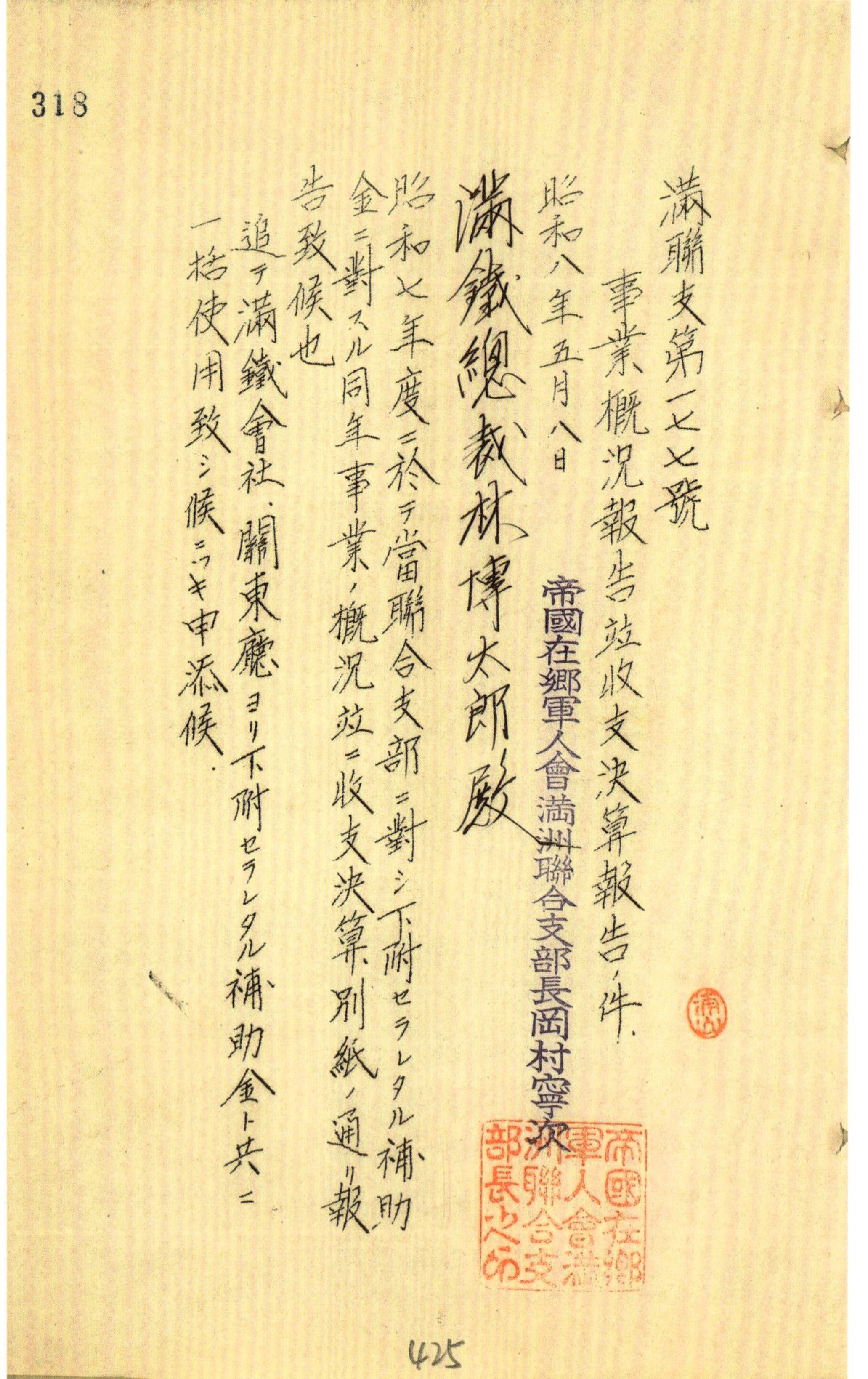
318

満聯支第一七七號

事業概況報告並收支決算報告ノ件

昭和八年五月八日

帝國在郷軍人會満洲聯合支部長岡村寧次

満鐵總裁林博太郎殿

昭和七年度ニ於テ當聯合支部ニ對シ下附セラレタル補助金ニ對スル同年事業ノ概況並ニ收支決算別紙ノ通リ報告致候也

追テ満鐵會社、關東廳ヨリ下附セラレタル補助金ト共ニ一括使用致シ候ニツキ申添候

帝國在鄉軍人會満洲聯合支部長之印

425

319

事業成績報告

昭和七年度ニ於テ下附セラレタル關東廳並滿鐵會社ノ補助金ハ指令ノ趣旨ニ基キ其ノ使途ヲ示シテ別紙配當要領ノ通リ其ノ一部ヲ聯合支部ニ其ノ大部ヲ夫々支部、分會ニ分配セリ 而シテ事業成績ノ概況次ノ如シ

一、聯合支部ニ於テハ在郷軍人ノ軍人能力ヲ增進シ精神修養ニ資シ其ノ責務ヲ自覺セシムル目的ヲ以テ毎月聯合支部報「陂ん志う」二萬部ヲ發行シ普ク全滿在留ノ會員ニ購讀セシム、之カ發行費ハ補助トシテ聯合支部

426

ニ配當補助金全額ヲ使用セリ

二、各支部ニ於テハ未教育補充兵ノ軍事教育ヲ企畫シ支部指導ノ下ニ各分會ヲシテ之ヲ實施セシメ以テ軍事教育ノ一端ヲ會得シ且規律節制等ノ諸德ヲ涵養セシムル等彼等ヲシテ軍人タルノ自覺ヲ促シ服役上ノ義務履行ニ資スル處アリ　其ノ成績逐年向上進歩シ軍事ニ貢獻スル所頗ル大ナリ

三、各分會ニ於テハ各地官署ト連繫シテ在郷軍人服役上

ノ義務履行ヲ確實ナラシムルノ手段ヲ講シ以テ官署ノ召集實施業務ヲ援助スルト共ニ官署ト連合シテ時々模擬召集演習又ハ警備演習ヲ實施シ召集業務ノ實績ヲ向上スルト共ニ地方警備ノ補助手段ヲ確立ス

右ノ如ク本會ハ本補助金ニ依リ前記事業ヲ計畫實施シ會員ノ指導誘掖ニ努力スル所アリ　從テ在郷軍人殊ニ未教育補充兵ノ軍事能力ヲ増進シ義務心ヲ喚起シ法規ノ履行漸次確實トナリ　延テ之ニ關スル官署ノ召集事務ヲ容易且的確ナラシムルニ大ナル好果ヲ齎シツツアルヲ

確認ス
然レトモ關東軍管下ニ於ケル在鄕軍人ハ其ノ何レノ地タルトヲ問ハス異動頗ル頻繁ナルヲ以テ此種ノ事業ハ絶エス之ヲ實施シ一層其ノ成績ノ向上ヲ計ルノ要大ナルモノアルヲ
認ム

42

3211

昭和七年度關東廳、滿鐵會社補助金ニ對スル決算書

一、收入ノ部

項目	金額	
關東廳補助金	一、七五〇	〇〇〇
滿鐵會社補助金	一〇、〇〇〇	〇〇〇
計	一一、七五〇	〇〇〇

二、支出ノ部

項目	金額	
聯合支部ニ對スル配當金	一、四二〇	〇〇〇
管下各支部分會ニ對スル配當金	一〇、三三〇	〇〇〇
計	一一、七五〇	〇〇〇

428

322

昭和七年度關東廳及滿鐵會社補助金配當要領

帝國在鄉軍人會滿洲聯合支部

一、補助金額

關東廳	一、七五〇、〇〇〇円
滿鐵會社	一〇、〇〇〇、〇〇〇
計	一一、七五〇、〇〇〇

二、配當スヘキ團体數及會員數（昭和七年七月一日調）

聯合支部	一
支部	七
聯合分會	三
聯合支部直屬分會	六
支部直屬分會	二八

29

聯合分會所屬分會　一七

會員數　一九、六〇七名

三、各團体配當ノ基礎

イ、本補助金ハ交付ノ目的ヲ達成スル為各團体役員以下挙ツテ活動シ得ル如ク配當スルモノトス　之レカ為年度所要級費ニ充當スヘキ歳入勘キ　聯合支部、支部ノ経費及會員ヨリ醵出スル會費ヲ輕減スル為、聯合分會、分會ノ経費ノ補助トシテ配當スルモノトス但シ各團体ハ便宜上管下各團体ニ通告シ其ノ配當ノ一部若ハ全部ヲ管下團体ヨリ醵出金ニ充當スルコトヲ得

ロ、各團体配當額算出ノ概要左ノ如シ

イ、聯合支部

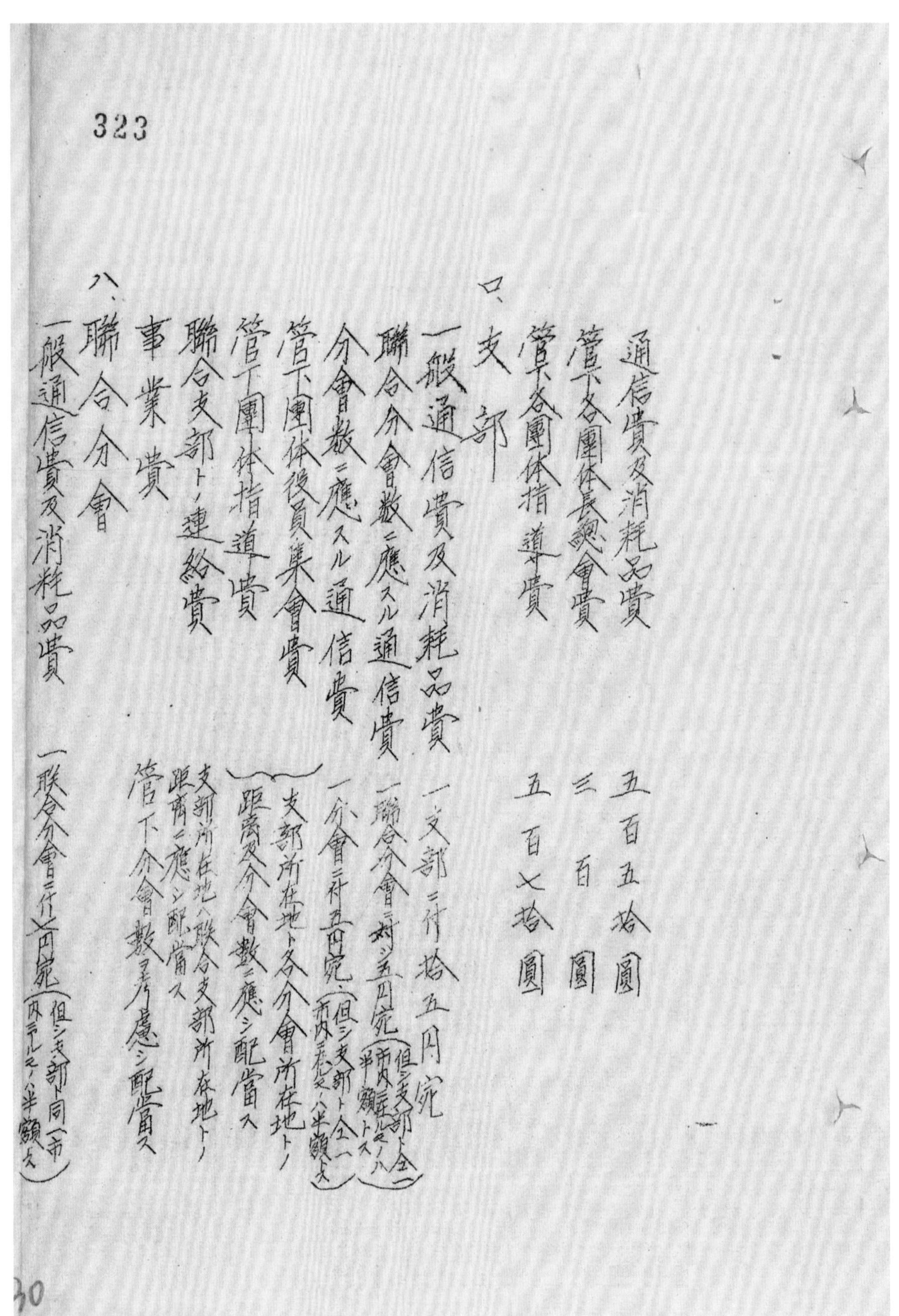

323

通信費及消耗品費　五百五拾圓
管下各團体長總會費　三百圓
管下各團体指導費　五百七拾圓

ロ、支部

一般通信費及消耗品費　一支部ニ付拾五円宛
聯合分會數ニ應スル通信費　一聯合分會ニ対シ五円宛（但シ支部ト仝一所ニ在ルモノハ半額トス）
分會數ニ應スル通信費　一分會ニ付五円宛（但シ支部ト仝一市内ニ在ルモノハ半額トス）
管下團体役員集會費
管下團体指導費
（以上二項）支部所在地ト各分會所在地トノ距離及分會數ニ應シ配當ス
聯合支部トノ連絡費　支部所在地ハ聯合支部所在地トノ距離ニ應シ配當ス
事業費　管下分會數ヲ考慮シ配當ス

ハ、聯合分會

一般通信費及消耗品費　一聯合分會ニ付七円宛（但シ支部ト同一市内ニアルモノハ半額トス）

30

分會数ニ應スル通信費　一分會ニ付三円宛（但シ聯合分會ト同一市内ニアルモノハ半額トス）

事務所費　一分會ニ付一〇円宛

管下各團体集會費　一分會ニ付二円宛

聯合支部トノ連絡費　聯合分會所在地ト聯合支部トノ距離ニ應シ配當ス

支部トノ連絡費　聯合分会所在地ト支部所在地トノ距離ニ應シ配當ス

ニ、聯合支部直屬分會

一般通信費及消耗品費　一分會ニ付七円宛

事務所費　〃　五円宛

聯合支部トノ連絡費　分會所在地ト聯合支部所在地トノ距離ニ應シ配當ス

會員数ニ應スル配當事業費　一人ニ付約二十七銭五厘宛

ホ、支部直屬分會

一般通信費及消耗品費　一分會ニ付五円宛

事務所費　〃　五円宛

324

聯合支部ト連絡費	分會所在地ト支部所在地ト距離ニ應シ配當ス
支部ト連絡費	支部所在地ト聯合支部所在地ト距離ニ應シ配當ス
會員數ニ應スル配當事業費	一人ニ付約二十七錢五厘宛

ヘ、聯合分會所屬分會

一般通信費及消耗品費	一分會ニ付參円宛
事務所費	〃　參円宛
聯合支部ト連絡費	分會所在地ト聯合支部所在地ト距離ニ應シ配當ス
支部ト連絡費	分會所在地ト支部所在地ト距離ニ應シ配當ス
會員數ニ應スル配當事業費	一人ニ付約二十七錢五厘宛

四、前記ニ基キ算出シタル各團体配當額左表ノ如シ

431

各團体補助金配當表

聯合支部

團体名	正會員数	通信費、指導費、事業費庶務費等	会員数ニ應スル配當事業費	合計	控除額			差引送金額
					本部ノ補助金既送金額	[illegible]購読料不納分	合計	
聯合支部		1,420,000		1,420,000	100,000		100,000	1,320,000
哈爾濱分會	696	51,030	188,870	240,000	51,000	18,000	69,000	171,000
至誠會	46	95,110	10,890	106,000	10,000	4,140	14,140	91,860
公主嶺支部		148,000		148,000	20,000		20,000	128,000
新京分會	1,302	15,700	357,300	373,000	90,000	61,000	151,000	222,000
公主嶺分會	368	29,300	100,700	130,000	30,000	27,000	57,000	73,000
吉林分會	120	60,700	32,300	93,000	14,000	10,800	24,800	68,200
図門分會	7	58,000	5,000	63,000				63,000
鐵嶺支部		170,000		170,000	20,000		20,000	150,000
四平街分會	582	43,300	158,700	202,000	43,000	42,000	85,000	117,000
昌圖分會	38	48,300	8,700	57,000	10,000	3,060	13,060	43,940
開原分會	267	47,100	72,900	120,000	22,000	19,800	41,800	78,200
鐵岺分會	330	43,900	90,100	134,000	27,000	7,800	34,800	99,200
鄭家屯分會	48	77,500	11,500	89,000	10,000	10,260	20,260	68,740
奉天支部		114,000		114,000	20,000		20,000	94,000
〃 聯合分會		60,000		60,000	12,000		12,000	48,000
〃 海軍班	74	43,900	19,100	63,000	5,000		5,000	58,000
〃 東分會	1,148	43,900	315,100	359,000	75,000	180,840	255,840	103,160
〃 西分會	842	43,900	230,100	274,000	55,000	45,000	100,000	174,000
〃 滿鐵分会	638	43,900	175,100	219,000	42,000	155,250	197,250	21,750
〃 北分會	323	43,900	88,100	132,000	22,000	52,650	74,650	57,350
撫順分會	1,758	58,650	482,350	541,000	120,000	157,500	277,500	263,500
連山關支部		187,000		187,000	20,000		20,000	167,000

325

432

安東聯合分會		109,000		109,000	9,000	85,050	94,050	14,950
〃 第一分會	580	93,650	158,350	252,000	38,000		38,000	214,000
〃 第二分會	286	93,650	80,350	174,000	20,000		20,000	154,000
橋頭分會	155	68,600	41,400	110,000	15,000	33,750	48,750	61,250
鶏冠山分會	268	78,400	72,600	151,000	23,000	50,100	73,100	77,900
鞍山支部		141,000		141,000	20,000		20,000	121,000
遼陽分會	473	55,100	128,900	184,000	36,000	124,740	160,740	23,260
鞍山分會	641	51,700	176,300	228,000	47,000	103,200	150,200	77,800
本溪湖分會	477	68,800	131,200	200,000	37,000	21,690	58,690	141,310
蘇家屯分會	81	56,800	22,200	79,000	10,000	11,620	21,620	57,380
大石橋支部		244,000		244,000	20,000		20,000	224,000
〃 分會	307	68,100	83,900	152,000	26,000	80,100	106,100	45,900
営口分會	350	72,850	95,150	168,000	28,000	88,290	116,290	51,710
海城分會	59	70,300	14,700	85,000	10,000	9,990	19,990	65,010
蓋平分會	26	73,550	6,450	80,000	10,000	2,070	12,070	67,930
熊岳城分會	78	77,100	20,900	98,000	10,000	5,690	15,690	82,310
瓦房店分會	319	87,500	86,500	174,000	26,000	28,800	54,800	119,200
錦州分會	102	122,300	25,700	148,000	12,000		12,000	136,000
旅順支部		367,000		367,000	30,000		30,000	337,000
大連聯合分會		113,000		113,000	20,000	2,020	22,020	90,980
〃 第一分會	432	85,300	117,700	203,000	29,000	36,900	65,900	137,100
〃 第二分會	370	85,300	100,700	186,000	25,000	18,000	43,000	143,000
〃 第三分會	282	85,300	76,700	162,000	19,000	79,650	98,650	63,350
〃 第四分會	460	85,300	125,700	211,000	31,000	44,050	75,050	135,950
〃 第五分會	452	85,300	123,700	209,000	30,000	27,850	57,850	151,150
〃 大広場分會	847	85,300	231,700	317,000	56,000	87,830	143,830	173,170

326

433

大連東公園分會	1,226	85,100	335,900	421,000	81,000	122,850	203,850	217,150
〃 沙河口分會	587	84,850	180,150	265,000	58,000	140,850	198,850	66,150
〃 電氣分會	326	85,300	88,700	174,000	22,000	29,700	51,700	122,300
〃 埠頭分會	585	85,100	159,900	245,000	39,000	54,000	93,000	152,000
旅順分會	925	82,850	198,150	281,000	53,000	63,000	116,000	165,000
貔子窩分會	188	124,000	50,000	174,000	18,000	16,870	34,870	139,130
金州分會	220	90,300	59,700	150,000	20,000	23,000	43,000	107,000
普蘭店分會	143	88,300	38,700	127,000	14,000	14,400	28,400	98,600
柳樹屯分會	17	89,000	5,000	94,000	10,000	1,890	11,890	82,110
合計	19,607	5,950,910	5,363,510	11,750,000	1,750,000	2,203,130	3,953,130	7,796,870

備考 一、應召準備ヲ完備スルタメ奉公袋(為シ得レハ軍服調製ノ補助及未教育第一補充兵ノ軍隊宿泊其ノ他ノ指導ニ要スル経費ノ補助等ニ成ルヘク多額ヲ使用スルモノトス

满铁总务部关于向帝国在乡军人会满洲联合支部发放补助金事致帝国在乡军人会满洲联合支部部长冈村宁次的回议笺（一九三三年五月二十九日）

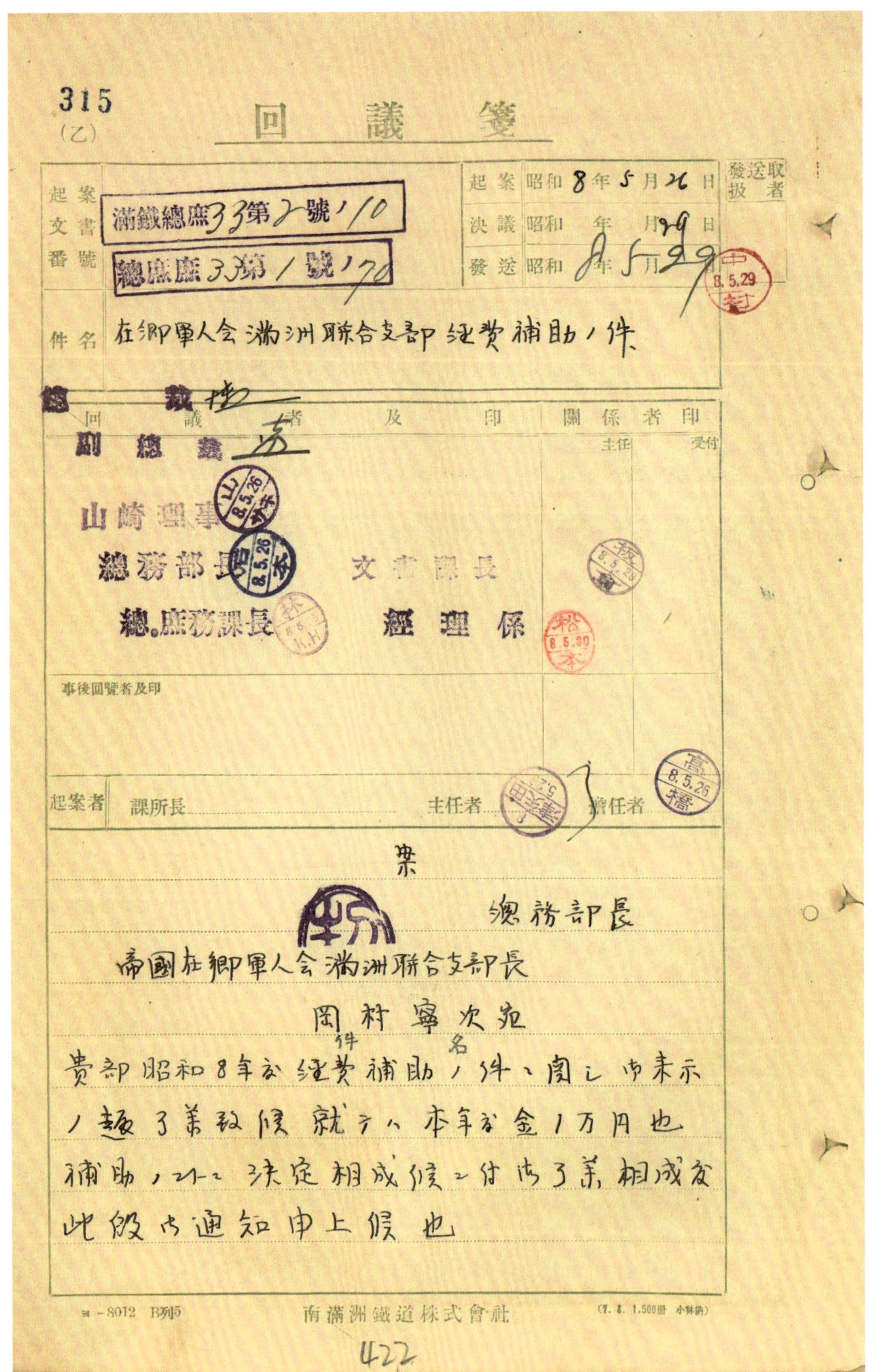

315
（乙）

回議箋

起案文書番號	満鐵總庶33第2號110 總庶庶33第1號170	起案	昭和8年5月26日	發送取扱者
		決議	昭和　年　月29日	
		發送	昭和8年5月29日	
件名	在郷軍人会満洲聯合支部経費補助ノ件			

總裁

回議者及印 ／ 關係者印（主任 受付）

副總裁

山崎理事

總務部長　　文書課長

總.庶務課長　　經理係

事後回覽者及印

起案者　課所長　主任者　擔任者

案

總務部長

帝國在郷軍人会満洲聯合支部長
岡村寧次殿

貴部昭和8年分経費補助ノ件ニ関シ御来示ノ趣了承致候就テハ本年分金1万円也補助スルコトニ決定相成候ニ付御了承相成度此段御通知申上候也

南滿洲鐵道株式會社

422

帝国在乡军人会满洲联合支部部长冈村宁次关于感谢满铁发放补助金事致满铁总裁林博太郎的函
（一九三三年六月十五日）

謹啓　時局多端の折柄閣下益々御清榮の段邦家の爲め慶賀至極と存じ奉り候

扨て今般在滿唯一の精神團体たる滿洲聯合支部管下三萬の鄉軍の爲め特別の御詮議を辱ふし多額の金額を御惠與下され有難く存じ奉り候

此上は益々一致協力粉骨碎身克く鄉軍の本分を守り只管皇軍の爲め努力奮闘致すべき所存に有之候

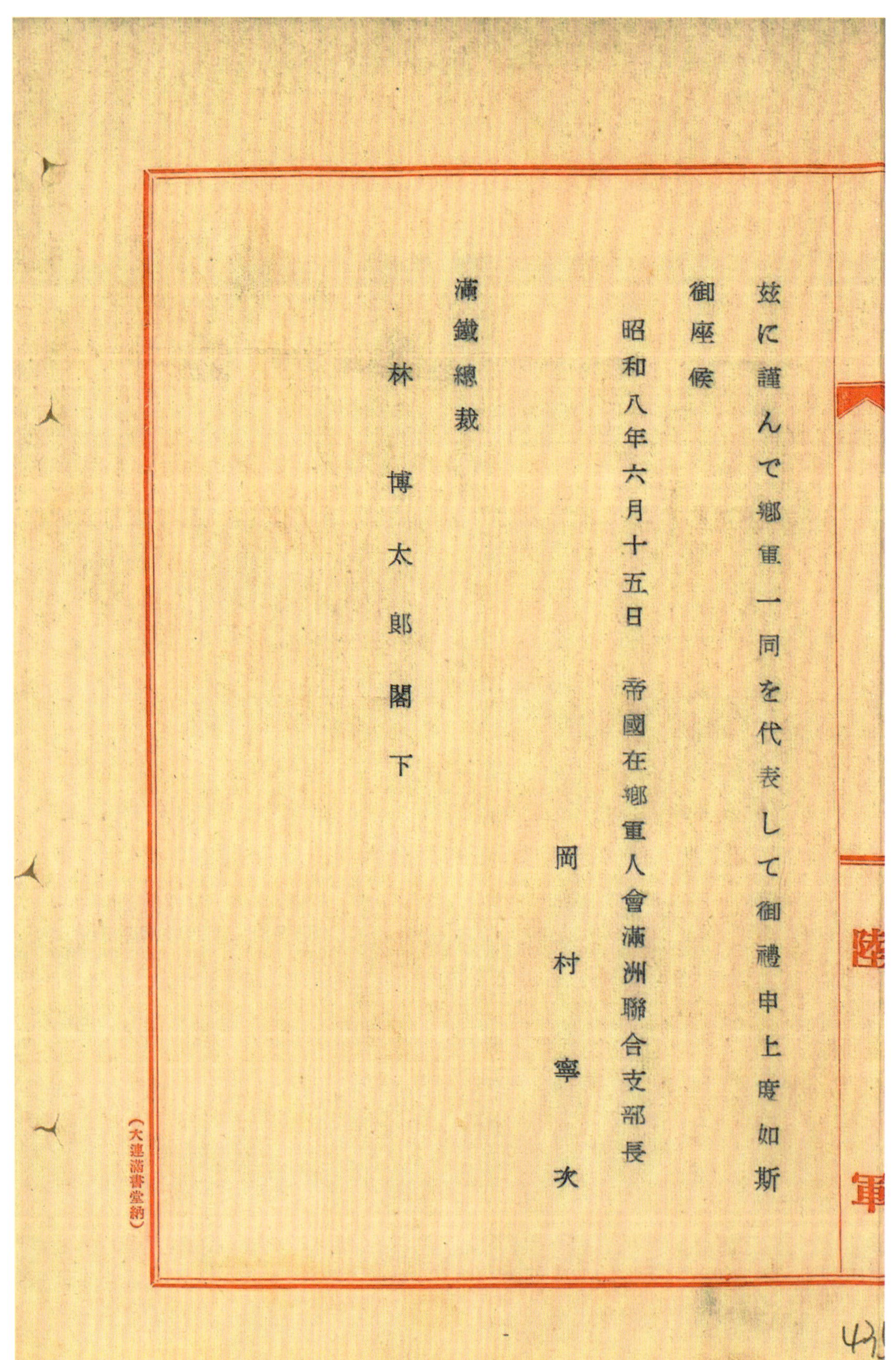
茲に謹んで鄉軍一同を代表して御禮申上度如斯
御座候
昭和八年六月十五日　帝國在鄉軍人會滿洲聯合支部長
岡村寧次
滿鐵總裁
林博太郎閣下

（大連滿書堂納）

陸軍

435

满铁与土肥原贤二关于向中江丑吉支付研究费事的来往函（一九三四年二月十一日至二十五日）

土肥原贤二关于申请向中江丑吉支付研究费事致满铁副总裁八田嘉明的函（一九三四年二月十一日）

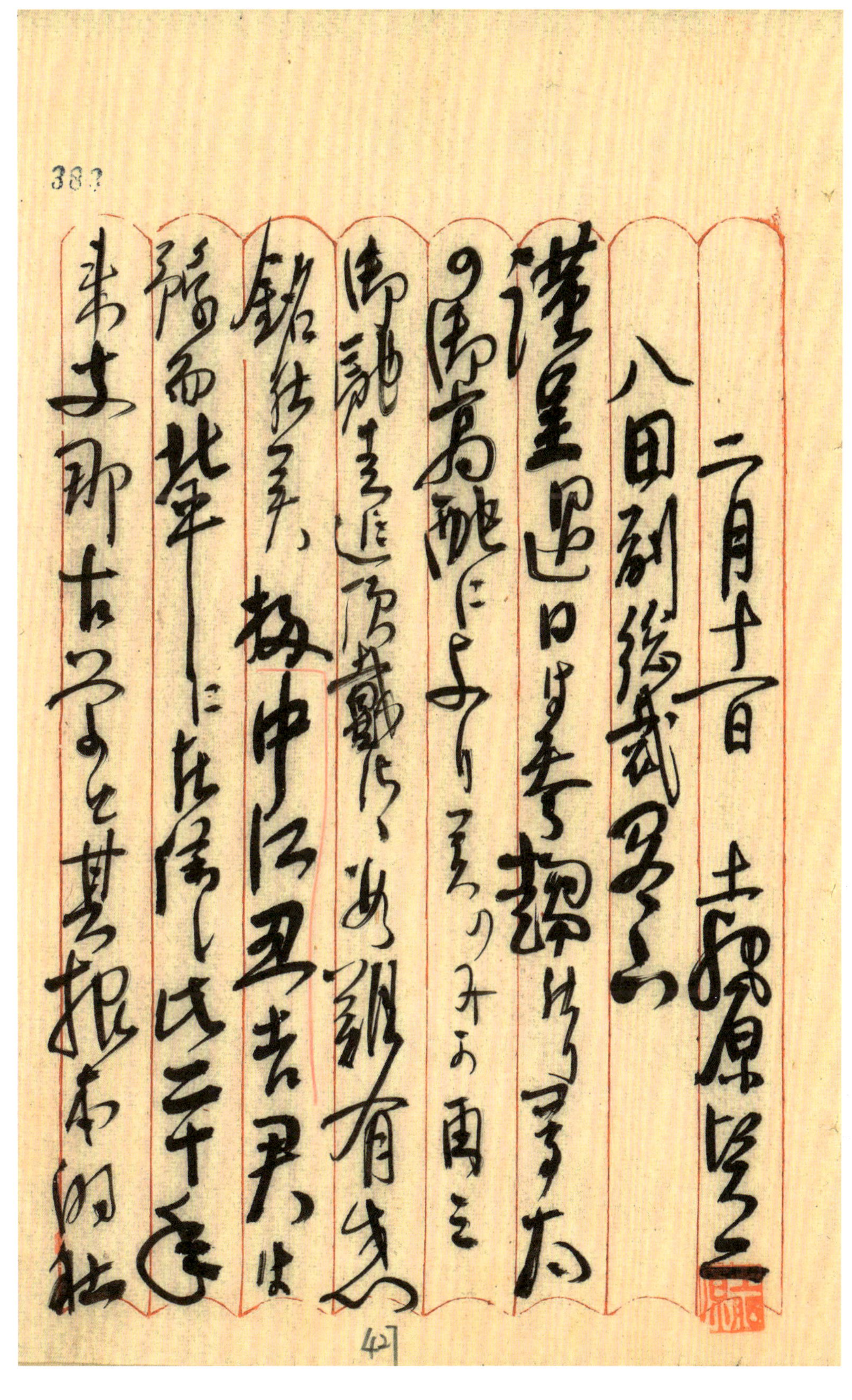

二月十一日　土肥原賢二

八田副総裁閣下

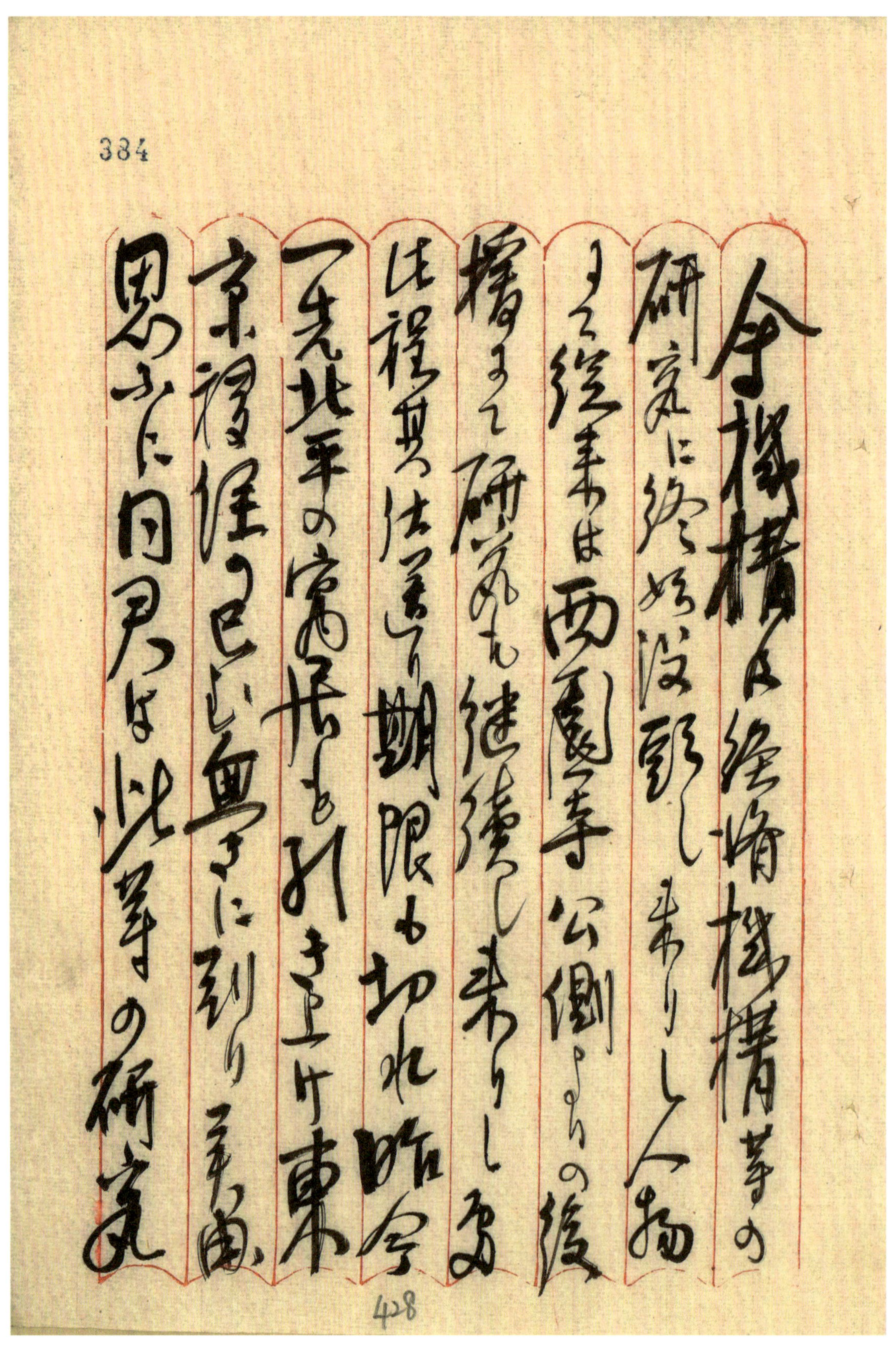

384

今機構及経済機構等の
研究に従事し来りし人物
より従来は西園寺公側よりの後
援もなく研究も継続し来りし處
法規其他法案の期限も切れ昨今
一先北平の寓居を引上げ東
京滞在の已むなき事に到り其間
思ふに同君は此等の研究

428

383

に於て当代の第一人者とも被
せられ其文献は本意義に於
て当代の至宝とも目すべく自
ら二十数年の蒐集せる其典籍
の一の経営に於て剥ぎ上げの
已むを得ざるに到りし次第に有之
ぬ候ても天下の為惜しき限
りに有之候就ては約一万円の

429

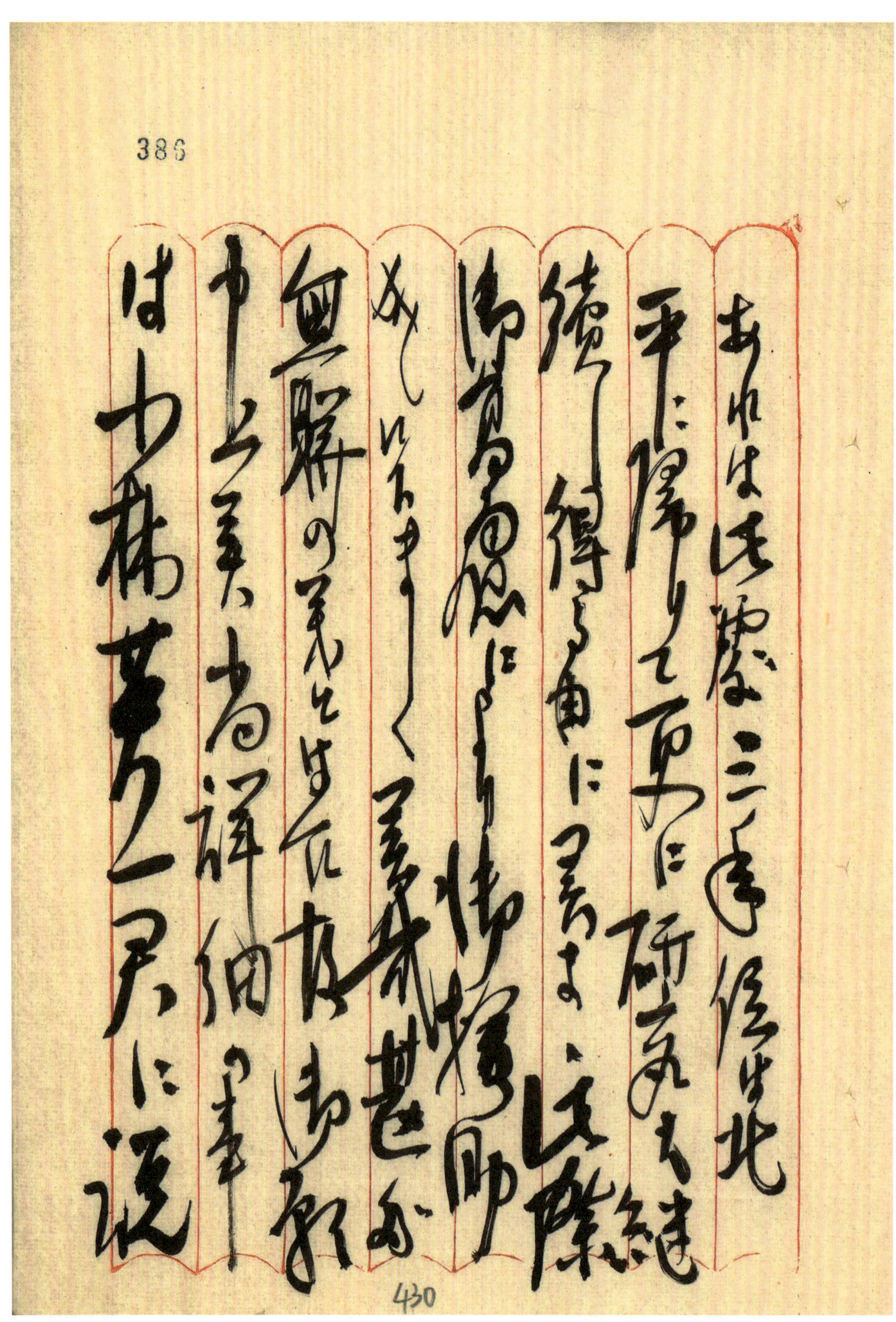

386

あれは満蒙三年[illegible]北
平に帰りて更に研究を続
[illegible]得る[illegible]につきまして満[illegible]
御[illegible]考慮によりて御都合
[illegible]下されまし[illegible]甚[illegible]
無[illegible]の[illegible]とは[illegible]
申上候 尚詳細の事
は小林某君に説

430

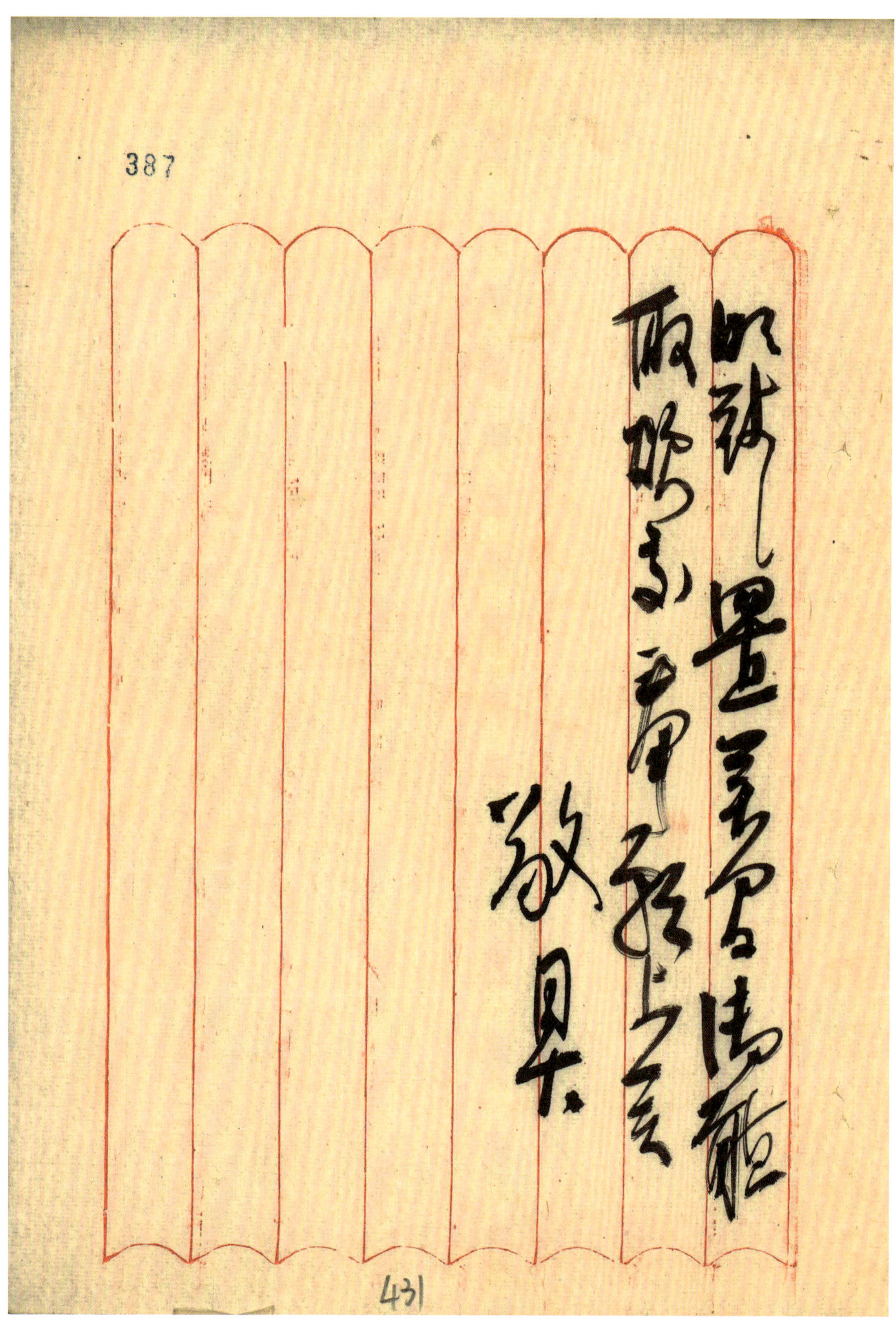

387

此段し畧書為御禮
取敢不取右申上候
敬具

431

满铁副总裁八田嘉明关于同意向中江丑吉支付研究费事致土肥原贤二的函（一九三四年二月二十日）

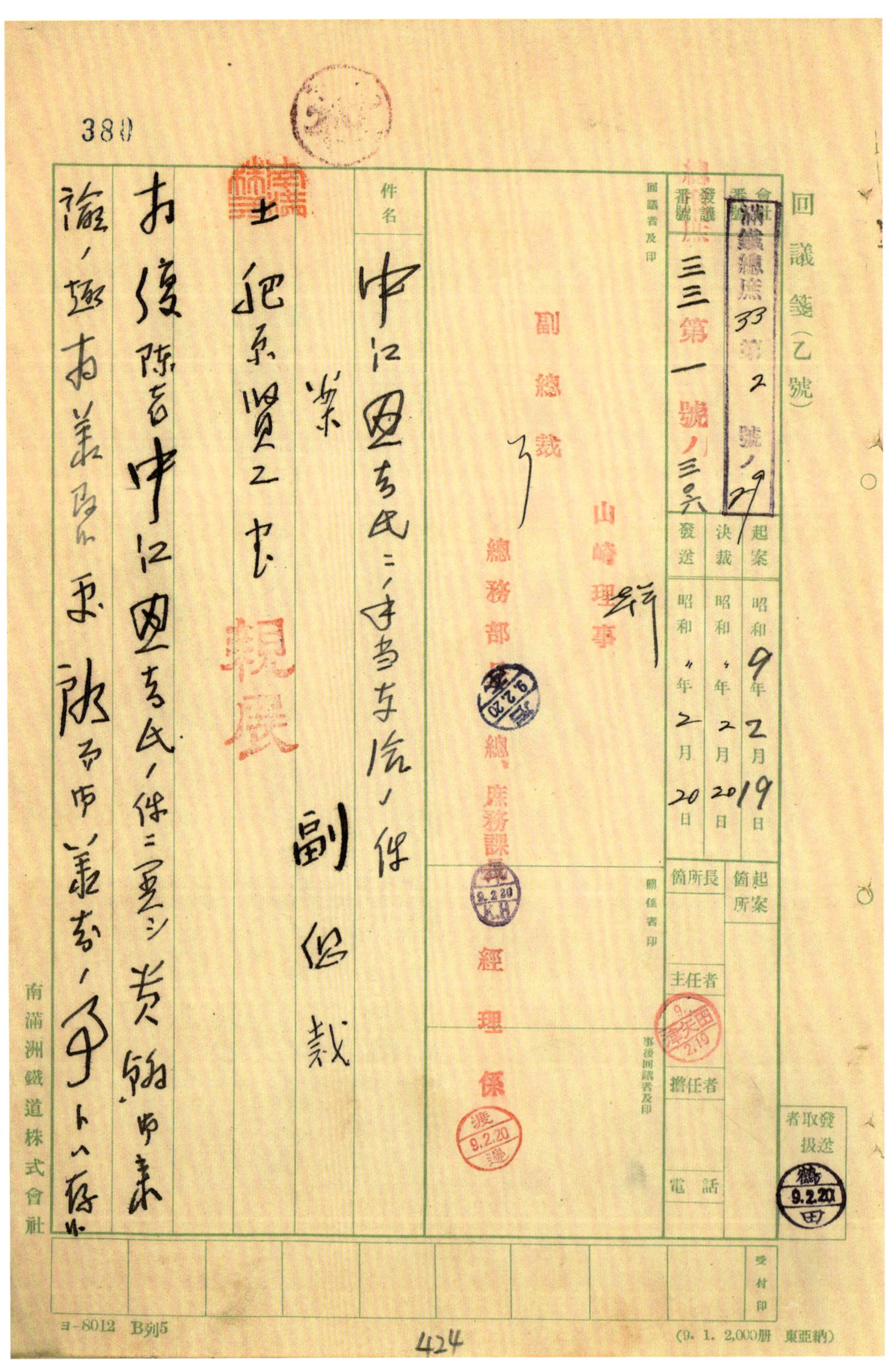
380

回議箋（乙號）

會社番號 滿鐵總庶33第2號ノ29

發議番號 總庶三三第一號ノ三六

起案 昭和9年2月19日

決裁 昭和〃年2月20日

發送 昭和〃年2月20日

副總裁

山崎理事

總務部

總、庶務課

經理係

件名 中江丑吉氏ニ手当支給ノ件

案

副總裁

土肥原賢二殿

拝復 陳者中江丑吉氏ノ件ニ関シ貴翰拝承

南滿洲鐵道株式會社

ヨ-8012 B列5

424

（9. 1. 2,000冊 東亜納）

381

ヘ共會社ニ於テハ昭和四年度以降四ヶ年間ニ亘リ
同氏ノ研究所援助方御依頼モ有之候ニ
従来意ノ一時賞金ニ替ヘ右御依頼ニ依リ同氏
研究所援助ノ意味ヲ以テ月額手当金三百圓也
ヲ今後三ヶ年間継續支出ノコトニ取計度
（然ル）候存意有無至急不取敢貴意願度如斯
ニ候 草々敬具

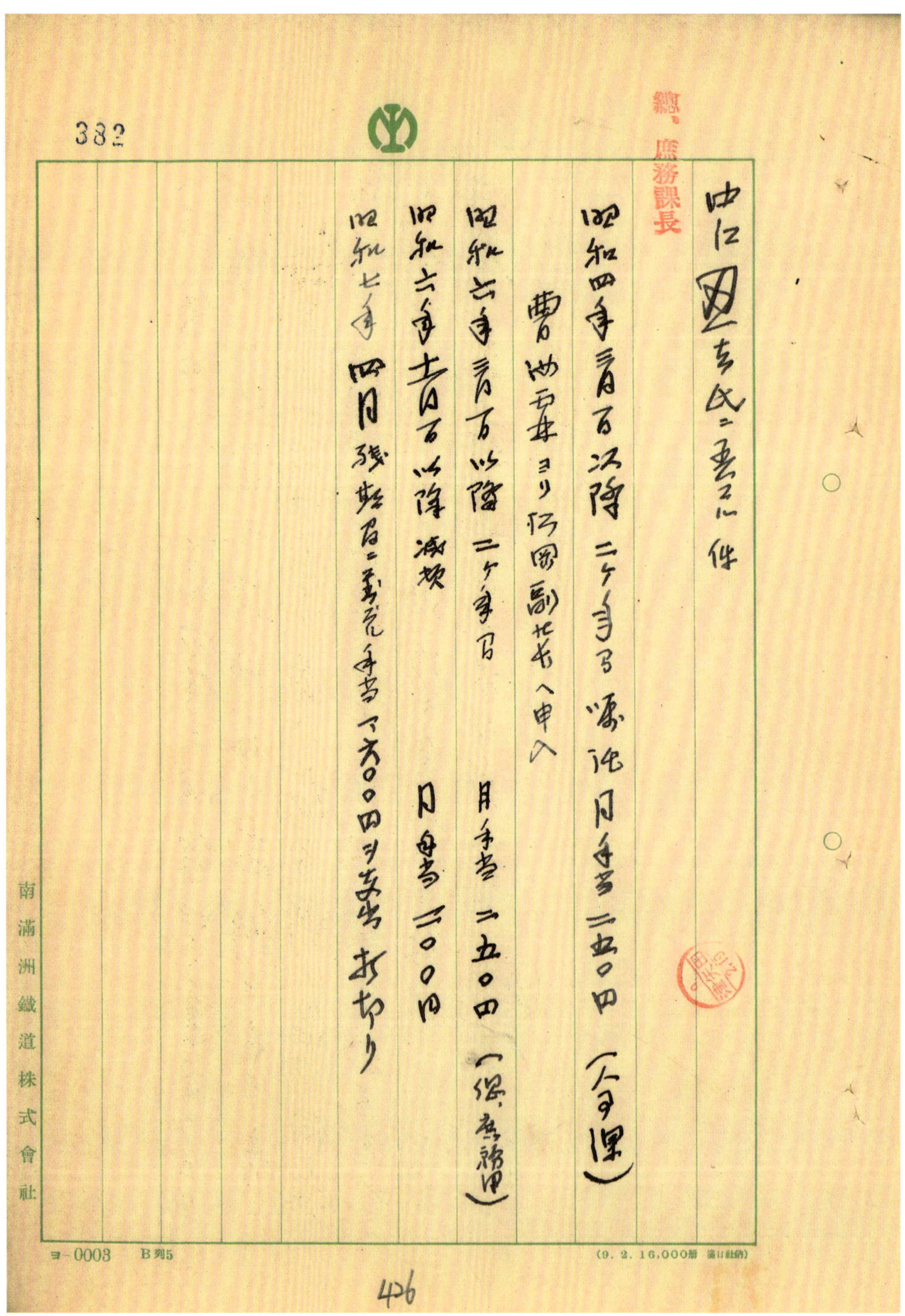

382

總、庶務課長

中江丑吉氏ニ関スル件

昭和四年三月一日以降 二ヶ年間 嘱託 月手当 二五〇円 (人事課)

曹汝霖ヨリ松岡副社長ヘ申入

昭和六年三月一日以降 二ヶ年間 月手当 二五〇円 (保、庶務課)

昭和六年十二月一日以降 減額 月手当 二〇〇円

昭和七年四月 残期間ニ対スル手当 一六〇〇円ヲ支給 打切リ

南滿洲鐵道株式會社

ヨ-0003 B列5 (9. 2. 16,000冊 滿日社納)

426

土肥原贤二关于感谢向中江丑吉支付研究费事致满铁副总裁八田嘉明的函（一九三四年二月二十五日）

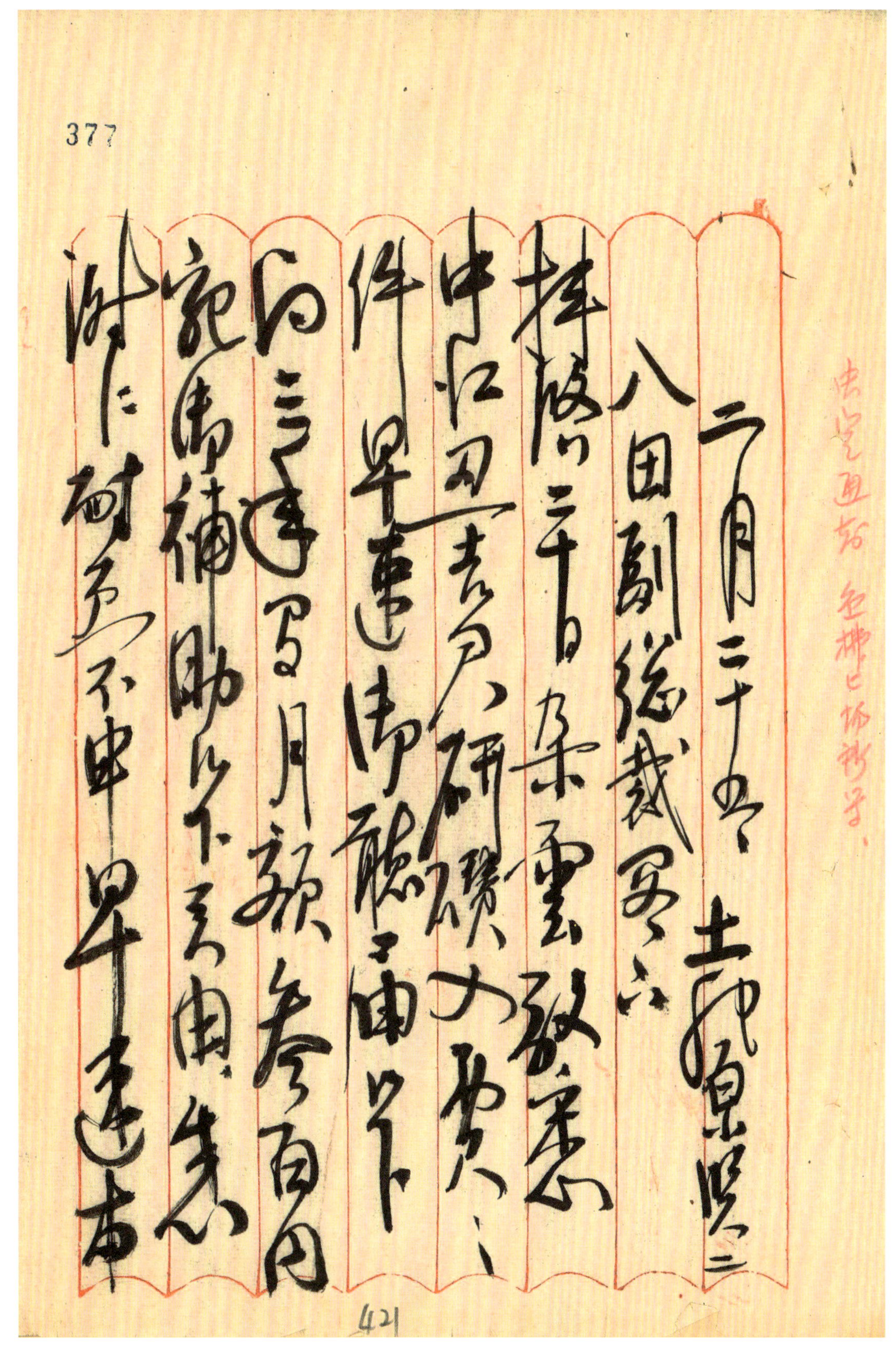

377

二月二十五日　土肥原賢二

八田副総裁閣下

拝啓　二十日来電敬悉

中江丑吉ヘ研究費ノ件

早速御聴届ケ下

向三ヶ年間　月額参百円

宛御補助下サレ候由、深ク感

謝ニ耐ヘズ不取敢早速本

421

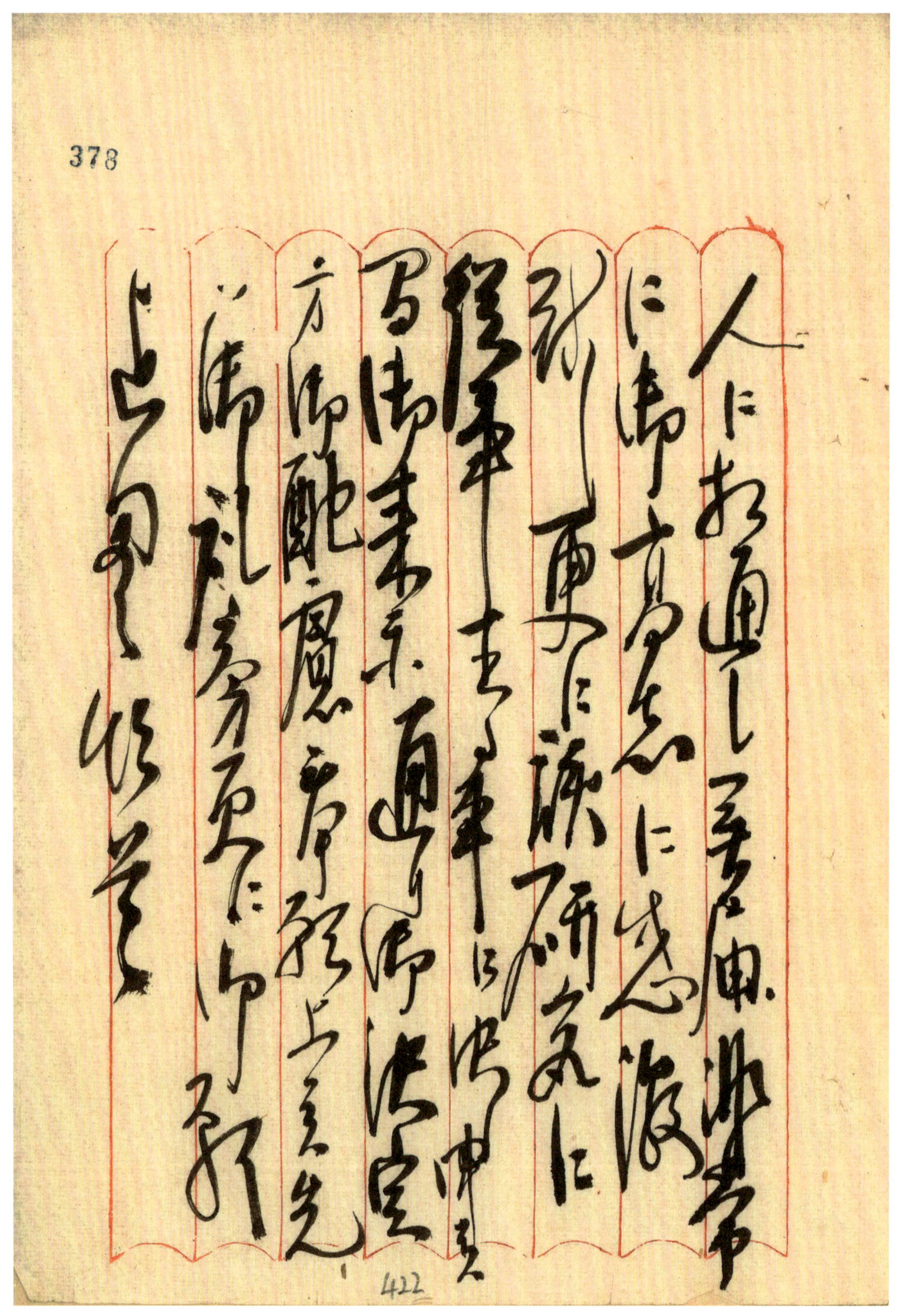

满铁总务部与土肥原贤二关于向中江丑吉支付研究费事的来往函（一九三四年三月三日至五日）

满铁总务部部长石本宪治关于同意向中江丑吉补助研究费事致土肥原贤二的函（一九三四年三月三日）

375

回議箋（乙號）

會社番號	發議番號	總庶三三第一號ノ三一五
起案	昭和9年2月28日	
決裁	昭和〃年3月2日	
發送	昭和〃年3月3日	

回議者及印：副總裁 山崎 理 總務部長 總、庶務課長 經理部長 經理係 記帳濟

件名：中江丑吉氏研学費補助ノ件

土肥原賢二 殿

総務部長

右條陳者中江氏ノ件ニ至シ二月二十六日附副總……

南滿洲鐵道株式會社

ヨ-8012 B列5

419

（9. 1. 2,000冊 東亜納）

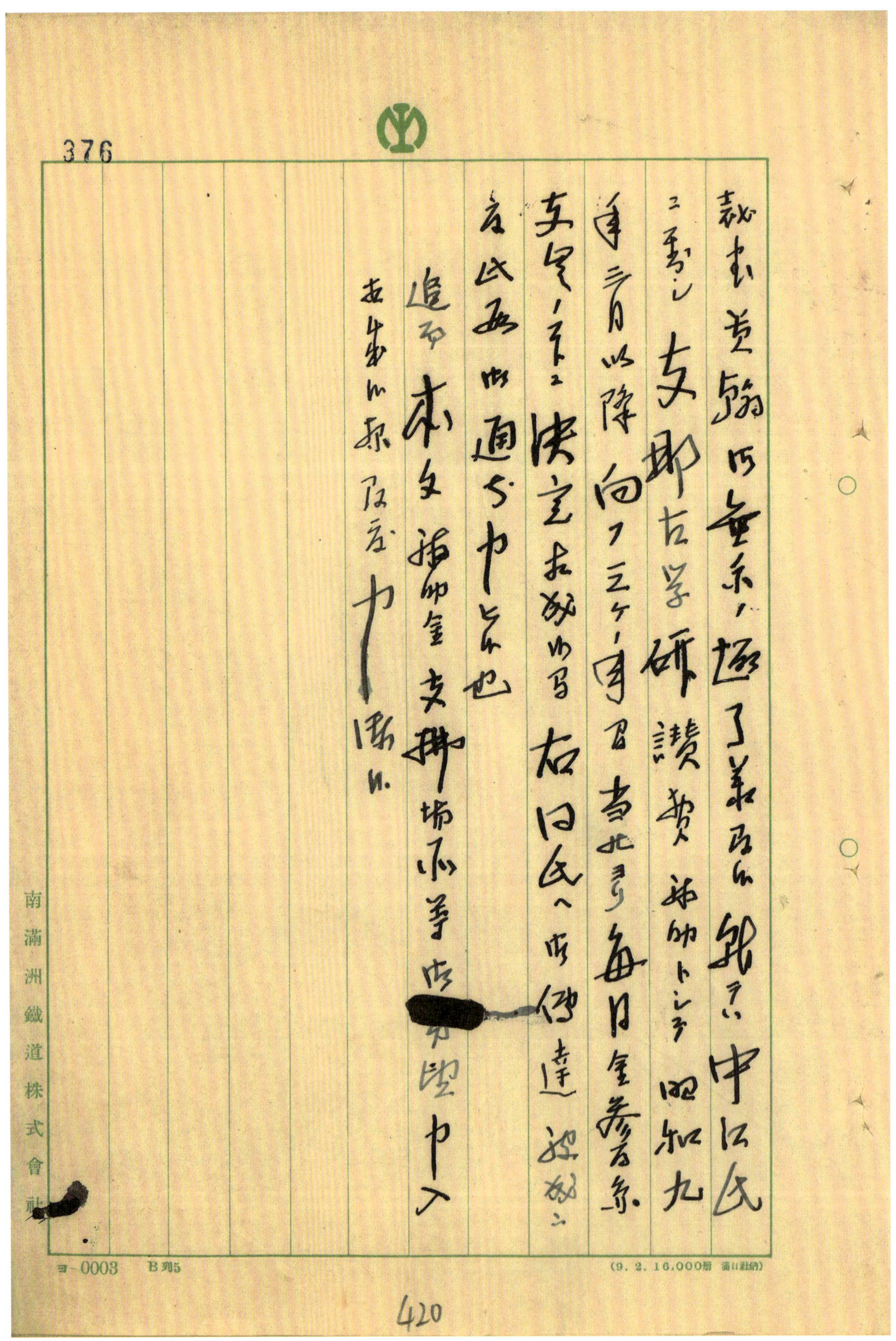

376

総裁ト董翁トノ無条ノ極了義ニ依リ然テハ中江氏
ニ寄シ支那古学研鑽費補助トシテ昭和九
年二月以降向フ三ケ年間[illegible]毎月金参百円
支給ノ事ニ決定致シ置候間右同氏ヘ御傳達相煩シ度
右此段及御通知申上候也
追テ本件補助金支拂場所等御[illegible]照會申入
右生ハ承及居[illegible] 中川

南滿洲鐵道株式會社

ヨ-0003 B列5 (9. 2. 16,000冊 滿日社納)

420

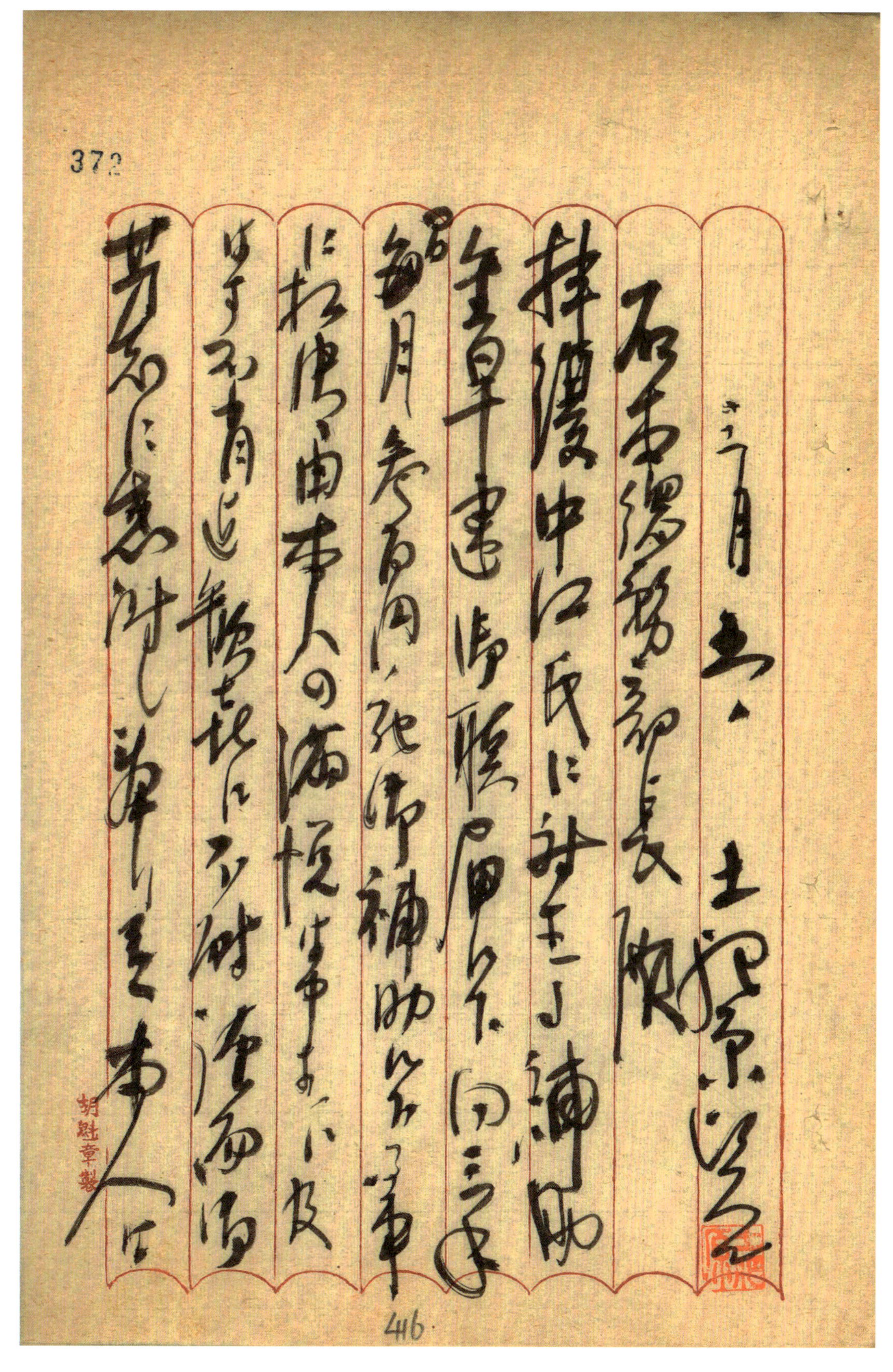

土肥原贤二关于请于北平向中江丑吉支付研究费事致满铁总务部部长石本宪治的函（一九三四年三月五日）

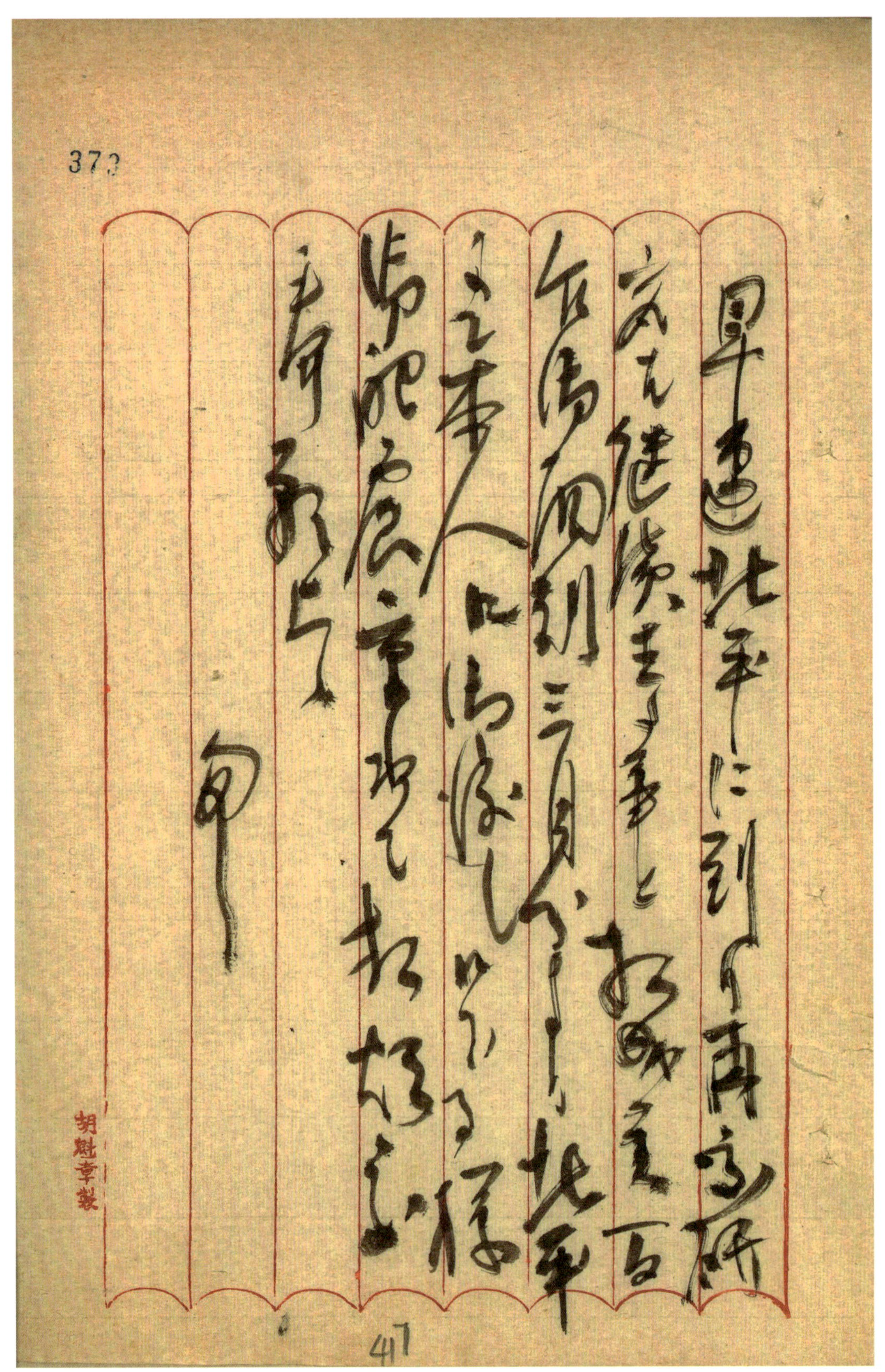

373
胡魁章製
417

满铁总务部庶务课关于向帝国在乡军人会发放补助之先例（一九三四年三月二十四日）

333

總、庶務課長

帝國在郷軍人会補助寄附前例

一、滿洲聯合支部ニ対スル補助

	年	事項	金額
1.	大正七年	滿洲聯合支部基金寄附	二一、一六〇円
2.	〃一五年	閑院宮殿下ノ台臨ヲ仰キ滿洲聯合支部總會開催ノ際右経費ノ補助	一、〇〇〇円
3.	昭和三年	滿洲聯合支部昭和三年度補助金	一〇、〇〇〇円
4.	〃四年	〃 四 〃	一〇、〇〇〇
5.	〃五年	〃 五 〃	一〇、〇〇〇
6.	〃六年	〃 六 〃	八、〇〇〇
7.	〃七年	〃 七 〃	一〇、〇〇〇
8.	〃七年	〃 基本金トシテ臨時補助	二〇、〇〇〇
9.	〃八年	〃 昭和八年度補助金	一〇、〇〇〇

南滿洲鐵道株式會社

ヨ-0003 B列5 (9. 2. 16,000冊 満日納)

497

339

二、満洲聯合支部各分會ニ對スル補助

10. 大正一〇年　蓋平分會創立基金寄附　一五〇円

11. 〃　一三年・満鉄東公園町分会発会式経費補助　四〇〇円

12. 〃　一三年　撫順及鞍山分会ニ對シ会社諸施設防備計画所要経費補助　撫順　七、七〇〇円　鞍山　三、〇八〇円

三、在郷軍人会全体ニ對スル補助

13. 昭和四年　東京軍人会館建設費寄附　一、〇〇〇、〇〇〇円

14. 〃　七年　奉天ニ於テ帝國軍人（在郷）大会開催ノ右経費補助　三、〇〇〇円

別ニ参加会員ニ對シ社線運賃割引

南滿洲鐵道株式會社

ヨ-0003　B列5　（9. 2. 16,000冊 満日納）

498

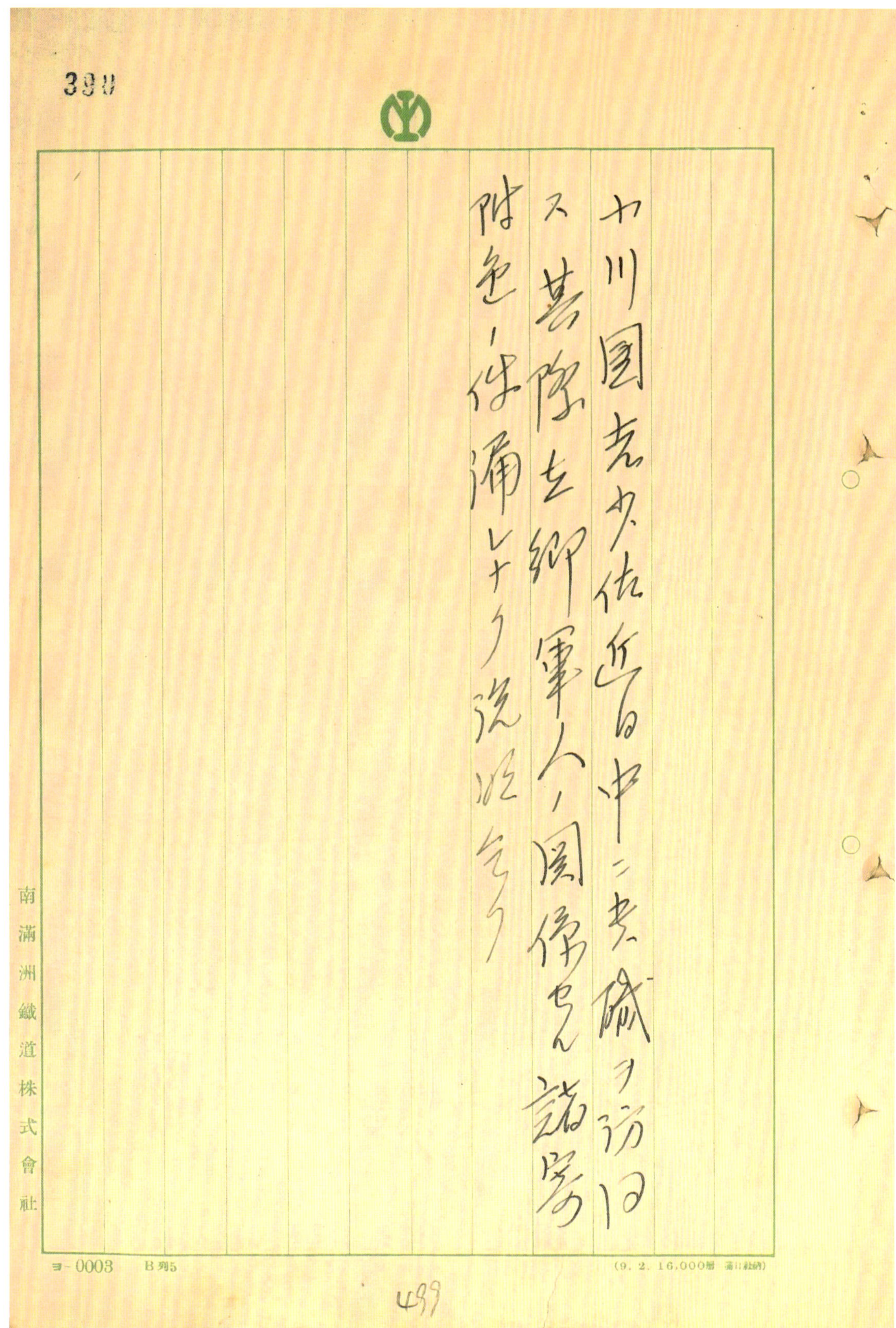

390

十川国吉少佐近日中ニ来職ヲ訪問ス甚隊在郷軍人ノ関係セル諸學附急ノ件漏レナク説明セリ

南滿洲鐵道株式會社

ヨ-0003　B列5　(9. 2. 16,000冊 滿日納)

499

帝国在乡军人会满洲联合支部部长冈村宁次关于九一八事变后在乡军人人数增加故请增发补助金事致满铁总裁林博太郎的函（一九三四年五月十六日）

352

滿聯支第二四二號

補助金下附願

昭和九年五月十六日　帝國在鄉軍人會滿洲聯合支部長　岡村寧次

滿鐵總裁　林博太郎殿

在鄉軍人會事業促進ノ爲前年度關東廳竝滿鐵會社ヨリ補助金相受ケ事業ノ進捗ヲ企圖シ相當ノ實績ヲ擧クルコトヲ得候モ滿洲ニ在留スル在鄉軍人中未タ軍隊教育ヲ受ケサル補充兵約半數ヲ占メ之カ誘掖指導ハ國防上特ニ必要ナルノミナラス在滿在鄉軍人ハ植民地ノ通弊トシテ異動頻繁ニシテ之カ統制指導ニ關シテハ自ラ內地ト其趣ヲ異ニスルモノアリ特ニ今次事變以來渡滿在鄉軍人ノ數著

帝國在鄉滿洲聯合支部

シク增加シ（事變前ノ二倍半）其進取的發展ハ熱河省、黑龍江省吉林省等僻遠ノ地ニ新設分會ノ簇生スルノ機運ヲ造リ事變以來增加スルモノ四十分會ヲ算シ將來益々增加スルノ狀態ニアリ之ヲ統制シ指導ヲ適切ニシ平戰兩時ニ於ケル應召準備ヲ完全ニシ以テ非常時ニ處スル訓練ヲ重ヌルハ最モ緊要ト思惟仕候

卽チ分會數ヲ增加シ人員激增シアル在滿鄉軍ヲ統制善導シ益々實績ノ向上ヲ計リ以テ有事ニ處スル爲此種事業ヲ繼續致シ度計畫ニ有之候條趣意御諒察ノ上本會事業ノ補助費トシテ金參萬圓也ヲ特ニ下附相成度事業計畫書相添ヘ及願出候也

帝國在鄉軍人會滿洲聯合支部

附：帝国在乡军人会昭和九年（一九三四年）度事业计划

353

昭和九年度事業計畫

補助金ヲ以テスル事業概ネ次ノ如シ

一、會員ノ軍事智識ヲ增進シ精神修養ニ資シ併テ滿蒙事情ニ通セシメ在留在鄉軍人タルノ自覺ヲ促ス爲毎月聯合支部報ヲ發行ス

二、支部、分會ヲシテ左ノ事業ヲ實施セシム

1 會員ヲシテ平戰兩時ノ應召準備ヲ整頓セシメ官署ノ召集實施ヲ容易ナラシムルコト

2 未教育補充兵ヲ指導誘掖シ在鄉軍人會ノ目的ヲ貫徹スルコト

3 滿鐵附屬地外ニ於ケル新設分會及支部ニ對シ事業補助費及基

帝國在鄉

本金ヲ交付シ將來之等分會ヲ益々助長セシメ會員ニ對スル會費ヲ減少セシム

三、青年訓練ノ事業ヲ援助シ之ヲ助成ス

四、全滿各地ニ警備團ヲ組織シ常ニ之ヲ訓練シ有事ノ際駐屯部隊及官署ト連繫シ在留邦人ノ保護ニ任ス

軍人會滿洲聯合支部

46

帝国在乡军人会满洲联合支部关于报告昭和八年（一九三三年）度事业成绩概况及收支决算事致满铁总裁林博太郎的函（一九三四年五月十六日）

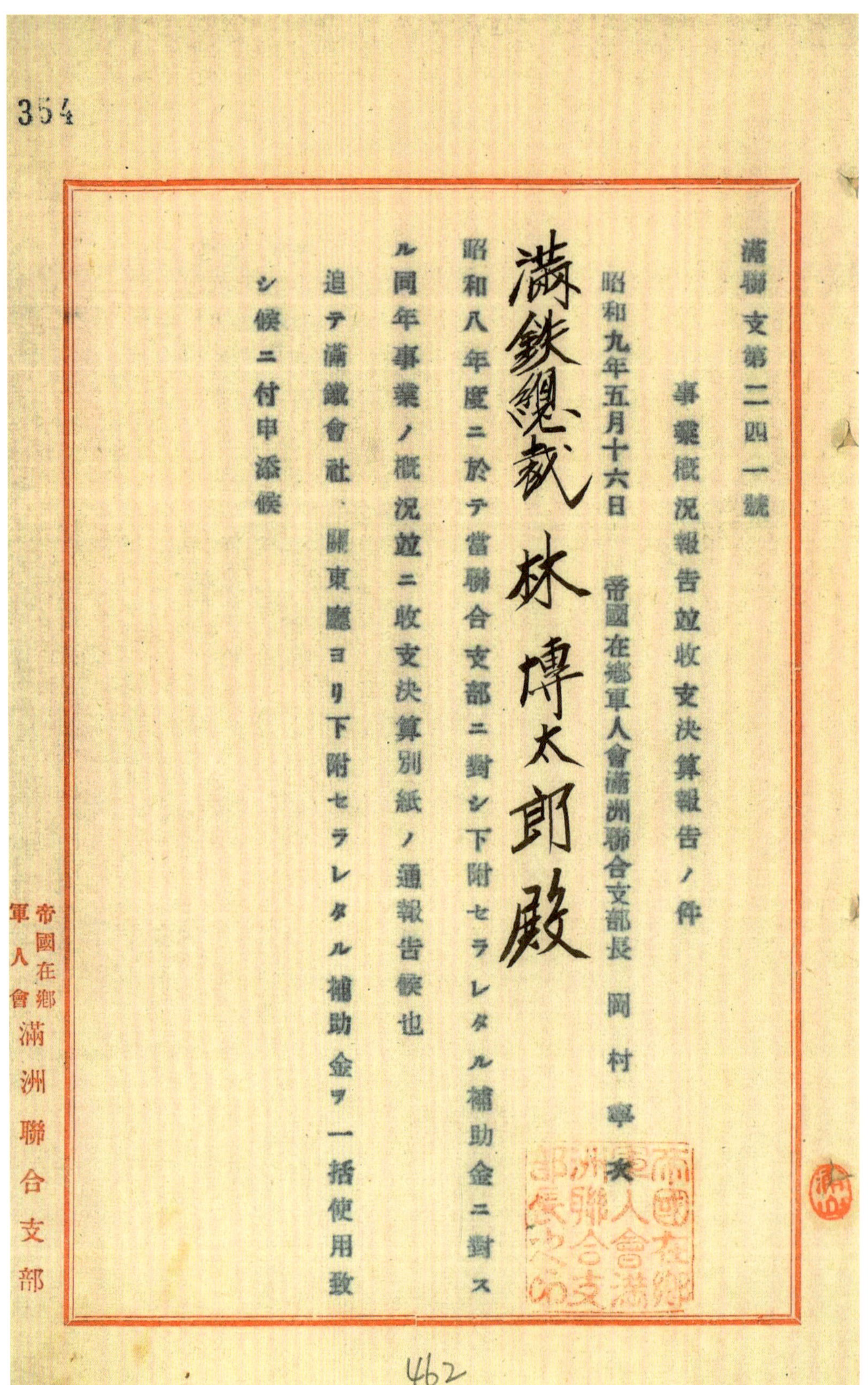

354

满联支第二四一号

事業概況報告並收支決算報告ノ件

昭和九年五月十六日　帝國在鄉軍人會滿洲聯合支部長　岡村寧次

滿鉄總裁　林博太郎殿

昭和八年度ニ於テ當聯合支部ニ對シ下附セラレタル補助金ニ對スル同年事業ノ概況並ニ收支決算別紙ノ通報告候也

追テ滿鐵會社、關東廳ヨリ下附セラレタル補助金ヲ一括使用致シ候ニ付申添候

帝國在鄉軍人會滿洲聯合支部

462

355

事業成績報告

昭和八年度ニ於テ下附セラレタル関東庁満鉄会社ノ補助金ハ指令ノ趣旨ニ基キ其ノ使途ヲ示シテ別紙配當要領ノ通其ノ一部ヲ聯合支部ニ其ノ大部ヲ夫々支部、分會ニ分配セリ而シテ事業成績ノ概況左ノ如シ

一、聯合支部ニ於テハ在郷軍人ノ軍事能力ヲ増進シ精神修養ニ資シ其ノ責務ヲ自覺セシムル目的ヲ以テ毎月聯合支部報「まんしう」三萬五千部ヲ發行シ普ク全満、関東州在留ノ會員ニ購讀セシメ之カ發行費ノ補助トシテ聯合支部ニ配當使用セリ

二、本年度ハ東京本會ヨリ委託セラレタル幹部講習會ヲ新京ニ開催シ各地團体ノ幹部ヲ集メ軍事智識ヲ増進シ時局ニ應スル覺悟ヲ

帝國在郷軍人會滿州聯合支部

認識セシメ一般會員ニ普及傳達シ本會ノ目的ヲ貫徹セシメタリ

三、各支部ニ於テハ未教育補充兵ノ軍事教育ヲ企畫シ支部指導ノ下ニ各分會ヲシテ之ヲ實施セシメ以テ軍事教育ノ一端ヲ會得シ且規律節制等ノ諸德ヲ涵養セシムル等彼等ヲシテ軍人タルノ自覺ヲ促シ服役上ノ義務履行ニ資スル處アリ其ノ成績逐年向上進步シ軍事ニ貢獻スル所頗ル大ナリ

四、各分會ニ於テハ各地官署ト連繫シテ在鄉軍人服役上ノ義務履行ヲ確實ナラシムルノ手段ヲ講シ以テ官署ノ召集實施業務ヲ援助スルト共ニ官署ト聯合シテ時々模擬召集演習又ハ警備演習ヲ實施シ召集業務ノ實績ヲ向上スルト共ニ地方警備ノ補助手段ヲ確立ス

右ノ如ク本會ハ本補助金ニ依リ前記事業ヲ計畫實施シ會員ノ指導誘掖ニ努力スル所アリ

463

356

從テ在鄉軍人殊ニ未教育補充兵ノ軍事能力ヲ增進義務心ヲ喚起シ
法規ノ實行漸次確實トナリ延テ之ニ關スル官署ノ召集事務ヲ容易
且的確ナラシムルニ大ナル効果ヲ齎シツツアルヲ確認ス
然レトモ關東軍管下ニ於ケル在鄉軍人ハ其ノ何レノ地タルトヲ問
ハス異動頗ル頻繁ナルヲ以テ此種事業ハ絶エス之ヲ實施シ一層其
ノ成績ノ向上ヲ計ルノ要大ナルモノアリ
殊ニ滿洲事變以來渡滿在鄉軍人其ノ數著シク增加シ在來關東州、
滿鐵附屬地ノミニ在リタル分會ノ數ヲ凌駕スルコト四十分會ニ及ヒ將
來益々增加ノ景況ニ在リ卽チ之ヲ統制指導シ前記事業ヲ益々擴充シ
其ノ向上ヲ計リ有事ノ秋ニ處センコトヲ期ス

帝國在鄉 滿洲聯合支部

4

附二：昭和八年度关东厅及满铁补助金决算书

昭和八年度關東廳並滿鐵補助金ニ對スル決算書

	下附願金額	本年度交付補助金	増（減）
一、收入之部			
關東廳補助金	三,〇〇〇〇〇〇	一,七五〇〇〇〇	（一,二五〇〇〇〇）
滿鐵補助金	一〇,〇〇〇〇〇〇	一〇,〇〇〇〇〇〇	—
計	一三,〇〇〇〇〇〇	一一,七五〇〇〇〇	（一,二五〇〇〇〇）
二、支出之部	前年度配當金	本年度配當額	増（減）
聯合支部ニ對スル配當金	一,四二〇〇〇〇	一,四二〇〇〇〇	—
管下各支部分會ニ對スル配當金	一〇,三三〇〇〇〇	一〇,三三〇〇〇〇	—
計	一一,七五〇〇〇〇	一一,七五〇〇〇〇	—

帝國在鄉軍人會滿洲聯合支部

465

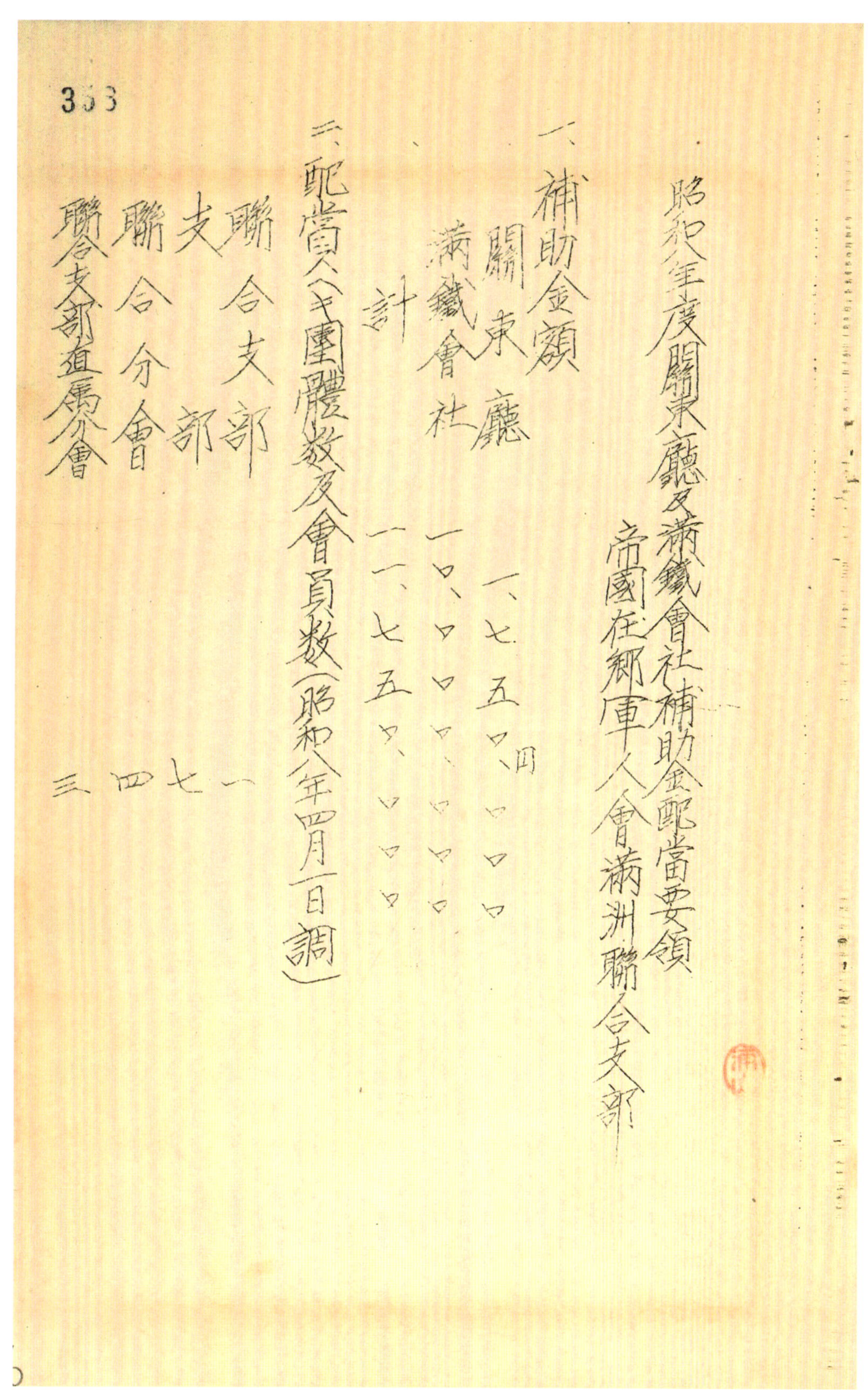

353

昭和八年度關東廳及滿鐵會社ノ補助金配當要領

帝國在鄉軍人會滿洲聯合支部

一、補助金額

關東廳	一、七五〇、〇〇〇円
滿鐵會社	一〇、〇〇〇、〇〇〇
計	一一、七五〇、〇〇〇

二、配當ヘキ團體數及會員數（昭和八年四月一日調）

聯合支部	一
支部	七
聯合分會	四
聯合支部直屬分會	三

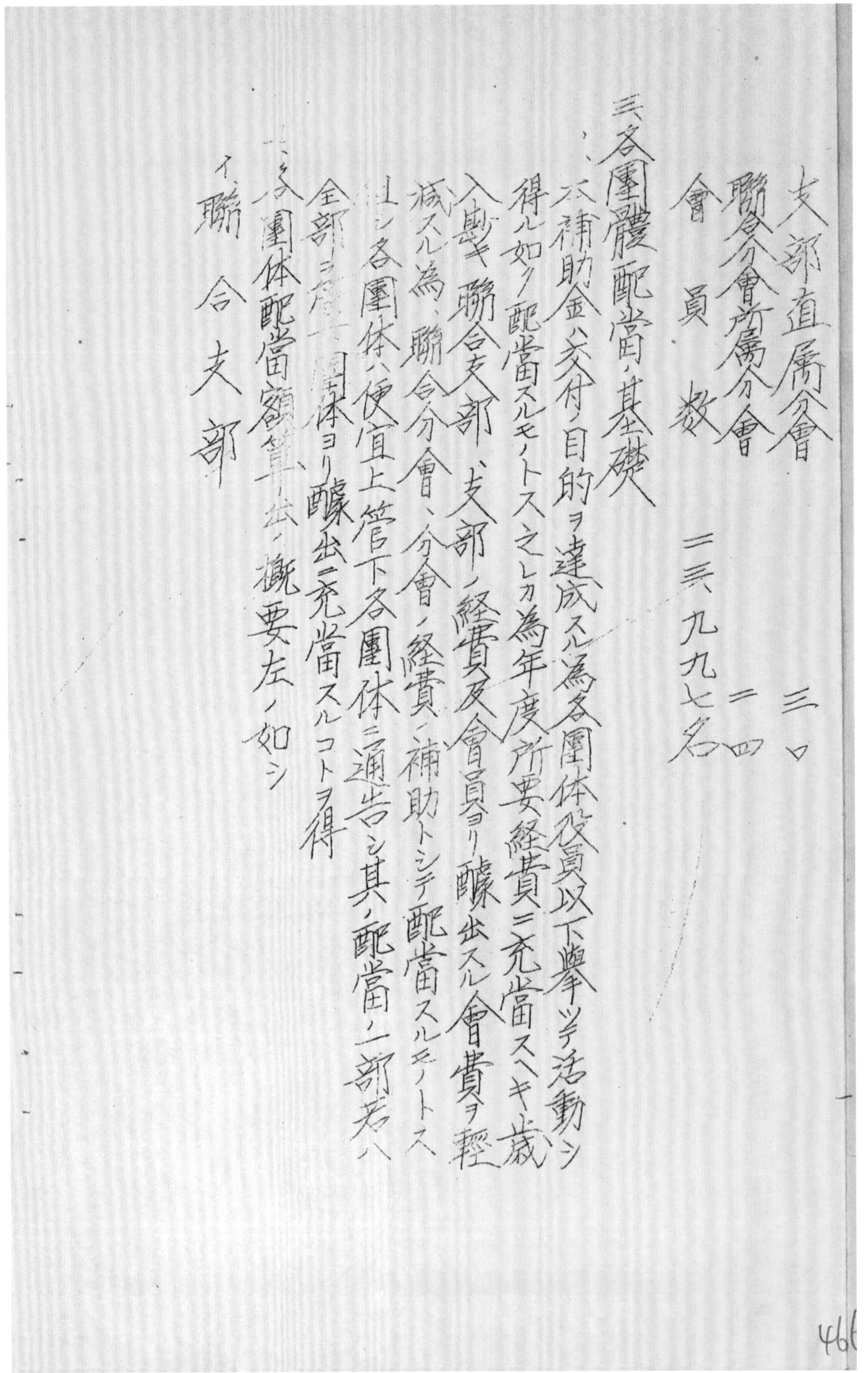

支部直属分會　三〇
聯合分會所屬分會　二四
會員数　二三九九七名

三、各團體配當ノ基礎

一、本補助金ハ交付ノ目的ヲ達成スル為各團体役員以下擧ツテ活動シ得ル如ク配當スルモノトス之レカ為年度所要經費ニ充當スヘキ歳入尠キ聯合支部、支部ノ經費及會員ヨリ醵出スル會費ヲ輕減スル為、聯合分會、分會ノ經費ニ補助トシテ配當スルモノトス但シ各團体ハ便宜上管下各團体ニ通告シ其ノ配當ノ一部若ハ全部ヲ各下團体ヨリ醵出ニ充當スルコトヲ得

二、各團体配當額算出ノ概要左ノ如シ

イ、聯合支部

466

303

通信費及消耗品費　二百圓

管下各團体長總會費　三百圓

支部報發行補助費　四百二十圓

管下各團体指導費　五百圓

ロ、支部

一般通信費及消耗品費　一支部ニ付拾五圓宛

聯合分會数ニ應スル通信費　一聯合分會ニ對シ五圓宛（但支部所在地ニアルモノハ半額トス）

分會数ニ應スル通信費　一分會ニ付五圓宛（但シ支部所在地ニ在ルモノハ半額トス）

管下各團体役員集會費
管下團体指導費
（支部所在地ト各分會所在地トノ距離及分會数ニ應シ配當ス）

聯合支部トノ連絡費　支部所在地ト聯合支部所在地トノ距離ニ應シ配當ス

事業費　管下分會数ヲ考慮シ配當ス

八、聯合分會

費目	金額
一般通信費及消耗品費	一聯合分會ニ付七圓宛（但シ支部ト同一市内ニアルモノハ半額トス）
分會数ニ應スル通信費	一分會ニ付三圓宛（但シ聯合分會ト同一市内ニアルモノハ半額トス）
事務所費	一分會ニ付拾圓宛
管下各團体ヘノ分擔費	一分會ニ付二圓宛
聯合支部トノ連絡費	聯合分會所在地ト聯合支部トノ距離ニ應シ配當ス
支部トノ連絡費	聯合分會所在地ト支部所在地トノ距離ニ應シ配當ス

二、聯合支部直属分會

費目	金額
一般通信費及消耗品費	一分會ニ付七圓宛
事務所費	〃　五圓宛
聯合支部トノ連絡費	分會所在地ト聯合支部所在地トノ距離ニ應シ配當ス
會員数ニ應スル配當事業費	一人ニ付約二拾銭貳厘宛

二

467

ホ、支部直屬分會

一般通信費及消耗品費　一分會ニ付五圓宛

事務所費　〃　五圓宛

聯合支部トノ連絡費　分會所在地ト聯合支部所在地トノ距離ニ應シ配當ス

支部トノ連絡費　分会所在地ト支部所在地トノ距離ニ應シ配當ス

會員數ニ應スル配當事業費　一人ニ付約二拾銭二厘宛

ヘ、聯合分會所屬分會

一般通信費及消耗品費　一分會ニ付参圓宛

事務所費　〃　参圓宛

聯合支部トノ連絡費　分會所在地ト聯合支部所在地トノ距離ニ應シ配當ス

支部トノ連絡費　分會所在地ト支部所在地トノ距離ニ應シ配當ス

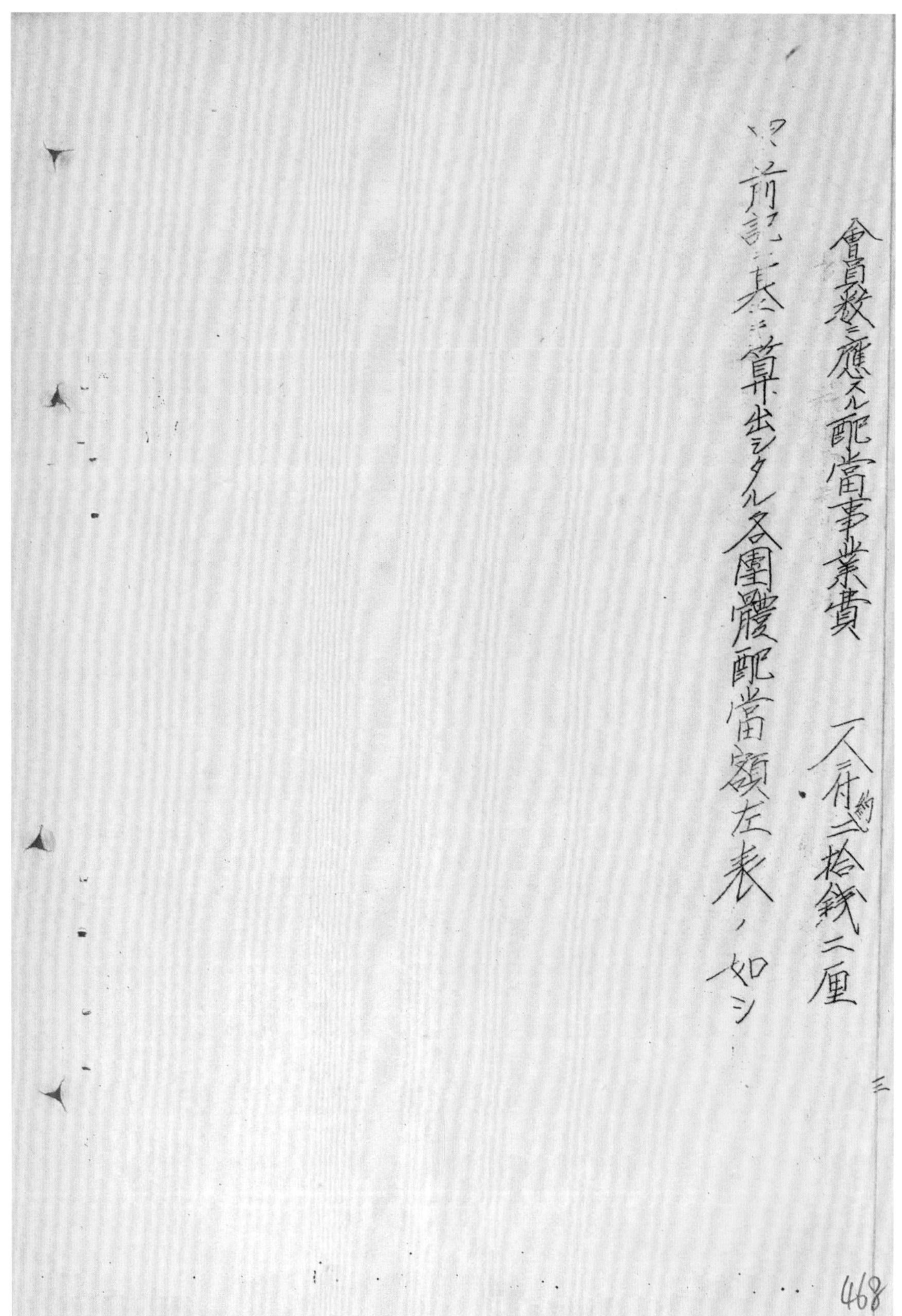
會員数ニ應ズル配當事業費　一人ニ付約弐拾銭二厘

以テ前記ニ基キ算出シタル各團體配當額左表ノ如シ

三

468

361

昭和八年度満鐵會社及關東廳補助金配當表　聯合支部

團體名	正會員數	通信費、指導費、事業費	會員教養、庶務費等ニ充當スル事業費	合計
聯合支部		一、四二〇〇〇		一、四二〇〇〇
哈爾賓分會	一、〇六〇	五一〇三〇	二一四四七〇	二六五五〇〇
至誠會	三四六	九五一一〇	七〇三九〇	一六五五〇〇
第二彌榮村分會	四七九	一一二〇〇〇	九七五〇〇	二〇九五〇〇
公主嶺支部		一五三五〇〇		一五三五〇〇
新京聯合分會		三二五〇〇	[illegible]六	三八五〇〇
仝　第一分會	八五〇	一一七〇〇	一七二三〇〇	一八四〇〇〇
仝　第二分會	六五〇	一一七〇〇	一三一八〇〇	一四三五〇〇
仝　第三分會	四〇〇	一一七〇〇	八一三〇〇	九三〇〇〇
仝　第四分會	三〇〇	一一七〇〇	六一三〇〇	七三〇〇〇
仝　第五分會	二〇〇	一一七〇〇	四一三〇〇	五三〇〇〇
范家屯分會	一二三	二八〇〇〇	二五五〇〇	五三五〇〇
公主嶺分會	三四五	二九三〇〇	七〇二〇〇	九九五〇〇
吉林分會	二二五	六〇七〇〇	四六三〇〇	一〇七〇〇〇
臺門分會	八	五八〇〇〇	五五〇〇	六三五〇〇
敦化分會	一〇四	七二〇〇〇	二二〇〇〇	九四〇〇〇
奉天支部		一一七四〇〇		一一七四〇〇
仝　聯合分會		六六〇〇〇		六六〇〇〇
仝　海運部	七七	四三九〇〇	一六一〇〇	六〇〇〇〇
仝　東分會	一、三〇五	四三九〇〇	二六三七〇〇	三〇七六〇〇
仝　西分會	九六八	四三九〇〇	一五五六〇〇	一九九五〇〇
仝　北分會	二六二	四三九〇〇	五三六〇〇	九七五〇〇
仝　滿鐵分會	五七三	四三九〇〇	一一六六〇〇	一六〇五〇〇
仝　造家所分會	一七三	四三九〇〇	四二六〇〇	八六五〇〇

469

3，2

撫順分會	一、八五七	五八 八五〇	三七五 三五〇	四三四 〇〇〇
大石橋支部		二四四 〇〇〇		二四四 〇〇〇
海城分會	八七	七〇 三〇〇	一八 二〇〇	八八 五〇〇
蓋平分會	三六	七三 五五〇	七 九五〇	八一 五〇〇
熊岳城分會	九三	七七 一〇〇	一九 四〇〇	九六 五〇〇
瓦房店分會	三五八	八七 五〇〇	七三 〇〇〇	一六〇 五〇〇
錦州分會	一一五	一二二 三〇〇	二四 二〇〇	一四六 五〇〇
營口分會	四三六	六九 三五〇	八八 六五〇	一五八 〇〇〇
大石橋分會	三四四	七一 六〇〇	六九 九〇〇	一四一 五〇〇
連山關支部		一八七 〇〇〇		一八七 〇〇〇
安東聯合會		一〇九 〇〇〇		一〇九 〇〇〇
仝 第一分會	六九二	九三 六五〇	一三九 八五〇	二三三 〇〇〇
仝 第二分會	三〇四	九三 六五〇	六一 八五〇	一五五 五〇〇
				二
雞冠山分會	二七六	七八 四〇〇	五六 一〇〇	一三四 五〇〇
橋頭分會	一六二	六八 六〇〇	三三 四〇〇	一〇二 〇〇〇
鐵岺支部		一七〇 〇〇〇		一七〇 〇〇〇
四平街分會	六三九	四三 三〇〇	一二九 二〇〇	一七二 五〇〇
昌圖分會	四三	四八 三〇〇	九 二〇〇	五七 五〇〇
開原分會	二六九	四七 一〇〇	五四 九〇〇	一〇二 〇〇〇
鐵嶺分會	三四五	四三 九〇〇	七〇 一〇〇	一一四 〇〇〇
鄭家屯分會	五九	七七 五〇〇	一二 五〇〇	九〇 〇〇〇
鞍山支部		一五二 五〇〇		一五二 五〇〇
蘇家屯分會	三八三	五六 八〇〇	七八 二〇〇	一三五 〇〇〇
煙炭坑分會	四一	五八 五〇〇	九 〇〇〇	六七 五〇〇
遼陽分會	三七七	五五 一〇〇	七六 九〇〇	一三二 〇〇〇
鞍山分會	七二五	五一 七〇〇	一四六 八〇〇	一九八 五〇〇

470

本渓湖分會	四一二	六八八〇〇	八三七〇〇	一五二五〇〇
旅順支部		三七七〇〇〇		三七七〇〇〇
大連聯合分會		一一五〇〇〇		一一五〇〇〇
仝 第一分會	四三七	八五三〇〇	八八七〇〇	一七四〇〇〇
仝 第二分會	三九〇	八五三〇〇	七九二〇〇	一六四五〇〇
仝 第三分會	三八一	八五三〇〇	七七七〇〇	一六三〇〇〇
仝 第四分會	四四九	八五三〇〇	九一二〇〇	一七六五〇〇
仝 第五分會	四八七	八五三〇〇	九九三〇〇	一八四五〇〇
仝 大廣場分會	八六二	八五三〇〇	一七四二〇〇	一五九五〇〇
仝 東公園分會	一、四〇八	八五三〇〇	一八四七〇〇	三七[illegible]〇〇〇
仝 沙河口分會	五三五	八四八五〇	一〇八六五〇	一九三五〇〇
仝 電気分會	三四三	八五三〇〇	六九七〇〇	一五五〇〇〇
仝 埠頭分會	五三六	八五三〇〇	一〇八七〇〇	一九四〇〇〇
大連海友會	三六〇	八五三〇〇	七三二〇〇	一五八五〇〇
旅順分會	六九〇	八二八五〇	一三九六五〇	二二二五〇〇
貔子窩分會	二一〇	一二四〇〇〇	四三〇〇〇	一六七〇〇〇
金州分會	二四五	九〇三〇〇	五〇二〇〇	一四〇五〇〇
普蘭店分會	一四六	八八三〇〇	三〇二〇〇	一一八五〇〇
柳樹屯分會	一七	八九〇〇〇	五五〇〇	九四五〇〇
合計	二、三九九七	六、八九九八九〇	四八五一一〇	一一、七五〇〇〇〇

三

備考

一、應召準備ヲ完備スルタメ奉公袋（ノ為ニ消得レハ軍服）ノ調製ノ補助及未教育第一補充兵ノ軍隊宿泊其ノ他指導ニ要スル経費ノ補助

二、一ニハ成ルヘク多額ヲ使用スルモノトス

471

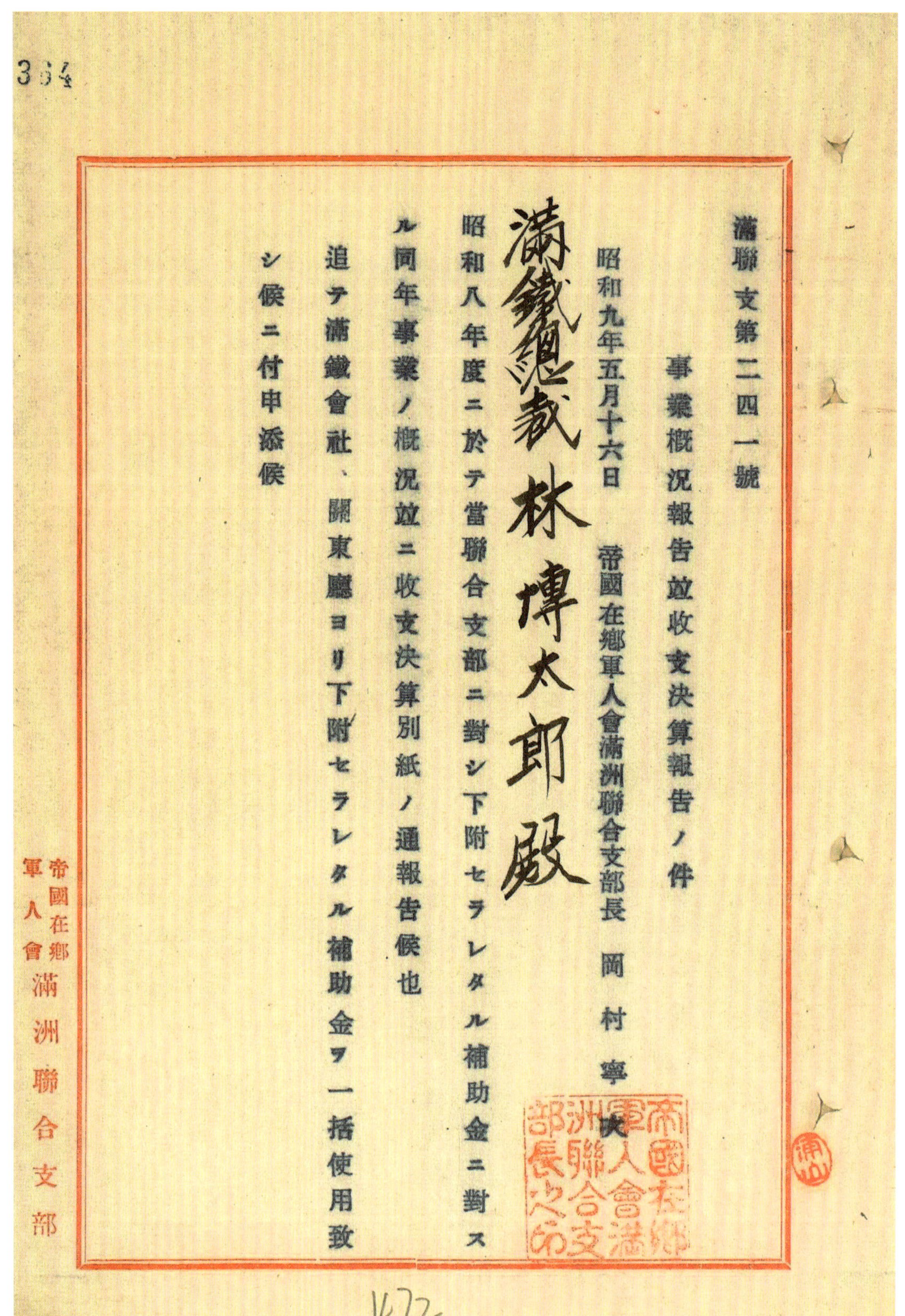

364

滿聯支第二四一號

事業概況報告竝收支決算報告ノ件

昭和九年五月十六日　帝國在鄉軍人會滿洲聯合支部長　岡村寧次

滿鐵總裁　林博太郎殿

昭和八年度ニ於テ當聯合支部ニ對シ下附セラレタル補助金ニ對スル同年事業ノ概況竝ニ收支決算別紙ノ通報告候也

追テ滿鐵會社、關東廳ヨリ下附セラレタル補助金ヲ一括使用致シ候ニ付申添候

帝國在鄉軍人會滿洲聯合支部

472

從テ在鄉軍人殊ニ未教育補充兵ノ軍事能力ヲ增進義務心ヲ喚起シ法規ノ履行漸次確實トナリ延テ之ニ關スル官署ノ召集事務ヲ容易且的確ナラシムルニ大ナル效果ヲ齎シツツアルヲ確認ス

然レトモ關東軍管下ニ於ケル在鄉軍人ハ其ノ何レノ地タルトヲ問ハス異動頗ル頻繁ナルヲ以テ此種事業ハ絕エス之ヲ實施シ一層其ノ成績ノ向上ヲ計ルノ要大ナルモノアリ

殊ニ滿洲事變以來渡滿在鄉軍人其ノ數著シク增加シ在來關東州、滿鐵附屬地ニ在リタル分會ノ數ヲ凌駕スルコト四十分會ニ及ヒ將來益々增加ノ景況ニ在リ卽チ之ヲ統制指導シ前記事業ヲ益々擴充シ其ノ向上ヲ計リ有事ノ秋ニ處センコトヲ期ス

帝國在鄉 滿洲聯合支部

337

昭和八年度關東廳並滿鐵補助金ニ對スル決算書

	下附願金額	本年度交付補助金	增（減）
一、收入之部			
關東廳補助金	三、〇〇〇、〇〇〇	一、七五〇、〇〇〇	（一、二五〇、〇〇〇）
滿鐵補助金	一〇、〇〇〇、〇〇〇	一〇、〇〇〇、〇〇〇	—
計	一三、〇〇〇、〇〇〇	一一、七五〇、〇〇〇	（一、二五〇、〇〇〇）

	前年度配當金	本年度配當額	增（減）
二、支出之部			
聯合支部ニ對スル配當金	一、四二〇、〇〇〇	一、四二〇、〇〇〇	—
管下各支部分會ニ對スル配當金	一〇、三三〇、〇〇〇	一〇、三三〇、〇〇〇	—
計	一一、七五〇、〇〇〇	一一、七五〇、〇〇〇	—

帝國在鄉軍人會滿洲聯合支部

475

满铁总务部庶务课关于送交在乡军人及其他援助申请相关调查书事致陆军省军务局征募课步兵少佐小川团吉的函（一九三四年五月二十一日）

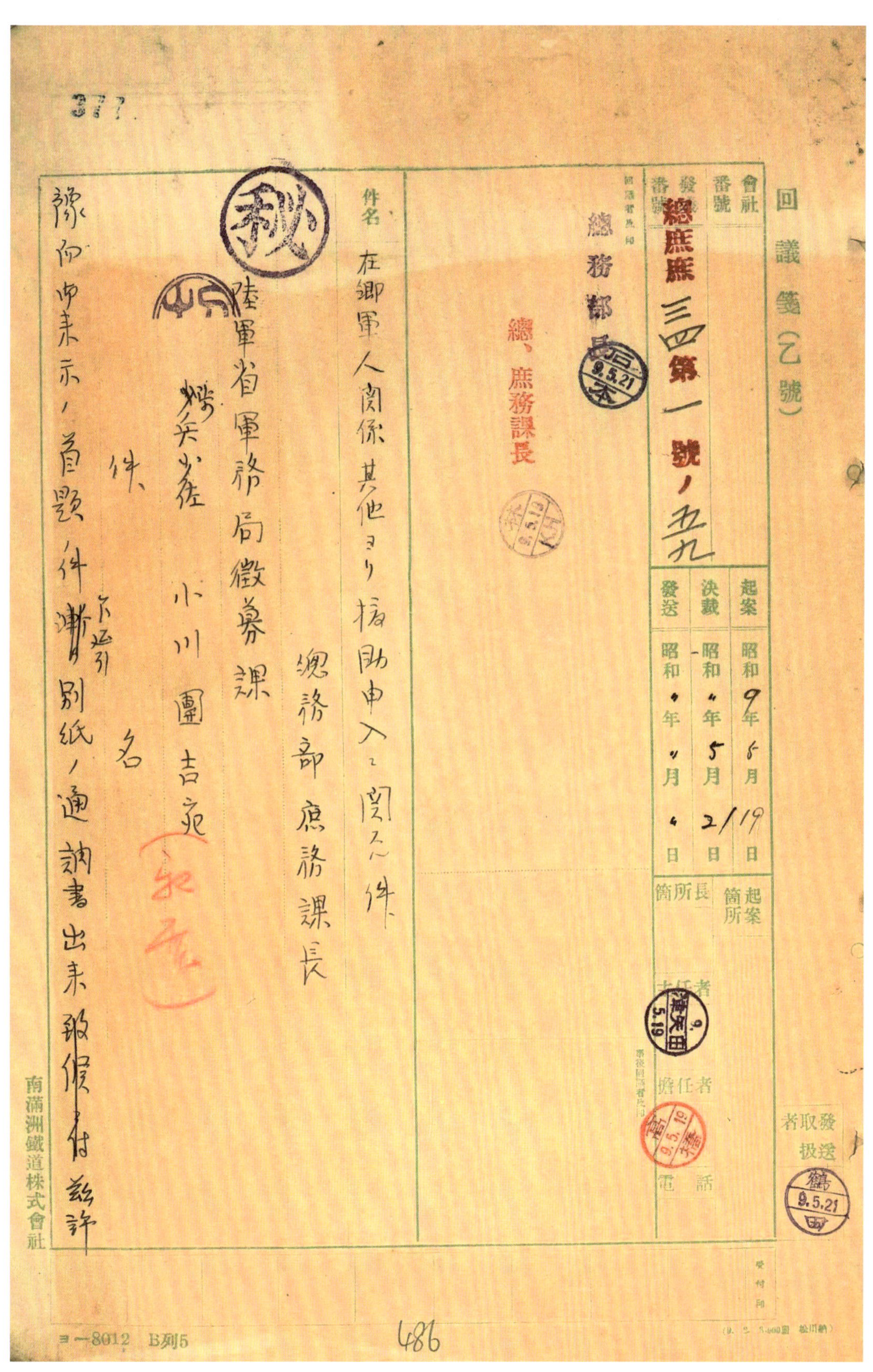
377

回議箋（乙號）

會社番號

發番號 總庶 三四第一號ノ五九

總務部長

總、庶務課長

起案 昭和9年5月19日

決裁 昭和〃年5月21日

發送 昭和〃年〃月〃日

件名 在郷軍人関係其他ヨリ援助申入ニ関スル件

秘

總務部庶務課長

陸軍省軍務局徵募課

歩兵少佐 小川團吉殿

件名

豫而御来示ノ首題ノ件別紙ノ通調書出来致候ニ付茲許

南滿洲鐵道株式會社

ヨー8012 B列5

486

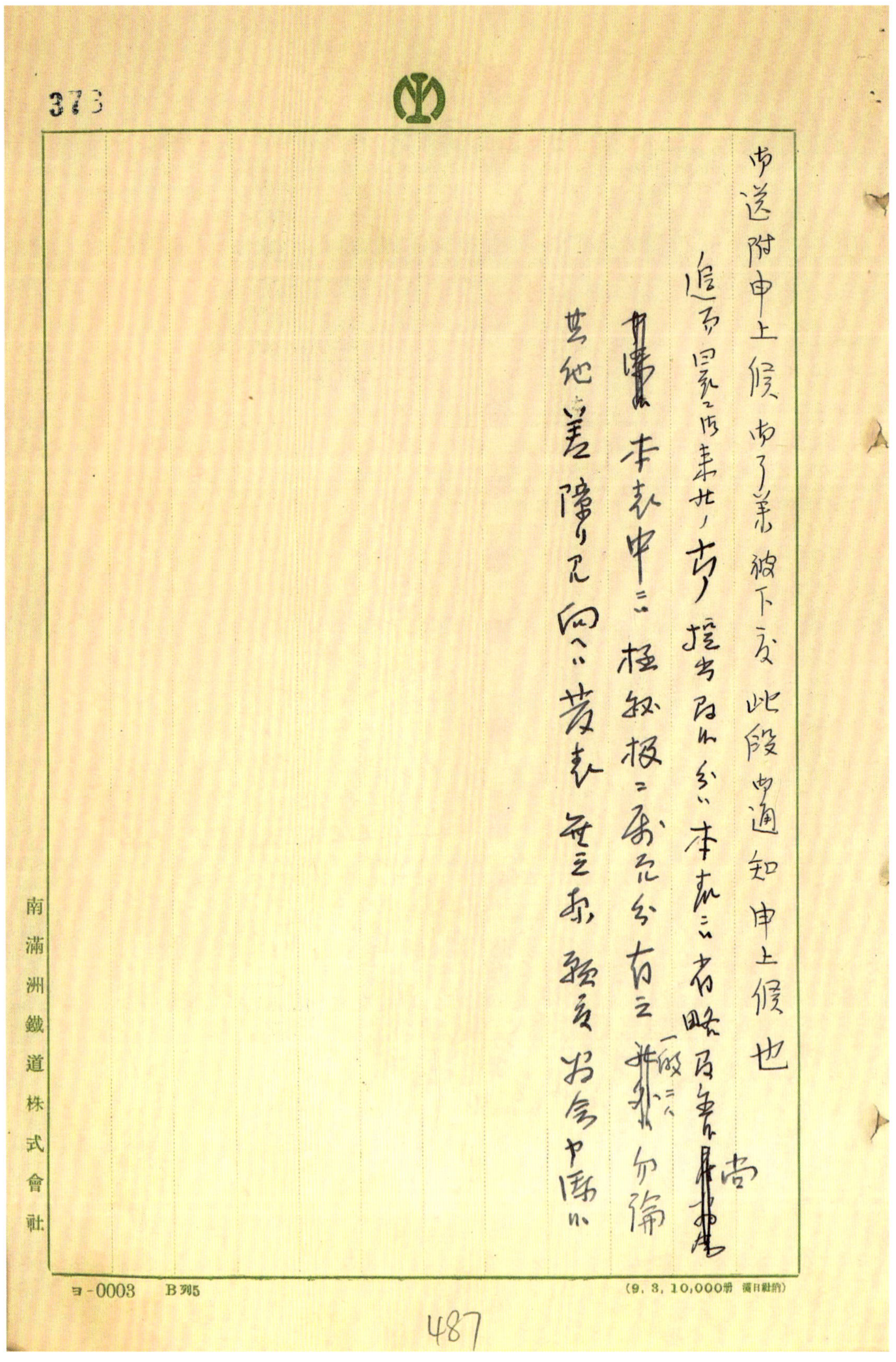

373

御送附申上候御了承被下度 此段御通知申上候也

追而冒頭記載ノ件未提出ノ分ハ提出アルモ本表ニ省略及尚

本表中ニ極秘扱ニ属スル分有之 一般ニハ勿論

其他ニ差障リアル向ヘハ発表無之様致度 御含ノ上取扱ハ

南滿洲鐵道株式會社

ヨ-0003 B列5 (9. 3. 10,000冊 濱日納)

487

379

(一)在鄉軍人會又ハ在鄉軍人會ト其ノ他ト合同申入レニ係ルモノ

年次	件名	申入者	備考
大正一四	長春附屬地自警團經費補助ノ件	長春在鄉軍人分會長	
昭和二	得利寺戰跡記念碑前招魂祭經費補助	瓦房店在鄉軍人分會長 林源之助	
〃 三	哈爾濱在鄉軍人會誠志會補助ノ件	哈爾濱在鄉軍人分會長 横田提壽	
〃 〃	安東在鄉軍人分會警備費寄附ノ件	安東在鄉軍人分會長	
〃 四	大連在鄉軍人會館建設費寄附ノ件	大連在鄉軍人分會長 岩井勘六	
〃 〃	大連忠靈塔守衞舍、休憩所建設費	納骨祠保存會長 三宅光治 副會長 岩井勘六	
〃 五	瓦房店盡忠報國ノ碑建設費寄附	瓦房店在鄉軍人分會長 佐藤雅助	得利寺戰死者遺骨ニ体發掘ヲ機トシ建設
〃 六	鐵嶺忠魂費建設費寄附	鐵嶺在鄉軍人分會長 河村常次郎	

488

389

年月	事項	関係者	備考
昭和 六	在鄉軍人會員ニ弔慰金、見舞金贈呈ノ件	在鄉軍人會滿洲支部長	
〃 〃	四平街忠魂費移轉費寄附	在鄉軍人分會長、警察署長、守備隊長外二	
〃 七	撫順在鄉軍人分會兵器格納庫建設費寄附	撫順在鄉軍人分會長 大橋賴三	
〃 〃	鞍山忠魂碑建設費寄附	在鄉軍人分會長外三	
〃 八	佳木斯在鄉軍人分會經費補助申入	在鄉軍人分會長 市川中佐	
〃 九	帝國在鄉軍人會經費補助ノ件	會長鈴木大將ヨリ	
(二)在鄉軍人會長カ參加セル團體ヨリ申入レニ係ルモノ			
大正一一	大連市民射擊會經費補助	會長 大連市長 副會長 在鄉軍人分會長	
昭和 七	乃木將軍銅像建設會	建設委員長 大連市長 副委員長 軍人會長 岩井勘六	

489

(三)軍部ヨリ申入ニ係ルモノ

年次	件名	申入者	備考
昭和五	獨立守備隊飯島曹長戰死記念碑	獨立守備隊第三大隊長岩田文男	
〃八	大連國防デー經費補助	旅順要塞司令部安藤中將	
〃〃	奉天防空演習經費補助	獨立守備隊司令官井上中將	
〃〃	海拉爾忠魂碑建設費寄附	特務機關長橋本中佐	
〃〃	濟南忠魂碑建設費寄附	濟南駐在武官花谷中佐	
〃〃	滿洲產業建設學徒動員ニ關スル經費	關東軍	
〃〃	蒙古學生南滿地方視察旅費補助	海拉爾特務機關長 橋本中佐	
〃九	海軍兵學校內教育參考館建設費寄附	校長及川吉志郎	

490

332

昭和九	滿洲防空協會經費	關東軍	
〃 〃	善隣協會（會長一條實孝）	參謀本部	
〃 〃	帝制實施ニ伴フ滿洲國側宣傳協力	第一獨立守備隊參謀 山村洽雄	
自大正一二 至昭和八	南滿洲納骨祠保存會經費補助	會長 岡村寧次	

(四)關係者ニ現役、豫後備軍人アルモノ

昭和八	乃木講會館建設費寄附ノ件	村岡關東軍司令官 陸軍大將 井上幾太郎	乃木講會取締 一戸兵衛
〃 四	社團法人大日本國防義會	谷田繁太郎（陸軍中將）	會長公爵德川家達、副會長大島健一
〃 〃	調查及情報蒐集補助	松井石根	南北支那、滿洲ノ時局問題トロシヤトノ交渉關係ロシヤノ滿蒙政策ニ關スル近代的傾向調查竝情報蒐集

491

昭和六	日支國民感情融和運動資金補助	陸軍中將 石光眞臣	
〃 八	滿洲上海事變盡忠錄購入	愛國會理事陸軍步兵中佐 石塚喜一郎	
〃 〃	同 後編購入	陸軍中將 水沼秀文	
〃 〃	興國協會興國博覽會補助	創立委員長 井上幾太郎 會長 南次郎 理事長後備陸軍大佐近藤至誠	
〃 〃	羅津港ニ於ケル海運勞務ノ請負	在鄉軍人ヲ以テ組織セル忠勞義會理事後備陸軍大佐近藤至誠	
〃 〃	皇國修養會	理事長 鈴江幸次郎	
〃 〃	中村少佐、井杉曹長記念碑建設費寄附	建設會長 井戸川辰三	
〃 〃	大亞細亞協會	松井石根中將ヨリ	亞細亞民族ノ聯盟結成ヲ目的トス
〃 〃	村井少佐記念碑建設費寄附	元ハルピン特務機關長 四王天延孝中將外	

492

384

年度	事項	氏名	備考
昭和八	忠勇顯彰會補助	山岡國利	會頭古市公威、副會頭町田經宇
〃 〃	滿洲軍用犬協會補助	會長 高柳保太郎	
〃 〃	東亞產業協會補助	會長 宇佐美勝夫	幹部中ニ關東軍參謀
〃 〃	護國共濟會補助	理事長 陸軍主計總監 三井清一郎	
自大正一一至昭和二	北京情報機關補助	坂西利八郎	
(五)其ノ他			
大正七	帝國軍人後援會滿洲支部	支部長 關東廳內務局長	
〃 九	報效會	會長 土方久徵	
昭和三	海軍協會	支部長 關東廳內務局長	
〃 七	肉彈三勇士銅像建設費	委員長 金杉英五郎	

493

年月	事項	關係者	備考
昭和九	營口忠魂碑建設費		
〃〃	第九師團管下招魂社建設費寄附	招魂社奉賛會長 館哲二	
〃〃	大連防空兵器獻納費寄附	大連市長 小川順之助	
〃〃	軍用動物慰靈會寄附	會長陸軍大將 森岡守成	芝公園内ニ慰靈堂建設
	滿洲事變戰死傷將士弔慰見舞金	會社自發的	
	上海事變出征軍人慰問金	同	
〃七	上海事變戰死將士弔慰金（陸海軍）	陸軍省人事局	
〃九	財團法人愛國恤兵会基金寄附	会社自発的	
〃〃	満洲防空施設事業費寄附	同	

494

满铁总务部关于向帝国在乡军人会发放补助之先例（一九三四年七月二十八日）

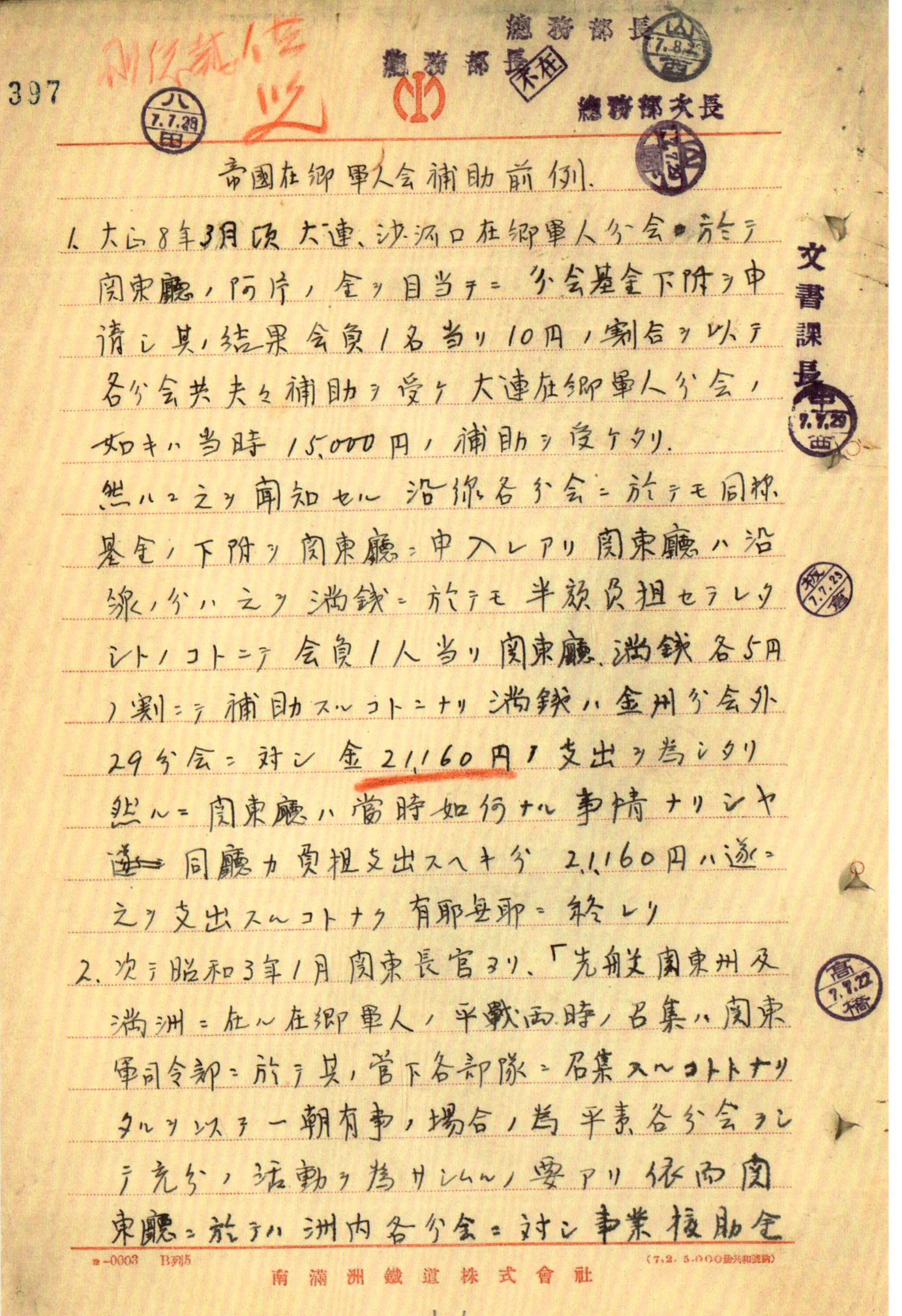
397

總務部長　總務部長　總務部次長

文書課長

帝国在郷軍人会補助前例.

1. 大正8年3月頃 大連、沙河口在郷軍人分会ニ於テ関東廳ノ阿片ノ金ヲ目当テニ 分会基金下附ヲ申請シ其ノ結果会員1名当リ10円ノ割合ヲ以テ各分会共夫々補助ヲ受ケ 大連在郷軍人分会ノ如キハ当時15,000円ノ補助ヲ受ケタリ.

然ルニ之ヲ聞知セル沿線各分会ニ於テモ同様基金ノ下附ヲ関東廳ニ申入レアリ 関東廳ハ沿線ノ分ハ之ヲ満鉄ニ於テモ半額負担セラレタシトノコトニテ 会員1人当リ関東廳、満鉄 各5円ノ割ニテ補助スルコトニナリ 満鉄ハ金州分会外29分会ニ対シ 金21,160円ノ支出ヲ為シタリ

然ルニ関東廳ハ當時如何ナル事情ナリシヤ 同廳ガ負担支出スヘキ分 21,160円ハ遂ニ之ヲ支出スルコトナク 有耶無耶ニ終レリ

2. 次テ昭和3年1月 関東長官ヨリ、「先般関東州及満洲ニ在ル在郷軍人ノ平戦両時ノ召集ハ関東軍司令部ニ於テ其ノ管下各部隊ニ召集スルコトトナリタルヲ以テ一朝有事ノ場合ノ為平素各分会ヲシテ充分ノ活動ヲ為サシムルノ要アリ 依而関東廳ニ於テハ洲内各分会ニ対シ事業援助金

南滿洲鐵道株式會社

506

トシテ3,000円支出シ置キタルニ付満鉄ニ於テモ州外鉄道沿線ニ於ケル各分会ニ対シ相当援助アリタキ旨懇請アリ 之ニ対シ会社ハ満洲聯合支部ニ対シ昭和3年度以降当分ノ間毎年10,000円支出ノコトニ決定
昭和5年度迄同額ヲ支出シ来レルモ昨年ハ会社緊縮ノ為8,000円ニ減額セリ ——

3. 大正15年9月帝國在郷軍人会總裁閑院宮殿下ノ台臨ヲ仰キ満洲聯合支部總会開催ニ付右経費中ヘ補助申入アリ 金1,000円ヲ支出セリ

本年度ハ金三万円ヲ申入アリ（未決）

4. 会社創立20周年記念事業ノ一トシテ東京軍人会館建設費中ヘ百万円寄附

5. 大正13年撫順及鞍山分会ヨリ同地ニ於ケル会社諸施設防備計画所要経費トシテ撫順7,700円 鞍山3,080円寄附申入アリ、申入通支出セリ

6. 昭和7年4月奉天ニ於テ帝國在郷軍人大会開催ニ付右経費補助トシテ金3,000円ヲ支出シ別ニ参加会員ニ対シ社線運賃ヲ8割引トセリ（但シ内5割ヲ鉄道部ニ於テ3割ヲ總務部ニテ負担セリ）

满铁总务部庶务课在乡军人相关出资调查表（一九三四年）

總、庶務課長

在郷軍人関係出金調 （最近ニ於ケル分 提出ノ分ヲ集ム）

（1.）在郷軍人会又ハ在郷軍人会ト其他トノ合同申入レニ係ルモノ

年次		件名	申入者	申入額	支出額	備考
大正	14.	長春附属地自警団経費補助ノ件	長春在郷軍人分会長	1.500	1.500	総経費5.000円ニ対シ
昭和	2.	得利寺戦跡記念碑並招魂祭経費補助	瓦房店在郷軍人分会長 麻瀬之助	100		瓦房店地方事務所長交際費ヨリ応分支出
〃	3.	哈尔濱在郷軍人会議志会補助ノ件	哈尔濱在郷軍人分会長 横田捷夫	5.000	5.000	モーゼル拳銃100挺購入費12.000円申入
〃	3.	安東在郷軍人分会[illegible]備費寄附ノ件	安東在郷軍人分会長			弾薬被服基金等7.000円ニ対シ応分寄附申入アリタルモ未決ノ侭トナル
〃	4.	大連在郷軍人会館建設費寄附ノ件	大連在郷軍人分会長 岩井勘六	150.000		岩井会長ヨリ副総裁ニ口頭申入レアリタルモ其侭
〃	4.	大連忠霊塔守護会休憩所建設費	納骨祠保存会長 [illegible] 副会長 岩井勘六	1.000	1.000	
〃	5.	瓦房店忠霊塔[illegible]ノ碑建設費寄附	瓦房店在郷軍人分会長 [illegible] ~~麻瀬之助~~	150	150	総工費350円 得利寺戦死者遺骨ニ体発掘シ傍ニ建設
〃	6.	鉄嶺忠魂碑建設費寄附	鉄嶺在郷軍人分会長 河村常次郎		400	総工費2.000円ニ対シ応分ノ寄附申入
〃	6.	在郷軍人会員ニ弔慰金見舞金贈呈ノ件	在郷軍人会満洲支部[illegible]		5.640	匪賊討伐ニ参加死傷者ニ対シ軍人会ノ決議ヲ以テ戦死者ハ会員1人10円、重傷者8円、軽傷者1円乃至3円贈ルコトトナリ 右[illegible]ト同額ヲ会社ヨリ出金申入アリ 被支給該当者6名ニ対シ5.640円ヲ支出ス
〃	6.	四平街忠魂碑移転費寄附	在郷軍人分会長、[illegible] 守備隊長 [illegible]		300	総工費1.600円ニ対シ
〃	7.	撫順在郷軍人分会兵器格納庫建設費寄附	撫順在郷軍人分会長 大橋頼三	3.200	3.200	
〃	7.	鞍山忠魂碑建設費寄附	在郷軍人分会長 [illegible]		500	総工費2.400円ニ対シ
〃	8.	佳木斯在郷軍人分会経費補助申入	在郷軍人分会長 市川中佐		断ル	満洲聯合会ニ補助シ個々ノ分会ニハ出金セザル旨回答
〃	9.	帝国在郷軍人会経費補助ノ件	会長 鈴木大将ヨリ	毎年 150.000		500.000円ヲ5ケ年賦支出ニ内定アリタリ

（2.）在郷軍人会長ガ参加セル団体ヨリ申入レニ係ルモノ

年次		件名	申入者	申入額	支出額	備考
大正	11.	大連市民射撃会経費補助	会長 大連市長 副会長 在郷軍人分会長		11.100	大正11年以降昭和8年ニ至ル経費補助臨時補助総額11.100円ニ達セリ
昭和	7.	乃木将軍銅像建設会	建設会会長 大連市長 副会長 軍人会長 岩井勘六			総工費20.000円 大連市ニ建設ノ筈ナルモ未決ノ侭

393

502

(3) 軍部ヨリ申入ニ依ルモノ

年次	件名	申入者	申入額	支出額	備考
5.	撫順守備隊飯島曹長戦死記念碑	撫順守備隊第三大隊長 岩田文男	300	300	総工費1,100円中ヘ
8.	大連国防デー経費補助	旅順要塞司令部	1,000	1,000	
〃	奉天防空演習経費補助	独立守備隊司令部 井上中将	1,000	1,000	
〃	海拉爾忠魂碑建設費寄附	特務機関長 橋本中佐	500	500	総工費 5,000円
〃	洮南忠魂碑建設費寄附	洮南駐在武官 花谷中佐	10,000	10,000	総工費 50,000円
〃	満洲産業建設学徒勤労ニ要スル経費	関東軍	25,000	25,000	総経費190,000円
〃	蒙古学生南満地方視察旅費補助	松本? 海拉爾特務機関長		1,000	
9.	海軍兵学校内教育参考館建設費寄附	校長 及川古志郎	広告	未決	一般ニハ公募セズ 総経費申入ナシ
〃	満洲防空協会経費	関東軍	30,000	未決	年経費100,000円 満洲国50,000、満鉄30,000、関東州未定
〃	蒙隊協会（会長一條実孝）	参謀本部		3,000	蒙古学生留学斡旋ヲナシ、経由学園ニ寄セシムル三月迄3,500円四月以降毎月3,000円支出
〃	音刷宣施ニ依ル満洲国側宣伝協力	第一独立守備隊		820	施療班ニ医員看護婦派遣旅費
自大正12 至昭和8	南満洲納骨祠保存会経費補助	会長 岡村寧次			

(4) 関係者ニ政治家或ハ旧軍人アルモノ

年次	件名	申入者	申入額	支出額	備考
昭和4.8.	乃木講会館建設費寄附ノ件	村岡関東軍司令官 陸軍大将 井上幾太郎	30,000	業済	総工費120,000円 乃木講会祇園一戸兵衛
4.	社団法人大日本国防義会	公田与太郎（陸軍中将）		其侭	会長公爵徳川家達、副会長大島健一 基金40万円募集
4.	研究所情報蒐集補助	松井石根		5,000	南北支那、満洲ノ時局ヲ通ジトロシヤト支那・関係、ロシヤノ満蒙政策ニ至ル迄ノ情報蒐集

394

503

年次	件名	申入者	申入款	支出額	備考
昭和6.	日支両国民感情融和運動資金補助	陸軍中将 石光真臣		8.000	
〃 8.	満洲上海事変忠勇録購入	帝国軍人後援会理事 陸軍歩兵中佐 石塚粂一郎	50.000	1.000	
〃 〃	同 続編購入	陸軍中将 永沼秀文	50.000	10.000	
〃 〃	興亜協会 興亜博覧会補助	創立委員長 井上敬太郎 会長 大前次郎 理事長 陸軍大佐 [illegible]	50.000	未決	基金1000,000円 差当リ500,000円ヲ要ス 弘報委員会ニ附議ノ筈
〃 〃	在満港ニ於ケル海軍労務・諸費	在郷軍人ヲ以テ組織セル忠労 奉公会 理事 陸軍大佐			
〃 〃	皇国修養会	理事長 鈴江 次郎	ナシ	断リ	会ノ方針宣言主義的ナルト 殊ニ経験者ニアラザルハ不適ナルト 会長 海軍少将 東郷吉太郎 保証人 断念的申入ナレ
〃 〃	中村大佐 井杉曹長 記念碑建設費寄附	建設会長 井戸川辰三	10.000	10.000	総工費 50.000円
〃 〃	大亜細亜協会	松井石根 中将ヨリ	10.000	10.000	亜細亜民族ノ解放統一ヲ目的トス
〃 〃	村井少佐 記念碑建設寄附	元ハルビン特務機関長 四王天延孝 中将ヨリ	1.500	1.500	工費 5.200円
〃 〃	忠勇顕彰会補助	山岡国利	30.000	1.000	会長 赤松公成 副会長 岡田
〃 〃	満洲軍用犬協会補助	会長 高柳保太郎	事業費 25.000 経費 4.000		総経費 120.000円
〃 〃	東亜勧業協会補助	会長 佐藤勝夫	500.000	500.000	幹部中ニ関東軍参謀
〃 〃	蒙古共済会補助	理事長 陸軍主計少将 三井清一郎		未決	
自大正11. 至昭和2.	北京情報機関補助	坂西利八郎		77.000	
	(5) 其他				
大正7.	帝国軍人後援会満洲支部	支部長 関東庁内務局長	大正7. 事業費 〃11. 〃 〃14. 〃 〃15. 臨時費	10.000 5.000 5.000 5.000 計25.000	

395

104

年次	件名	申込者	申込額	支出額	備考
大正 9.	報効会	会長 土方久徴		12,000	大正九年以降 10ヶ年賦
昭和 3.	海軍協会	主事兼 国民会内務局長	昭和3 4 5 6 7 8	2,000 2,000 2,000 1,500 1,000 1,500	
〃 7	肉弾三勇士銅像建設費	委員長 金杉英五郎	4	10,000 500	工費 60,000
昭和 9.	営口忠魂碑建設費			50	
〃 〃	第九師団管下招魂社建設費寄附	招魂社奉賛会長 [illegible]		3,000	
〃 〃	大連防空兵器献納費寄附	大連市長 小川順之助		37,000	総経費 60,000
〃 〃	軍用動物慰霊金寄附	会長 陸軍大将 [illegible]	不明	未決	芝公園内に慰霊塔建設 工費 175,000円
	満洲事変戦死傷将士弔慰之義金	会社自発的		1,469,270	戦死 2,487名 884,350円 戦傷 6,419 584,920円 (昭和9年4月30日現在)
	上海事変出征軍人慰問金	会社自発的		20,000	陸軍10,000円 海軍10,000円
〃 7.	上海事変戦死将士弔慰金(陸海軍)	陸軍省人事局		50,000	

396

505

帝国在乡军人会满洲联合支部部长板垣征四郎关于请求拨付在乡军人会满洲联合支部事业补助金事致满铁总裁林博太郎的函（一九三五年四月十三日）

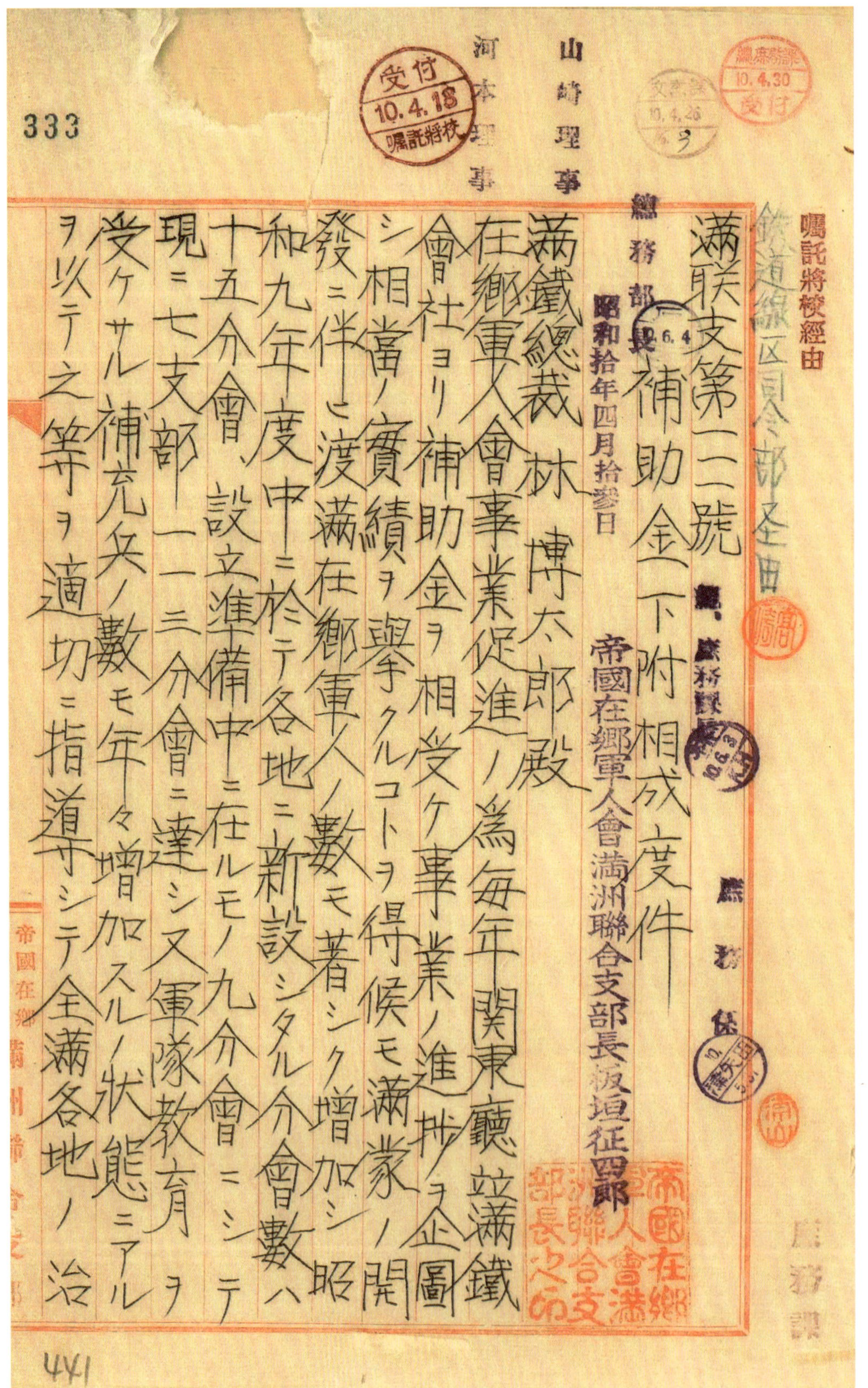

囑託將校經由

鐵道線区司令部経由

滿联支第一二號

補助金下附相成度件

總務部長

昭和拾年四月拾參日

帝國在鄉軍人會滿洲聯合支部長板垣征四郎

山崎理事

河本理事

滿鐵總裁 林博太郎殿

在鄉軍人會事業促進ノ為毎年関東廳竝滿鐵會社ヨリ補助金ヲ相受ケ事業ノ進捗ヲ企圖シ相當ノ實績ヲ擧クルコトヲ得候モ滿蒙ノ開發ニ伴ヒ渡滿在鄉軍人ノ數モ著シク増加シ昭和九年度中ニ於テ各地ニ新設シタル分會數ハ十五分會、設立準備中ニ在ルモノ九分會ニシテ現ニ七支部一一三分會ニ達シ又軍隊教育ヲ受ケサル補充兵ノ數モ年々増加スルノ状態ニアルヲ以テ之等ヲ適切ニ指導シテ全滿各地ノ治

帝國在鄉軍人會滿洲聯合支部

安維持ニ貢献スルト共ニ平戦両時ニ於ケル應召準備ヲ完全ニシ以テ非常時ニ處スル訓練ヲ重ヌルハ尤モ緊要ト思惟仕リ候

即チ分會数ヲ増加シ人員激増シアル在満郷軍ヲ統制善導シ益々資績ノ向上ヲ計リ以テ有事ニ處スル為此ノ種事業ヲ継續致シ度計畫ニ有之候條趣意御諒察ノ上本會事業補助費トシテ本年度ニ於テハ金参萬圓也ヲ特ニ下附相成度別紙事業計畫書相添ヘ及願出候也

[illegible] 三〇、〇〇〇中ノ一〇、〇〇〇円[illegible]

軍人會滿洲聯合支部

附：帝国在乡军人会昭和十年（一九三五年）度事业计划书

昭和十年度事業計畫書

補助金ヲ以テスル事業概ネ次ノ如シ

一、會員ノ軍事智識ヲ增進シ精神修養ニ資シ併セテ滿蒙事情ニ通セシメ在留在鄉軍人タルノ自覺ヲ促スノ爲每月聯合支部報ヲ發行ス

二、支部分會ヲシテ左記事業ヲ實施セシム

1、會員ヲシテ平戰兩時ノ應召準備ヲ整頓セシメ官署ノ召集實施ヲ容易ナラシム

2、未教育補充兵ヲ指導誘掖シテ在鄉軍人ノ目的ヲ貫徹シ實力養成ニ努ム

3、各支部分會ニ新設補助金ヲ交附シテ事業ノ促進ヲ計リ併セテ會員ニ對スル會費ノ負擔ヲ減セシム

4、熱河並北滿各地ニ於ケル新設分會ハ諸種ノ關係上現在联合支部直属トシテ指導サレツヽアルモ本年度ニ於テ哈爾賓、牡丹江、吉林、敦化新站、新京、鄭家屯、昂々溪、勃利、ノ九支部ヲ新設シテ會ノ監督指導ノ体系ヲ整フ
之カ為支部新設補助金ヲ交附ス

三、青年訓練及國防婦人會ノ事業ヲ援助シ之ヲ助成ス

四、全滿各地ニ警備團ヲ組織シ装備ノ充實ニ努メ之ヲ訓練シテ有事ノ際駐屯部隊及官署ト連繫シ在留邦人ノ保護ニ任セシム

五、本年度ニ於テハ特ニ北鉄沿線ニ於ケル郷軍ノ統制指導ニ留意ス

4

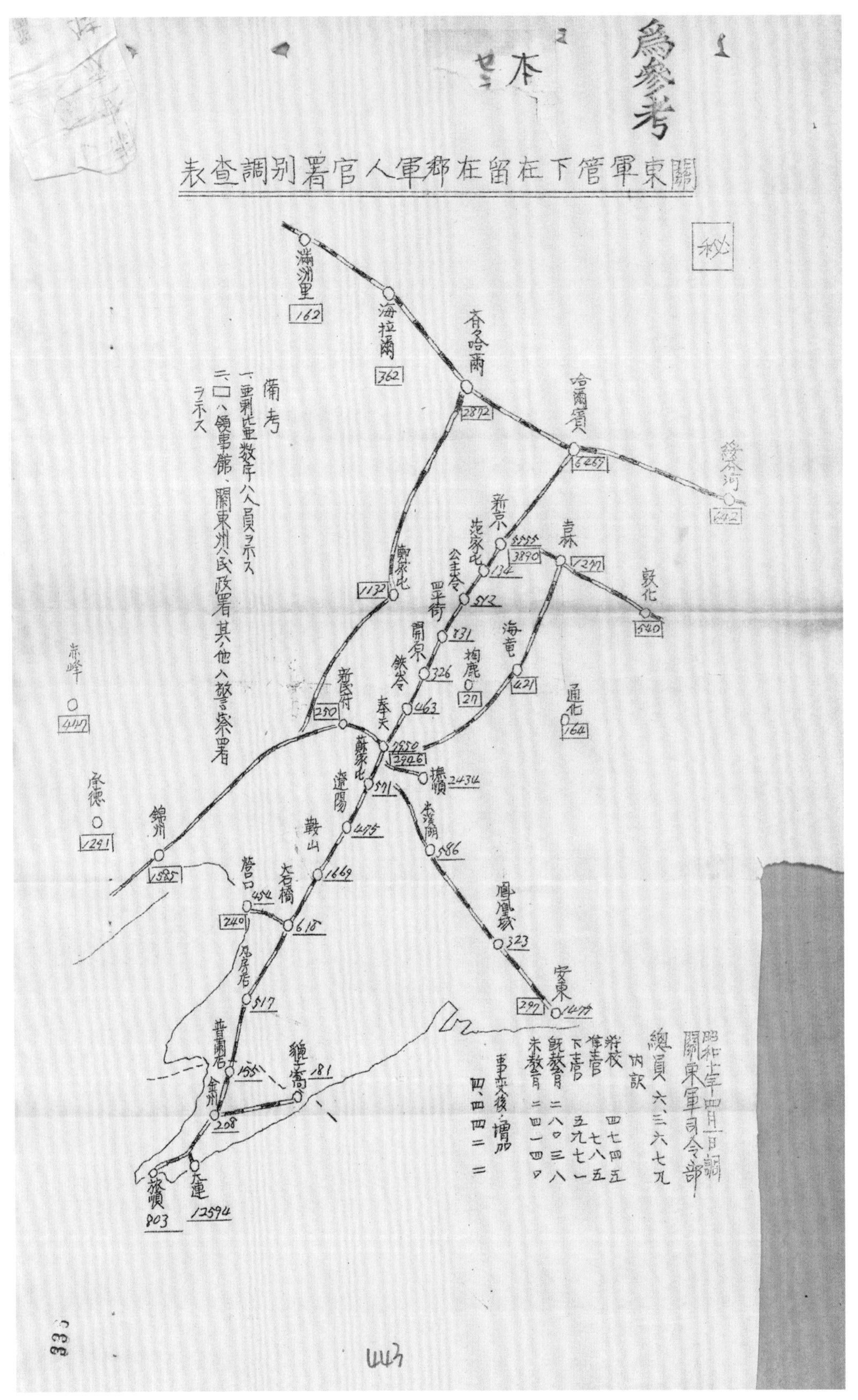

為参考
本
關東軍管下在留在郷軍人官署別調査表
秘
滿洲里 162
海拉爾 362
齊哈爾 2872
哈爾賓 6269
綏芬河
新京 3890
范家屯 134
公主嶺 512
四平街 831
開原 326
鉄嶺 463
鄭家屯 1132
吉林 1277
敦化 540
海竜 421
掏鹿 27
通化 164
新民府 250
奉天
撫順 2434
蘇家屯 571
遼陽 475
本渓湖 586
鞍山 1669
營口 240
大石橋 618
鳳凰城 323
安東 1477
297
熊岳城 517
普蘭店 155
貔子窩 181
金州 208
旅順 803
大連 12594
錦州 1585
承徳 1241
赤峰 447
備考
一、亜剌比亜数字ハ人員ヲ示ス
二、□ハ領事館、關東州民政署其他ハ警察署ヲ示ス
昭和七年四月一日調
關東軍司令部
總員 六、三六七九
内訳
将校 四七四五
准士官 七八五
下士官 五九七一
既教育兵 二八〇三八
未教育兵 二四一四〇
事変後増加 四四四二二

满铁总务部关于向帝国在乡军人会满洲联合支部发放补助金事致帝国在乡军人会满洲联合支部部长板垣征四郎的函（一九三五年七月二十二日）

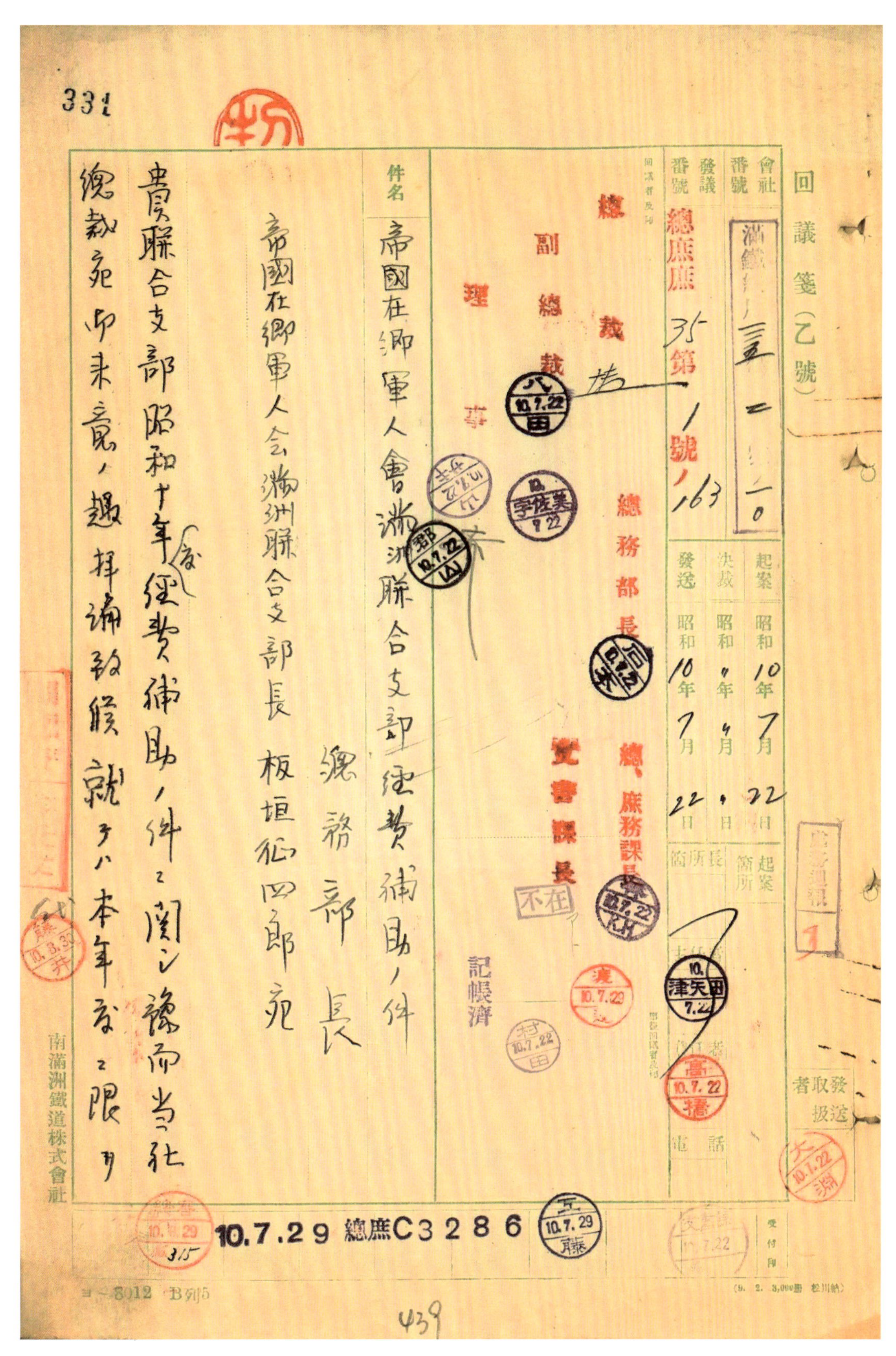

回議箋（乙號）

會社番號 滿鐵總ノ三五第一號ノ一〇

發議番號 總庶35第1號ノ163

總裁　副總裁　理事

總務部長　總、庶務課長　文書課長

起案 昭和10年7月22日
決裁 昭和　年　月　日
發送 昭和10年7月22日

件名 帝國在鄕軍人會滿洲聯合支部經費補助ノ件

帝國在鄕軍人會滿洲聯合支部長 板垣征四郎 宛

總務部長

貴聯合支部昭和十年經費補助ノ件ニ關シ該而當社總裁宛御來意ノ趣拝誦致候就テハ本年度ニ限リ

記帳濟

10.7.29 總庶C3286

南滿洲鐵道株式會社

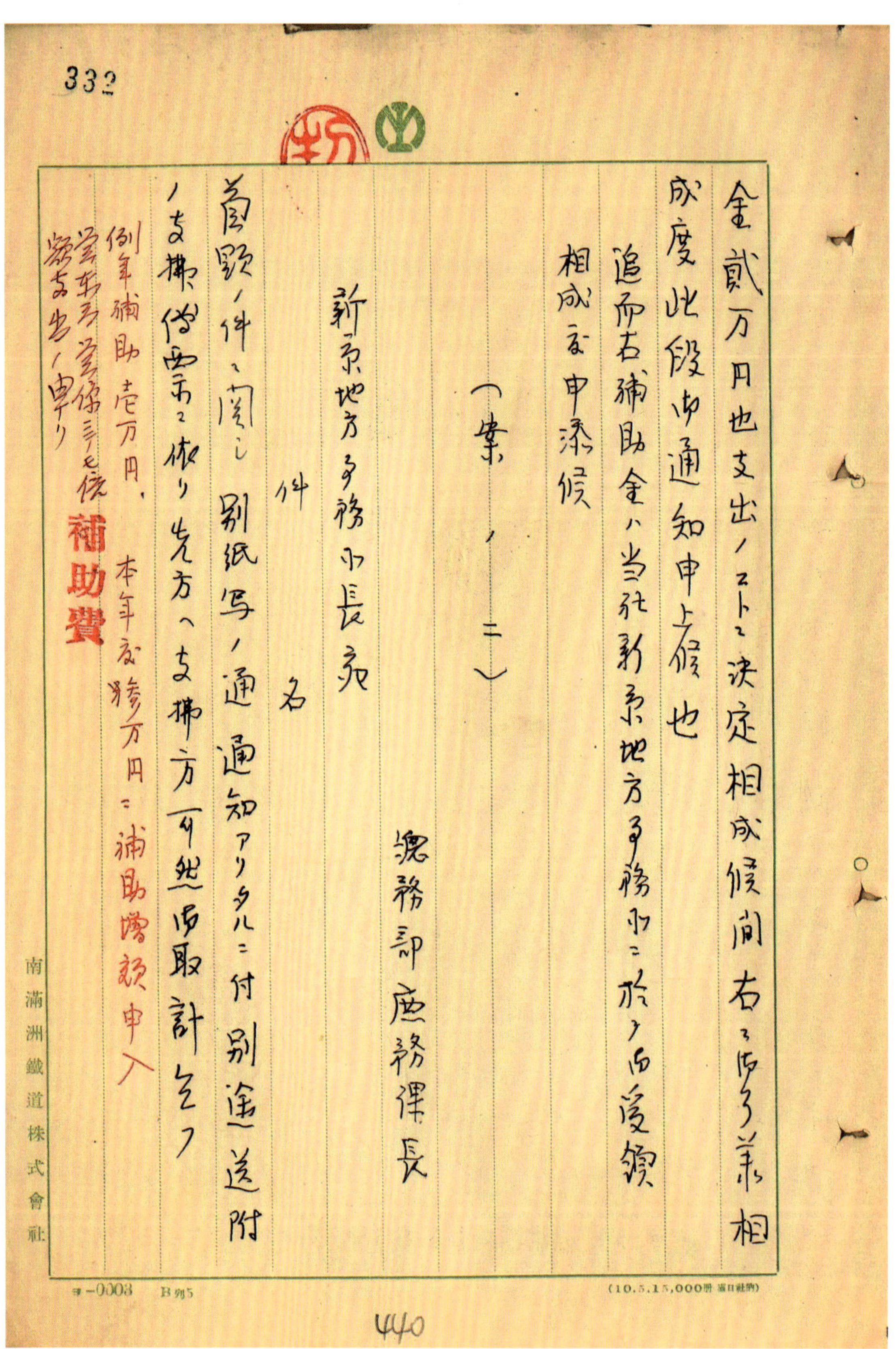

332

金貳万円也支出ノコトニ決定相成候間右ニ御了承相
成度此段御通知申上候也
追而右補助金ハ当社新京地方事務所ニ於テ御受領
相成度申添候

（案ノ二）

總務部庶務課長

新京地方事務所長宛

件名

首題ノ件ニ関シ別紙写ノ通通知アリタルニ付別途送附
ノ支拂傳票ニ依リ先方ヘ支拂方可然御取計乞フ

例年補助壹万円、本年度参万円ニ補助増額申入
営業課営係ニテモ依
総務部出ノ申リ

補助費

南満洲鐵道株式會社

字-0003　B列5　（10.5.15,000冊 満日社納）

440

满铁总务部庶务课关于向岩间德也支付谢礼金事的回议笺（一九三六年二月二十七日）

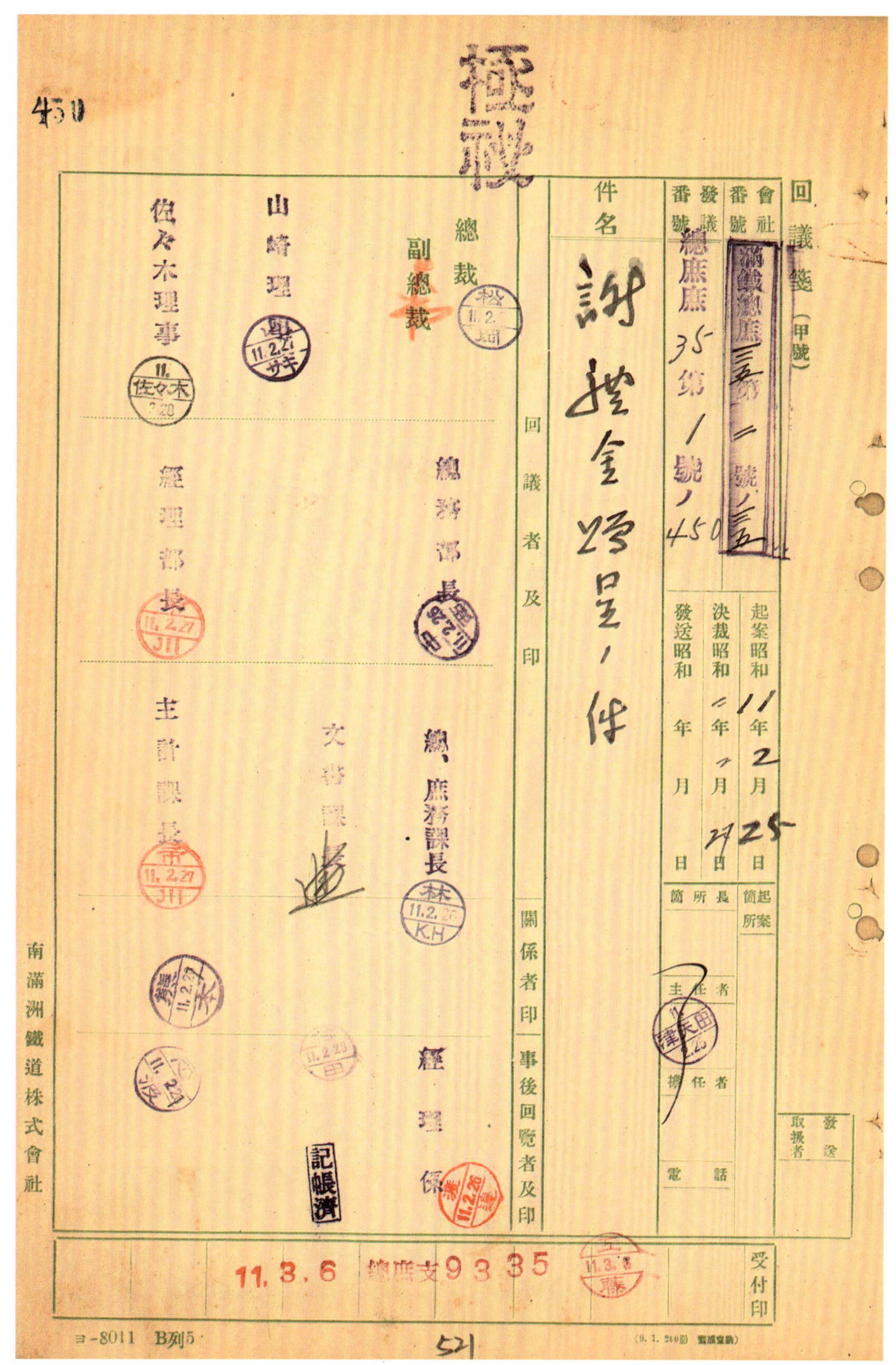

極秘

回議箋（甲號）

會社番號：滿鐵總庶三五第二號ノ三五

發議番號：總庶庶35第1號ノ450

件名：謝禮金贈呈ノ件

起案昭和11年2月25日

決裁昭和11年2月27日

發送昭和　年　月　日

總裁

副總裁

山崎理事

佐々木理事

總務部長

經理部長

總、庶務課長

文書課長

主計課長

經理係

記帳濟

回議者及印

關係者印

事後回覽者及印

起案箇所

長箇所

主任者

擔任者

電話

發送取扱者

11.3.6　總庶支9335

受付印

南滿洲鐵道株式會社

ヨ-8011　B列5

521

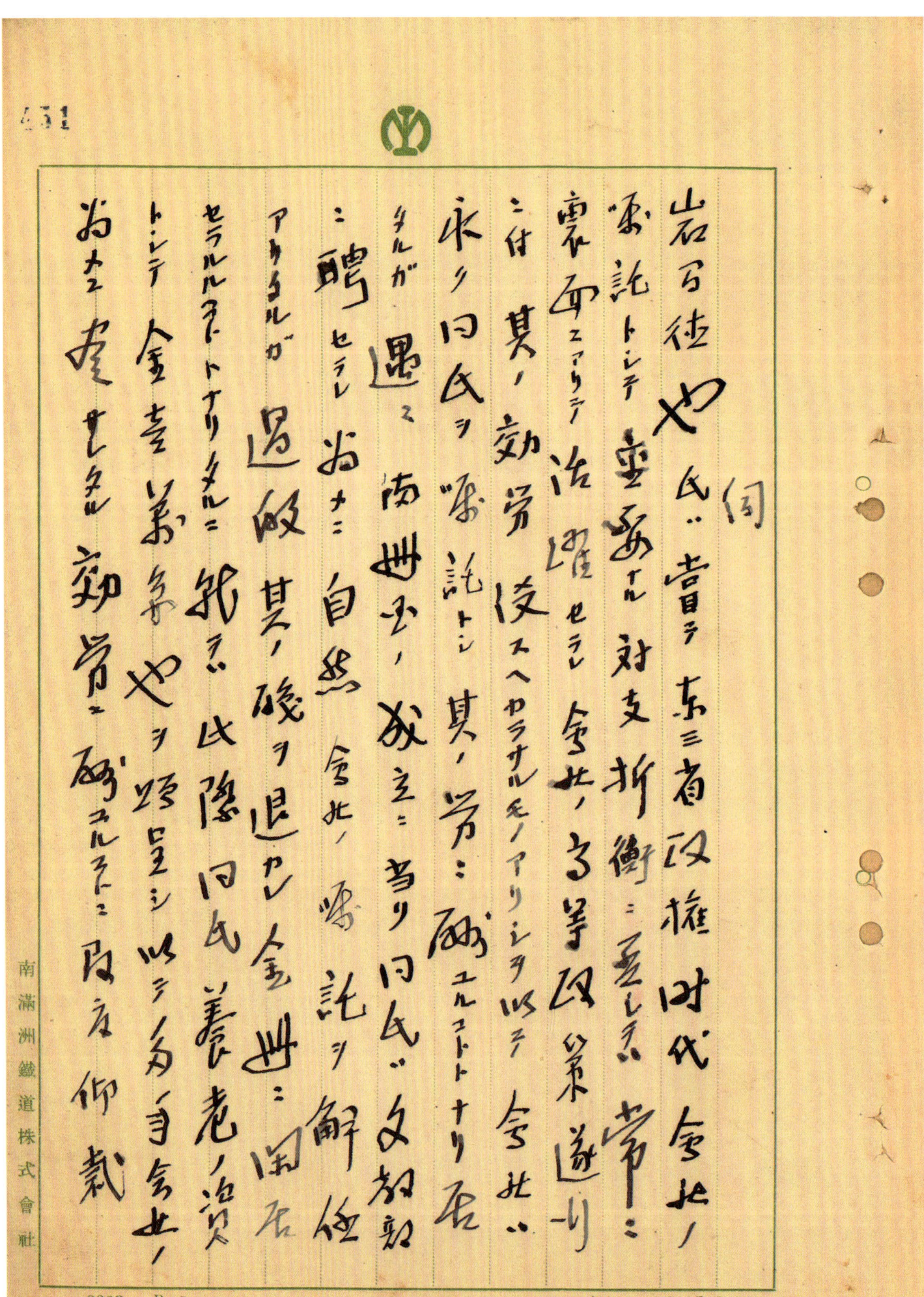

431

伺

岩間徳也氏ハ曽テ東三省政権時代会社ノ
嘱託トシテ重要ナル対支折衝ニ参シ常ニ
要局ニアリテ活躍セラレ会社ノ高等政策遂行
ニ付其ノ効労没スヘカラサルモノアリシヲ以テ会社ハ
永ク同氏ヲ嘱託トシ其ノ労ニ酬ユルコトトナリ居
タルガ偶々満洲国ノ成立ニ当リ同氏ハ文教部
ニ聘セラレ為メニ自然会社ノ嘱託ヲ解任
アリタルガ過般其ノ職ヲ退カレ金州ニ閑居
セラルルコトトナリタルニ就テハ此際同氏養老ノ資
トシテ金壱万円也ヲ贈呈シ以テ多年ノ当会社ノ
為メニ尽サレタル効労ニ酬ユルコトニ致度仰裁

南滿洲鐵道株式會社

ヨ-0003　B列5　(10.9.20,000部 満日社納)

522

備考

1. 河氏勤續ノ概要別記ノ通リ

2. 増俸金額ノ算定ハ大體同額二八〇圓ヲ標準トシテ三ケ月ノ給与額合ニ中シ採準トセリ

3. 從ノ勤務經費、從係費、暖房費支出トシテ國成防衛費内ニテ差額支出スヘキモ不足ノ場合ハ追加差額ヲ受クル

1

453

會社関係事項概略

「大正四年一月會社ガ大石橋附近即チ蓋平縣内
牛心山其他ノ地方ニ於テ「マグネサイト」礦ヲ發見シ
其採掘權ヲ獲得セントシ之ガ方法ノ案出並ニ
其實行方ニ付依頼ヲ受ケ交際門下生盧元善ヲ派シ
地元各村長及ヒ會首人等ト交渉ヲ重ネシメ一切
ノ權利ヲ盧元善ヲ経テ同人ニ於テ讓受ケ更
ニ無償ニテ會社ニ讓渡シタリ、尤モ當時支
那側ニ其重要礦物タルコトヲ知ラシメサル為表面
凡テ採石權トシ且盧氏ノ旅費並ニ地元村長等

524

滿蒙（24×10 九ポイント四枚二頁）

ニ贈與シタル金員支拂ノ爲會社ヘノ讓渡證書ハ小洋一百元諸掛實費五百元一口及ビ小洋四百五十元諸掛實費五百五十元一口ノ二口トシ有償讓渡ノ形式ト爲シタルモ、其實岩間ヨリ會社ヘノ讓渡ハ全ク無償ニテ手續ヲ了シタルモノニシテ當時會社ヨリハ岩間ニ對シ總務部事務局庶務課長久保要藏名義ヲ以テ感謝狀ヲ贈リタルノミ

二、東蒙古温都花ノ土地ハ支那人名義ニテ會社カ買收シタル後該名義人カ國土盜賣條例違反トシテ支那地方官憲ニ捕ヘラレタル際其救出ヲ

3

455

並ニ該土地ノ保存ニ關シ盡力方依頼ヲ受ケ第ヲ盧元善ニ援ケ同人ヲシテ名義人孫緒堂ヲ救出サシメ且該土地ヲ盧元善名義ノ殖産公司ト為シテ之カ保存スルコトニ援助ヲ與ヘ其間奉天官憲カ盧元善ヲ逮捕セントスルヤ王奉天府長ニ内交渉ノ上其議ヲ中止セシメ因之ニ依リテ土地ノ權利ヲ喪失スルノ虞ナカラシメ最後ニ該土地ヲ會社ヘ總ヘ讓渡シ殖産公司ノ業務ヲ整理スルマテ裏面的ニ關係シ昭和五年十二月十五日武部殖産部次長ヨリ感謝ノ挨拶ヲ受ケタリ

526

三、連山湾築港工事ヲ會社ニ於テ引受ケルノ議アリシモ支那側ニ於テ外人シンヂケートト密約ヲ為サントスルノ議アリ會社ノ立場上困難ヲ感セシ為王省長ト密ニ交渉ヲ遂ケ當時該事件担當ノ中川理事ト談合シテ工事入札ハ満鉄ニ落札セシムヘキ秘密工作ヲ為シ既ニ成功セシトセシモ偶々奉直戦勃発後ノ為支那側ニ於テ該工事中止ヲ申出其議息ミタリ

四、洮昂鉄路修築ニ関シ奉天省長殿閣トシテ鉄路課長ヲ経テ松岡理事ノ内命ヲ受ケ其

5

457

満蒙（24×10 九ポイント四枚一頁）

目的達成ノ為尽力シタル事ハ從來ニ於テ御承知ノ事ナルヲ以テ詳記セズ

五、早川社長、歴代社長ノ注意ニ基キ王省長ニ於テ日本人顧問ヲ省政府ニ入ルヽコトヽナリタル際社長ノ推薦ト松岡理事ノ斡旋ニ依リ其職ニ就キ爾来会社ト省長トノ連絡ニ努メタリ

六、両次ノ奉直戦争及郭松齢事件ノ際支那側情報ヲ会社ニ内報スルニ努メタリ

大連市紀伊町　社団法人　満洲文化協会　電話 三八〇五番 三七四一番

528

昭和制钢所秘书课课长松井敏生关于确定振兴公司租矿权事致满铁监理课课长谷川善次郎的函
（一九三五年十二月六日）

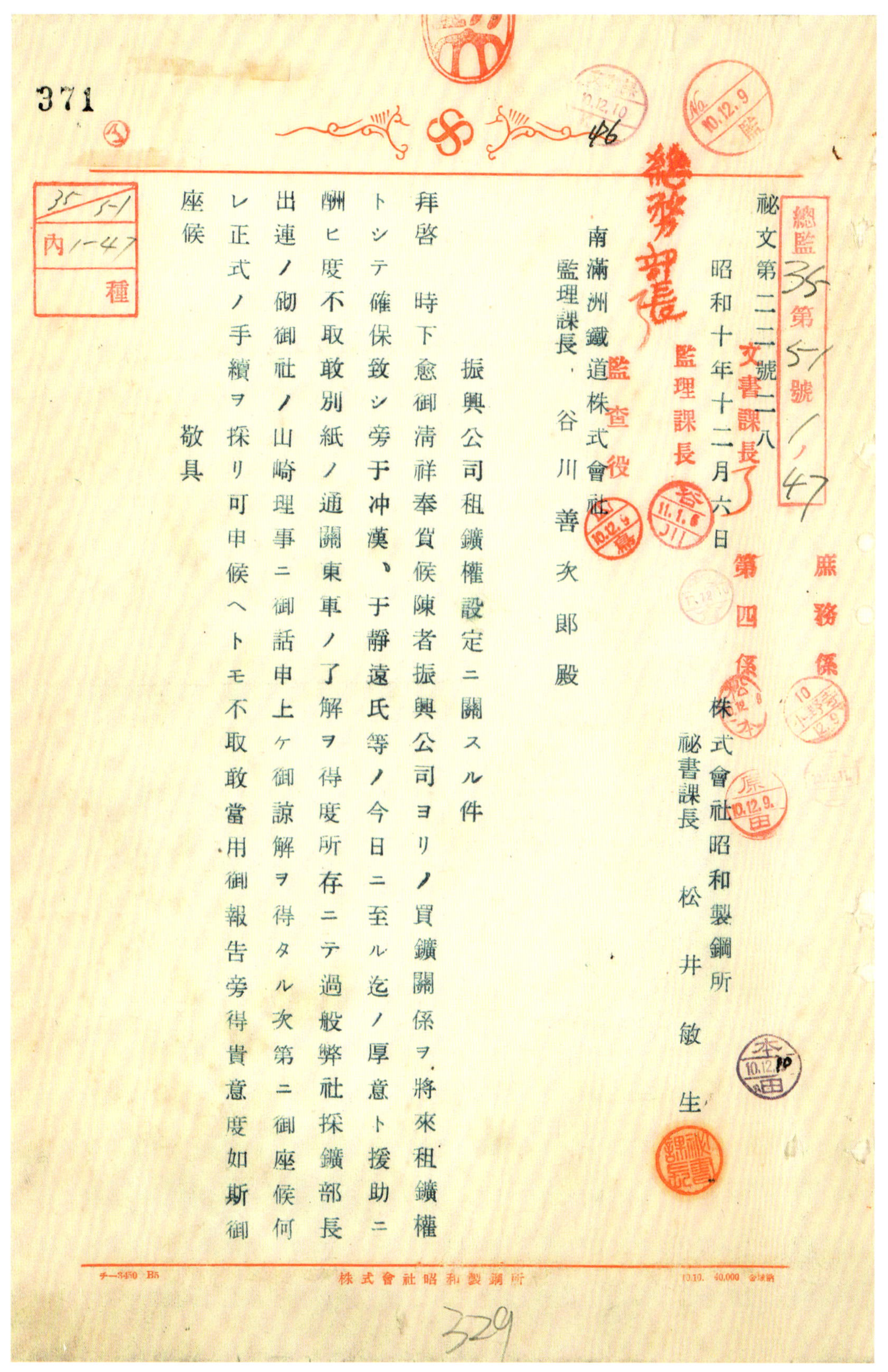

秘文第二二一號ノ一八
昭和十年十二月六日
株式會社昭和製鋼所
秘書課長 松井敏生

南滿洲鐵道株式會社
監理課長 谷川善次郎殿

振興公司租鑛權設定ニ關スル件

拜啓 時下愈御清祥奉賀候陳者振興公司ヨリノ買鑛關係ヲ將來租鑛權トシテ確保致シ旁于冲漢、于靜遠氏等ノ今日ニ至ル迄ノ厚意ト援助ニ酬ヒ度不取敢別紙ノ通關東軍ノ了解ヲ得度所存ニテ過般弊社採鑛部長出連ノ砌御社ノ山崎理事ニ御話申上ケ御諒解ヲ得タル次第ニ御座候何レ正式ノ手續ヲ採リ可申候ヘトモ不取敢當用御報告旁得貴意度如斯御座候 敬具

株式會社昭和製鋼所

附：昭和制钢所常务董事富永能雄关于与振兴公司签订租矿合约事致关东军参谋部永津佐比重的函（一九三五年十二月六日）

372

興調三五第二〇號二四

昭和十年十二月六日

株式會社昭和製鋼所
常務取締役　富永能雄

關東軍參謀部第三課長
永津佐比重殿

振興公司ト租鑛契約締結ノ件

弊社ト不可分關係ニアル鞍山附近一帶ノ鐵鑛區ノ鑛業權者タル鞍山振興公司ト弊社トハ從來買鑛契約ニヨリ振興公司ノ採掘シタル鑛石ヲ買鑛スルノ形式ヲ採リ來リタル處新鑛業法ノ定ムル所ニ依リ同公司トノ間ニ租鑛權ヲ設定シ作業ノ安定ヲ期スルト同時ニ故于冲漢氏カ多年幾多ノ困難ナル事情ノ下ニモ何等要求スル所ナク權利ノ確保作業ノ圓滑澁滯ナカラシメラレタル遺業ニ報ヒ度茲ニ從來ノ經緯理由並ニ租鑛要

手—3450 B5　　株式會社昭和製鋼所　　10.10. 40,000 金城號

330

領ヲ記シ得貴意度存候

記

一、從來ノ經緯

(イ)資本關係

振興公司ノ資本金ハ故于冲漢嗣子于靜遠氏及ヒ鎌田彌助各七萬圓ノ出資トナリ居ルモ共ニ弊社ヨリ各人ヘノ貸與金トナリ居ル。

別ニ弊社ヨリ公司ヘノ貸付金本年九月末ニテ金參百六拾四萬八千六百六拾八圓六拾五錢也滿鐵ヨリノ貸付金金貳百五拾萬圓也

(ロ)採鑛及買鑛、人事關係

採鑛作業ハ一際同公司自体ニテ行ヒ弊社トノ間ニ買鑛契約ヲ結ヒ弊社ハ採鑛セラレタル鑛石ヲ買鑛シ居レリ。

人事關係ニ於テハ弊社採鑛部長ヲシテ公司採鑛總局長ヲ兼ネシメ又公司採鑛總局員ハ總テ弊社採鑛部員タラシメ事實上弊社ノ完全ナル統制下ニアラシム。

374

(ハ)于冲漢氏生前ノ同氏手取金其ノ他

總理俸給　年金壹萬貳千圓

期末配當金　金貳萬圓

計　金參萬貳千圓

別ニ鑛夫監視所費金壹萬八千圓

（鑛夫監視所ハ于冲漢氏實弟于文漢ヲ鑛夫總監督トシ各採鑛所ニハ夫々監視員、辦事員ヲ駐在セシメ、鑛夫ノ指導監督竝ニ地方官憲部落民トノ親善關係ヲ司ラシム）

別途本局費（在奉天本社費）ハ事務員數名以下俸給給料家賃其ノ他諸費實費支給トシテ一年概算壹萬圓内外ヲ支拂ヒ居リタリ。

(ニ)于冲漢氏逝去後于靜遠氏手取金其ノ他

總理俸給　金六千圓

期末配當金　金壹萬圓

計　金壹萬六千圓

6/10 26日

チ-3450 B5　株式會社昭和製鋼所　10.10. 40.000

332

375

鑛夫監視所費　金九千圓

本局費　金八千圓內外

333

376

二、租鑛ヲ可トスル理由

從來ノ負鑛形式ハ已ムヲ得サルニ出テタルモノナルモ于沖漢氏並ニ于静遠ノ人格ニ依リ幸ニ何等故障ナク又少ナクモ當分何等故障ナシトスルモ遠キ將來ニ於テ面倒ナル問題ヲ起コサスト保證スル事困難ナルヘク、若シ最初ヨリ鑛業權ヲ滿鐵ナリ弊社ナリカ所有シ得シナラハ左様致シタルナルヘシ、今日ニ於テ弊社カ公司ヨリ鑛業權ノ讓渡ヲ受クル事モ一方法ナルカ鑛山ノ評價甚タ困難ナル上尚弊社トシテモ一時ニ多額ノ資金ヲ要スル事ハ金融上困難ナル事情モアリ、新法ニ依ル租鑛ニ依レハ權利ヲ確實ニスルト同時ニ故于沖漢氏ノ遺業ニ報フル爲于静遠氏ニ對スル報酬ヲ確保シ安心ヲ與フル事ヲ得ヘキニ依リ租鑛權設定ヲ最モ適當ト考慮スル次第ナリ

三、租鑛契約要項

(イ)期　限　　二十年

(ロ)租鑛料　　金參萬參千圓

377

一　于靜遠氏手取金壹萬六千圓
　　鑛夫監視所費金九千圓
　　本局費金八千圓
　但シ鑛夫監視所、本局關係ハ于氏ノ責任ニ於テ從來通任務遂行ノ事

㈠鎌田總理ノ俸給ハ製鋼所ヨリ直接支給ス

以上

チ—S450 B5　株式會社昭和製鋼所　10.10. 40.000 金城納

335